역사를 위한 투쟁
미래를 위한 투쟁

한상범 지음
이철호 엮음

머•리•말

지은이 한상범 교수에 대해 석우(碩愚) 차용석(車鏞碩) 교수(前 한양대학교 법대 교수)는 아래와 같이 평가 한 바 있다.

" …… '그는 학문의 입장과 삶의 궤적이 일치하는 드문 지식인'으로서 통설과 평범한 선례에 반항하는 '반골'학자라는 말이 그를 잘 표현한다고도 하겠다. 소위 학계의 '마베릭'(maverik …… a person who takes an independent and queer stand apart from his associates)이라고 해도 좋을까. 그는 대부분의 당대의 교수와 법조인이 일제시대 이래의 권력자와 지배체제 및 그 체제아래의 법학이론과 법집행에 추종하여 선례에만 매어달려 창의성을 잃은데 대하여 강한 불만과 혐오감을 품어왔고 따라서 그들과 대립된 입장을 취해 왔기 때문이다. 한상범 교수를 보면 미국의 유명한 대법관 올리버 웨델 홈즈(Oliver Wendell Holmes)가 연상되며, 또 한편으로는 한상범 교수의 사상 및 비판이 미국의 대표적인 언론 미디어 및 정치·외교 평론가인 노암 촘스키(Noam Chomsky, 미국 M.I.T교수)교수와 상통하는 점이 있다."

한상범 교수는 대학 재직 중에는 법학교수(헌법학)로서 민주화와 헌법이념 실현을 위하여 쉼 없이 이론을 겸비한 '실천적 지식인'으로 활동했고, 퇴임 후에는 민족문제연구소장과 대통령 소속 의문사진상규명위원회 위원장을 맡아 독재세력을 비롯한 그 아류들과 싸우는 최전선에서 말과 글로 싸웠다. 공직 퇴임 후에도 올바른 과거청산과 사회 개혁을 위해 인터넷 신문 등에 한국정치와 사법계의 고질적 병폐를 해부하고 시대에 맞는 개혁 방도를 제시하는 〈정치계와 법조계의 과거청산〉과 〈박정희 누구인가〉란 연재 글을 집필하다 새벽에 쓰러지셨다. 10여년에 걸친 오랜 투병생활을 하시다 2017년 10월 별세하셨다. 여기 실린 글들은 지은이가 쓰러지기 직전까지 우리 사회 인권이 존중되는 사람 사는 세상을 만들기 위해 개혁의 현장에서 몸으로 부디치면서 피로 쓴 글이다.

박근혜 정부(政府)의 적폐는 우리 사회가 독재자를 뒷받침하던 독재체제를 제대로 청산하지 못한 미완의 개혁에서 비롯된 것이다. 한상범 교수는 지속적으로 독재체제 잔재를 청산해야 한다고 주장했다. 특히 '인적청산'없는 개혁이나 과거청산은 미완에 그치기 쉽고 그 개혁은 용두사미로 끝나게 되며, 과거의 잘못된 행태가 다시 되풀이 될 수 있음을 살아생전에 경고했다.

시민들의 촛불혁명에 의해 출범한 문재인 정부에서도 개혁과 적폐청산을 진행하고 있다. 생전에 노학자가 온몸으로 쓴 개혁 방도를 참고할 필요가 있다. 작성 시점은 다르지만 노학자의 주장은 현하 한국사회에 여전히 유효하다 할 것이다.

개혁과 과거청산에 반대하는 구 보수 기득권세력들은 여전히 문재인 정부의 '적폐청산 작업' 이른바 개혁에 반발하고 개혁을 방해하고 훼방 놓고 있다. 적폐청산을 하는 기한을 정해놓고 하자거나, 경제가 어렵다고 경제위기를 내세우고, 개혁의 피로감을 이야기하며 개혁의 발목을 잡고 훼방하려 한다. 그러나 과거 청산에는 시효나 기한이 있을 수 없다. 또한 책임을 묻지 않는 사회는 장래 희망이 없다. 수 년, 아니 수십 년이 지난 사건이더라도 밝혀야 할 진실은 밝혀야 하고, 물어야 할 책임은 물어야 한다.

엮은이는 스승을 잃은 슬픔, 스승에 대한 그리움을 달래는 과정에서 스승의 마지막 글을 엮어 세상에 내놓는 것도 스승에 대한 그리움을 달래는 방법이며, 학문하는 제자의 도리(道理), 후학의 도리라 여기며 틈틈이 유고집 원고 정리와 간행 작업을 진행하였다.

유고집(遺稿集) 제목을 두고 고민했다. 선생님의 원고를 수없이 반복해서 읽었다. "친일파를 위한 '변명'이냐, '옹호'냐?"라는 글에서 '전환기에 있는 한국에서 역사를 위한 투쟁은 미래를 위한 투쟁이다'라는 문장이 눈에 들어왔다. 그 글귀는 선생님의 삶과 상통하는 듯 엮은이의 눈길을 사로잡았다.

선생님께서는 평생에 걸쳐 친일파 청산문제에 천착(穿鑿)하며 현실에서 싸웠고, 군사정권이라는 권력과 줄타기 하는 아슬아슬한 숱한 고비를 넘으며 인권을 주장하고 인권을 위해 사회과학에 종사하는 지식인으로서의 책무를 소홀히 하지 않는 지난(至難)한 투쟁 자체가 '역사를 위한 투쟁'이었다. 그 역사를 위한 투쟁은 당신의 평생소원이었던 인간이 인간답게 존중되는 사회 건설을 위한 우리 사회 '미래를 위한 투쟁'이었다. 유고집 책 제목을 《역사를 위한 투쟁, 미래를 위한 투쟁》으로 짓게 된 연유이다. 존경하는 선생님의 1주기 영전(靈前)에 유고집을 헌정(獻呈)한다.

    엮은이의 유고집 간행 취지를 전해 듣고 흔쾌히 좋은 책으로 만들어 주신 도서출판 21세기사 이범만 사장님께 감사드린다.

2018년 8월

寓居 文香齋에서

이철호 合掌

뒤 늦은 조사(弔詞)

존경하는 한상범 선생님!

선생님 떠나신지 어느덧 1년이 다가옵니다. 오랜 기간 투병생활을 하셨지만, 평소 의지가 강하셨고, 댁을 방문할 때면 불편하시고 힘드셨지만 항상 따뜻한 미소로 반겨주셨기에 선생님께서 그리 빨리 가실 줄은 생각지도 못했습니다. 지난 해 선생님의 갑작스런 별세소식을 새벽 2시에 접하고, 수각황망(手脚慌忙)했습니다.

선생님께서는 평생을 "법학은 인간을 아끼는 사람 사이의 관계를 따지는 인류의 생활상을 다루는 현장이고 바로 거기서 정의(正義)를 추구하려는 이념(理念)이 있는 세계이기도 하다. 법학은 사람에 대한 깊은 이해와 애착을 간직하지 않고서는 참으로 그 뜻을 모른다고 할 정도로 사람의 구석구석을 문제시하는 인간학(人間學)"이라는 시각으로 학문을 하였습니다. 이런 시각을 가졌기에 권력에 아첨하거나 굴종의 길을 걸은 법학자와 법률기술자들을 혐오했고 학술적으로 비판했습니다.

선생님께서는 평생을 친일청산과 독재청산에 소명의식(召命意識)을 가지고 일관되게 주장과 행동이 일치하는 삶을 사셨습니다. 선생님은 법학이라는 세분화·전문화된 학문영역에 머물지 않고 큰 틀의 사유를 했으며, 학문을 몸소 실천한 지행합일(知行

合一)의 '대학자(大學者)'였습니다.

선생님께서는 헌법이 집권자의 도구로 전락하는 것을 용납하지 않고 투쟁현장에 일찍부터 나섰지요. 1964년 굴욕외교반대 투쟁에서 한일협정의 밀실 외교를 반대하는 일에 나섰습니다. 당시에 반대서명과 시위를 한 것을 비롯해 1969년 박정희의 삼선개헌(三選改憲)이란 영구집권 시도에도 반대했습니다. 1972년 유신쿠데타 당시 유신헌법 홍보에 모든 교수가 동원되었지요. 그 때 선생님께서는 유신헌법 홍보 책자를 만드는 일에 참여해 달라는 요청을 여러 차례 거부해 수모를 당했습니다.

박정희 정권은 지식인으로서 살아가기 어렵고 힘든 시절이었습니다. 선생님께서는 박정희 정권이 개헌을 통해 정권 연장을 꾀할 때, 당시 인생의 일대 고비를 헤쳐 나온 일화를 저와 학계 회고담(學界 懷古談) 인터뷰할 때 들려주셨지요. 당시 정보기관 실력자인 신(申)아무개가 만나자고 해서 그 자리에 나갔더니, 신아무개가 "한(韓)교수가 좀 도와주셔야겠습니다." 하면서 개헌에 적극적으로 참여해 달라 소위 '유신찬양의 나팔수'가 되어 달라고 요청했다 하셨지요. 그가 불러낸 곳이 요정(料亭)이었고 양주를 따라주며 마시기를 강권하면서 '회유 반, 협박 반'하였다고 하셨지요. 따라주는 대로 양주를 다 마시면 정신을 잃게 되고, 정신을 잃고 쓰러지면 어떤 공작(工作)으로 엮을 것이 뻔함으로 따라주는 양주를 마시는 척하면서 보리차 물이 든 물 컵에 물을 마시는 듯하며 양주를 수차례 내뱉어 위기를 모면했다는 얘기를 들려주셨지요. 양주색깔과 보리차 색깔이 비슷함을 이용하여 위기를 모면했다고 말입니다. 그러한 공작에도 슬기롭게 대처하여 일신(一身)을 지켜내셨고, 그러한 정신으로 힘겹지만 당당하게 싸워 오셨지요.

선생님께서는 1979년 10·26 박정희 피살이후 전두환 신군부의 집권에도 반대하여 1980년에 검거돼 합동수사본부로 연행 심문당하기도 하셨지요. 김영삼 정부 하에서도 불교인권위원회 사건과 오익제 천도교 교령의 입북사건을 기화로 야당세력에 대한 압력의 일환으로 안기부(안전기획부)의 조사를 받았습니다. 당시 선생님께서는 불교계 대표로 〈공명선거실천시민운동협의회〉 공동대표로 활동하고 계셨지요. 공동대표의 한 사람인 천도교 교령 오익제 입북사건 연루혐의로 안기부의 조사를 받았지요. 나중에 밝혀진 사실이지만, 안기부가 '천도교 오익제 월북사건'을 김대중 '새정치국민회의' 총재의 집권을 막기 위한 'DJ 죽이기' 일환의 교묘한 여론조작으로 엮은 북풍공작(北風工作)이었습니다.

이처럼 선생님의 생애는 시련과 항거의 연속이었다고 할까요? 그런 가운데서도 선생님은 소신을 굽히지 않고 독재의 망령과 싸웠습니다. 특히 선생님께서는 민족문제연구소 소장으로 일제잔재청산이란 구기득권세력과의 대결투쟁에서 일선 사령탑에 섰으며, 대통령 소속 의문사진상규명위원회 위원장으로서는 독재정권의 살인공작과 탄압의 실상을 밝히는 작업을 해 독재정권의 덕을 본 구기득권부류의 미움을 샀습니다. 온갖 비방과 매도에도 홀로 당신의 길을 묵묵히 걸어가셨습니다.

대통령 소속 의문사진상규명위원회는 2004년 7월 1일 1970년대 사상전향공작과정에서 강제전향을 거부하다가 옥사한 비전향 장기수 3인에 대하여 의문사 결정을 내렸습니다.

의문사위원회는 비전향 장기수 3인은 사상전향(思想轉向)공작에 목숨을 걸고 저항했고, 이런 항거는 사상전향제도와 이를 대체한 준법서약제도의 폐지를 가져왔으며, 이러한 제도의 폐지는 인간의 기본권(사상·양심의 자유)을 보장하고 신장시키는데 기여했다는 점에서 의문사 결정을 한 것이라고 알고 있습니다. 의문사위원회의 '전향공작'으로 숨진 비전향 장기수에 대한 '의문사 인정'결정을 두고서, 일부 보수언론들이 조장한 '남파 간첩을 민주투사로 결정'했다는 색깔공세와 여론 몰이식 매카시즘은 위원회 결정의 본래 취지를 심각하게 왜곡하여 국민들에게 전달함으로써 과거청산과 국민화합이라는 본래 목적을 크게 훼손했습니다. 선생님께서는 의문사위원회를 공격하는 군장성 출신들의 모임인 '성우회' 예비역 장성들과 극우인사들에게 공개토론회를 제안하여, 의문사위원회를 빨갱이로 몰아붙이는 극우인사들의 원색적인 비난과 소란에 차분하고 당당하게 존 스튜어트 밀(John Stuart Mill)과 칼 슈미트(Carl Schmitt)의 주장을 얘기하며 정면으로 돌파하는 헌법학자의 용기를 보여주었고, 자신들의 입맛에 맞지 않으면 욕설과 색깔 공세를 비롯한 물리적 폭력으로 상대방을 제압하려는 사람들과 단체들을 공개된 공론장(公論場)에서 대화와 토론으로 제압하는 지성인의 면모도 보여주었습니다.

의문사위의 결정은 비록 전력이 간첩이나 빨치산출신일지라도 인간의 존엄성과 자신의 기본권을 지키기 위해 온 몸으로 저항 – 그 저항이 의식적이던, 무의식적이던 – 한 결과 전향제도의 폐지를 가져오게 하였고 그러한 일련의 과정이 민주화의 진전에 기여한 것으로 평가한 것이지요. 이는 비로소 우리 사회가 '인간의 눈'으로 인권 문제를 제자리에서 정자세(正姿勢)로 제대로 보기 시작했다는 것을 의미하며, 정부수립 이후 그 동안 적어도 우리와 다른 생각을 가진 집단 특히, 간첩에 대해 고문(拷問)을 비롯한 국가폭력을 행사해도 상관없고, 당연히 고문을 가해야 한다는 국민들 머리속에 주입되고 부지불식간에 인식된 사고에 일대 전환을 가져온 것이라고 저는 평가합니다.

선생님께서는 1980년 서울의 봄 이후 전개된 개헌 공청회에서 '시민의 저항권과 유권자 연령을 18세로 인하'할 것을 제안하여 보수 기득권세력의 비방과 협박을 받기도 했지만, 선생님의 제안은 시대를 앞선 선구적(先驅的) 주장이었습니다. 지난 국회의원선거와 대통령선거를 거치는 과정에서 선거연령 인하 논쟁을 지켜보면서, 1980년 보수세력의 반발을 사면서까지 선생님께서 주창하셨던 선거연령 인하 제안이 이제야 빛을 보는 것 같았습니다.

선생님께서는 1995년 전두환 12·12군사반란 헌법소원 사건의 대통령재임기간 중 군형법상 반란혐의에 대한 공소시효정지 여부를 묻는 헌법재판소의 의견요청에 '공소시효가 정지된다는 의견서'를 제출하셨지요. 당시 신문은 "헌재는 12.12사건에 대한 최종 결정을 내리기까지 5차례에 걸쳐 재판관 회의(평의)를 여는 등 의견 조정에 난항을 겪었으며 공소시효 쟁점에 대해서는 전문가들의 의견을 요청, 헌재는 당초 구병삭(고려대), 김철수(서울대), 권영성(서울대), 한상범(동국대) 등 헌법학자 4명에게 의견을 구했으나 구교수와 한교수만 정지된다고 의견서를 제출"(동아일보 1995.1.21, 5면; 경향신문, 1995.1.21, 3면 참조)했다고 기사화하고 있습니다.

선생님이라고 외롭게 친일청산을 부르짖고, 독재청산을 위한 수구기득권 세력이나 그 아류들과 대결하고 싸울 때, 무섭지 않고 겁이 없었겠습니까? 조금만 한 눈 팔거나 조금만 실수해도 그걸 꼬투리 삼아 나락으로 떨어지게 만드는 공작정보정치(工作情報政治)가 횡횡하던 시절이었고, 없는 죄도 만들어 내던 무서운 시대 아니었습니까?

선생님께서는 학술토론회나 공청회 등에서 주제발표나 토론이 끝나면 항상 귀가 길에 제일 먼저 "끝나고 집에 가는 중이다. 막내는 집에 왔느냐?"고 집으로 전화를 하셨지요. 독재세력이나 그 아류들과 투쟁할 때 외로우셨고, 항상 가족의 안위가 걱정되었기에 전화를 했고, 지금 아무 일 없이 귀가하는 중이라는 것을 댁에 알리셨다고 저는 이해하고 있습니다.

선생님께서는 생전에 항상 개혁이나 과거청산에서 가장 중요한 것은 인적청산임을 강조하셨습니다. 인적 청산이 없는 개혁이나 과거청산은 미완에 그치기 쉽고 그 개혁은 용두사미로 끝나게 되며, 과거의 잘못된 행태 등이 다시 되풀이 될 수 있음을 경고하시면서, 일관되게 '인적 청산'을 강조하셨지요. 선생님 지론(持論)은 틀리지 않았습니다. 멀리는 이승만의 친일청산 방해와 가까이는 박정희·전두환으로 대표되는 군사독재 세력에 대한 인적청산을 제대로 하지 않았기에, 우리 사회에서 역사의 퇴행인 박근혜의 집권이 가능했고, 과거의 잘못을 용인하게 되는 어리석음을 되풀이하게 된 것입니다.

선생님은 사법개혁의 중요성도 강조했습니다. 양승태 대법원장 재임시절의 사법농단과 재판거래, 자신들의 입장에 동조하지 않는 법관에 대해 사찰을 하고 블랙리스트를 만드는 등의 왜곡된 모습과 굴종(屈從)의 자세는 어디서 기인합니까? 과거 그들(사법관료들)의 잘못된 행태, 정의와 인권에 눈감고 진실을 외면하면서 독재권력에 부역한 책임을 묻지 않았고, 그들에 대한 인적 청산이 없었기에 반복되어진 것 아닙니까?

문재인 정부에서도 개혁을 추진하고 있습니다. 개혁과 과거청산에 반대하는 구 보수 기득권세력들은 과거청산(적폐청산)을 하는 기한을 정해놓고 하자거나, 경제가 어렵다는 것을 거론하며, 개혁의 피로감을 이야기하며 개혁의 발목을 잡고 훼방하려 합니다. 그러나 과거청산에는 시효나 기한이 있을 수 없습니다. 수 년, 아니 수십 년이 지난 사건이더라도 밝혀야 할 진실은 밝혀야 하고, 물어야 할 책임은 물어야 합니다. 책임을 묻지 않는 사회는 장래 희망이 없습니다. 역사의 퇴행을 막기 위해서도 독재세력을 뒷받침하던 독재체제를 청산하고 지속적으로 책임을 물어야 합니다. 그것이 선생님께서 평생을 두고 일관되게 걸어

오신 '역사를 위한 투쟁'이고, 우리 사회 '미래를 위한 투쟁' 아니겠습니까?

   살아생전 선생님께서는 사법부와 함께 검찰이 개혁대상에서 비켜가고 미꾸라지처럼 빠져나가는 것도 매우 안타까워했습니다. 오래전 선생님께서는 "군사통치시대, 공법학계의 침묵 : '어용교수', 그들은 누구인가" 등의 글을 발표하여 법학계나 사법부 등의 반성과 개혁을 촉구했습니다. 양승태 사법부의 박근혜 전 대통령의 법무참모 같은 굴종의 모습이 드러날수록 선생님이 주장하셨던 '사법개혁으로 진짜 법치를 세우자'고 하시던 외침과 경향각지를 가리지 않고 현장에서 몸으로 개혁의 견인차 역할을 하시면서 부르짖던 선생님의 카랑카랑한 목소리가 더욱 그립습니다.

   CBS 변상욱 대기자(大記者)는 선생님 별세 소식을 접하고 SNS에 "80년 대 그 엄혹한 시절에 위험한 인터뷰, 방송출연 요청 때마다 흔쾌히 마이크 앞에 나서 주셨다. 늘 의젓한 선비의 모습이셨고 참 따뜻하셨는데…"라며 선생님을 추모했습니다. 또 선생님을 따랐던 제자 중 한 사람은 "한 시대를 가르치셨던 분이 이렇게 가시고…"라며 선생님 별세를 안타까워했습니다.

   선생님께서는 자존심이 매우 강하신 분이시라, 가족을 제외한 남에게는 당신의 건강하지 못한 모습을 보여주고 싶지 않아 하셨지만, 막내제자인 제가 연락드리면 언제든지 방문을 허락하셨지요. 개포동 댁으로 찾아뵈면 말씀으로 표현은 못하셨지만 항상 자애로운 눈길과 따뜻한 미소로 반겨주셨습니다.

선생님이 그립습니다. 선생님을 떠올리니 눈물이 납니다. 선생님과의 인연, 선생님 문하에서 배우고 선생님께서 베풀어 주신 사랑을 떠올리니 또 눈물이 납니다. 선생님과의 학문적 동행이 저에게는 참으로 행복한 시간이었습니다. 제 평생 앞으로 사는 동안 선생님이 두고두고 그리울 것입니다.

광화문에 나가면 대한민국역사박물관과 미대사관 건물사이로 보이는 '이마(利馬)빌딩'을 볼 때마다 선생님께서 의문사진상규명위원회 위원장 중책을 맡아 구 군사독재세력과 치열하게 싸우시던 모습이 생각납니다. 또한 매주 교보문고에서 뵙던 선생님도 그리워집니다.

선생님 존경합니다. 선생님과 함께했던 행복한 시간 소중하게 간직하며 선생님의 가르침에 부끄럽지 않은 제자로 뒤를 따르겠습니다.

선생님. 편안히 영면하시길 다시 두 손 모아 기원합니다.

2018. 8.
이철호 합장

목·차

PART 1 개혁은 대중의 힘으로   019

   역사를 위조하는 반역자의 후손들   20
   친일파를 위한 '변명'이냐, '옹호'냐?   29
   과거청산은 매카시즘 뿌리부터 뽑아야   34
   독재자 하나 아닌 독재체제 잔재 청산해야   43
   개혁을 방해하는 전략과 전술   47
   수구세력 역공세 전술 '이빨 뽑기'·'속 파먹기'   57
   과거청산 현주소를 점검한다   65
   변혁과 개혁은 대중의 힘으로 해야   71
   반인륜 범죄에는 공소시효가 없다   79
   12.12는 '5.16 잔당'의 군사반란   87
   독재자를 제거한 암살자인가, 혁명가인가   95
   독재에 복종과 침묵으로 호신하던 '수구부류'   102
   독재 권력에 기생한 자들은 자숙하라   108
   교묘하게 박정희를 찬양하는 속셈   113
   한상범 교수 "김형욱사건 조사, 이용당할 수 있다"   121
   국가보안법 어미법의 정체와 그 반민주 실체   134
   삼가 조상(謹弔)함! '국가보안법'을   140
   국가보안법 억압체제의 해체 현상   140
   사상은 벌할 수 없고, 학설은 재판의 대상이 아니다   145
   '한총련 이적규정 철회 권고'는 당연한 결정   150

PART 2 정경유착과 부패구조   155

정경유착 부정축재의 뿌리를 왜 뽑지 못하는가?   156
"김우중은 정경유착·부정축재의 상징"   163
'삼성족벌 군주국', 이대로 좋은가?   174
"재벌 봐주기인가, 감싸주기인가?"   180

PART 3 사법살인의 시대를 넘어   187

사법살인의 시대를 끝내라   188
보통사람이 사법관료 믿을 수 없는 까닭   198
사법개혁과 뿌리 뽑아야 할 고문의 악습   205
퇴임 대법원장, 누구를 위한 눈물인가?   212
부자의 법, 가난이 죄?   217
"천 장관의 검찰 지휘권 행사 정당하다"   227
정치개혁, '정치 브로커' 청산부터   230
〈정치지도자론〉 정치는 출세나 돈벌이 수단이 아니다   238
코스타리카 최고법원, 이라크 침공지지 '위헌'   245
6·15 공동선언의 정치역학과 국제관계   249
'미국 바로 알기' 우리 시대 지식의 첫 걸음   258

PART 4 과거청산과 개혁과제   265

돈 버는 정치가 나라 망친다   266
인적, 제도적, 이념적 일제잔재 청산해야   270
개혁입법으로 총체적인 정치개혁 실현해야   275
일제잔재의 '철옹성' 사법계   282
사법 관료주의와 권위주의 극복해야   290
냉전체제 유물 타파하고 인적 잔재 청산해야   298

PART 5 박정희는 누구인가?   301

'유교적 권위주의' 통치 방식의 대중조작   303
만주군관학교 출신들, 정권의 중추로   313
풀리지 않은 수수께끼, 남로당과 박정희   320
정적제거, 음모의 명수 박정희   328
박정희의 꿈, '병영-감옥국가'   333
식민과 수구를 넘어 자주와 개혁의 시대로   346

한상범 연보 및 활동   353

PART

1

개혁은
대중의 힘으로

역사를 위조하는 반역자의 후손들

| 아우슈비츠(Auschwitz)의 시절을 '지상천국'이라는 사람

　과거를 미화시키는 정신병이 해독을 끼치는 구체적인 예는 일본의 과거 아시아에 대한 침략을 '해방전쟁'이었다고 하는 것이다. 그 해독으로 말하면 (1) 역사에서 사실을 위조하여 허위를 날조하는 것이고, (2) 다음으로 그 역사적 사실에서 교훈을 얻지 못함으로써 자해 행위로 이르게 되며, (3) 특히는 전쟁을 미화시켜서 군국주의와 침략으로 나라를 몰아가는 범행을 하고 있는 것이다. 우리가 지금 일본의 극우와 그것에 막후인 일본정부 문부성의 역사 교과서 왜곡을 규탄하고 있는 이유이다. 우리는 그 일제 침략의 피해자로서 그러한 전쟁미화와 전쟁선동의 범죄를 앉아서 보고만 있을 수 없다. 다시금 우리는 피해자가 되어선 안되기 때문이다.

　지난 과거는 그것을 체험한 사람에게 까지 시간이 지나면 망각으로 뒤덮여서 자칫 미화하고 추억이란 마취 향으로 포장되어서 변조된 형상을 띨 수 있다. 사람은 대개 기억하기 싫은 것을 무의식적으로 기억에서 지워버리게 되기 때문이다. 바로 그래서 우리는 올바른 역사를 배워야 한다.

과거의 기억은 망각만이 아니라 그것을 보는 당사자의 입장에 따라서 장미 빛으로 미화되기도 한다. 영국 비비씨(BBC)방송의 역사담당 피디인 나치 사가인 로렌스 리스가 쓴《아우슈비츠》(2005년 비비씨 출판국)을 보면, 그가 인터뷰한 괴벨스의 개인 수행원이었던 윌프레드 폰 오븐에게 차를 함께하면서 물어보길, "만일 당신이 나치 시대를 한마디로 요약한다면 무엇이라고 표현하겠소?"하고 물었다. 그는 지식인이고 매력 있는 인물로서 괴벨스와 같은 나치의 선동가와 함께한 그 시대의 가공할만한 극악한 범죄시대를 어떻게 표현할까하고 궁금하게 기대했다. 그는 잠시 생각하는 듯하다가 "글세요. 나치 시대의 내 경험에 따라 요약표현하면 한마디로 '천국(파라다이스)'요!" 했다.

나치 시대가 지옥도로 묘사되는 것은 비단 아우슈비츠에서 죽어야했던 유대인만은 아니었다. 우리 상식으로는 선량한 대개의 독일인들은 그 시대를 잘못된 시절로 다시 되풀이하고 싶지 않은 한 때의 악몽으로 표현하리라고 생각할 것이다.

그러나 로렌스 리스는 말하길 평범한 대부분의 독일인은 아우슈비츠 이웃에 살면서도 무시무시한 대량살인범죄를 몰랐고, 일부 어렴풋이 무엇인가 잘못된 것을 알아도 잘못된 사람에 대한 처우 정도로 무심하게 또는 무관심한 채 생업에 종사했었다고 했다.

사람은 같은 시대를 함께 체험했어도 그 입장과 처지에 따라 천차만별로 느끼고 생각하는 것이 다르다는 것을 확인하게 된다. 그래서 그 무심한 대중을 향한 역사왜곡이 가능한 것이다. 바로 그렇기 때문에 우리는 그대로 있을 수 없다.

| 속이는 것도 잘못이지만, 속는 것에 대한 책임도 있다!

　우선 속이는 것은 자기의 기득권을 지키려고 그 기득권의 물적 – 제도적이고 정신적 기반이 된 과거의 죄과를 감추려 하고, 감출 수 없으면 미화 또는 정당화시키려고 하는 것은 어느 시대나 되풀이 되는 일이다. 인간의 정치문화가 발전한다고 하는 것은 바로 그러한 파렴치한 날조 조작을 폭로하여서 역사날조로 말미암은 피해자를 줄이는 일이다.
　여기서 지식인이나 사회에서 책임 있는 지위에서 활동하는 사람들의 책임이 있다. 그러한 역사 날조(위조)에 속는 것은 면책의 사유는 안된다. 나는 속았다. 그러니 책임이 없다고 하는 발뺌은 시정의 이름 없는 사람이 할 수 있을지 모른다. 그러나 자기 발언에 책임을 져야 할 사람은 그렇지 않다. 만일 책임을 지지 않으려면 유지나 명망가 또는 지식인이나 지도자 행세를 하지 말아야 한다. 바보면 바보답게 있어야 한다.

| 한심한 추태 – 폭정과 불법을 미화하는 파렴치한

　과거 독재시절로 돌아가고 싶어서 안달이 나서 날뛰는 무리가 있다. 자기가 처한 입장이 불리해져 온갖 궤변으로 과거를 정당화하는 자들이 날뛰고 있다.
　그들은 쿠데타가 없었더라면 이 나라, 이 민족은 이미 망했다고 펄쩍 뛰면서 악을 쓰고 있다. 정상적으로 세상일을 보면 쿠데타가 법질서의 기본을 파괴하고, 쿠데타에 따르는 살인과 기만이 정의와 윤리를 짓밟아 뭉개 버리고 사기꾼 정상배와 모리배가 판을 치게 하여 정직한 사람을 못살게 하는 세상을 만들었다. 그래서 정의를 주장하는 사람들을 죽이고, 또 말 안듣는 다고 고문해 병신 만들고 감옥에 보내고 생업을 파산시켜 알거지를 만들어 논 것이 아니냐? 그리고 선 지금 세상을 바로잡아야 한다고 하니까 안된다고 하며 달려들고 있는 꼴이다.

    1961년 쿠데타에 이은 배신과 독재의 연속선상에서 무수한 젊은이가 절망하고 좌절케 한 것을 '대망의 70년대'라고 해서 스스로가 속이다가 스스로가 총맞아 죽었다. 그러나 민주화의 꿈도 물거품 – 그 후속 쿠데타가 이어져서 폭정의 시절은 계속되어 1987년 시민항쟁의 고비까지 넘어서 1990년대까지 왔었다. 그것이 고비로 정권교체로 좀 더 다른 세상이 오려니 했으나, 개혁은 저절로 오는 것은 아니다. 반역자는 결코 스스로 물러나지 않는다.

| 혁명과 개혁의 역사와 과거 청산

    1960년 이승만 집권 12년 만에 우리 민족은 더 이상 친일파와 친미파 세상의 폭정을 참지 못하고 이승만을 권좌에서 몰아냈었다. 그 결과로 혁명의 여세로 민주반역자와 부정축재자에 대한 청산작업이 진행되었다. 혁명이란 이름을 붙힌 혁신치고는 참으로 최소한의 개량이고 시정이었다. 그런데 그것을 뒤집어엎는 1961년 쿠데타로 그 이후 군부와 신군부의 시대를 30여년 살아왔다.

    지금 우리는 개혁을 통해서 구시대의 더럽고 악질적인 잔재를 청산하자는 것이다. 드러내 보이기에 추하고 부끄러운 과거이지만 외면하고 지난다고 없어지는 것이 아니기 때문에 똑바로 보고 가려내서 청산해야 한다. 그러면 무엇을 청산하느냐?

(1) 우선 일제잔재로서 잘못된 제도와 악법(예- 치안유지법과 전향 예방구금 등 제도와 고문악습 등)과 반(反)민족 반(反)민주 이데올로기인 권위주의와 관료주의 및 군국주의와 파시즘의 찌꺼기를 쓸어내고, 그 인적 잔재인 친일파와 그 아류의 역할을 끝내고 퇴장시켜야 한다.

(2) 독재하에 번식한 잔재로서 친일잔당의 후속 인맥의 지배구조와 독재악법과 군사문화와 밀실 행정관행과 권위주의 잔재, 특히 쿠데타와 독재에서 생겨난 각종 병폐인 정경유착 등 부패구조의 체질화된 병리나 부동산 투기와 개발이익의 부정 취득에 의한 졸부의 축재 등 정치·경제·사회에 만연된 병리 등을 과감하게 드러내 청산해야 한다.

(3) 일제 이래 독재 하에서 가장 반민주적 정치유산인 매카시즘의 불법과 무법의 시대를 끝내야 한다. 그런 점에서 매카시즘으로 민간인 학살과 박해의 실상은 과거청산에서 시급하게 처리되어야만 민족적인 상처를 치유하고 민주사회의 정상 여건을 이룰 수 있다.

| 쿠데타를 찬양하는 민주반역의 후손이 날뛰는 세상?

　박정희의 시절을 김지하 시인은 '오적(五賊)'이란 담시에서 이 다섯 종류의 도적을 묘사하길,
　"…… 밤 낮 없이 도둑질만 일삼으니 그 재조 도한 신기(神技)에 이르렀것다.
　하루는 다섯 놈이 모여
　십년 전(인용자 - 1961년 쿠데타 당시) 우리 서로 피로써 맹세코 도둑질을 개업한 뒤
　날이 날로 느느니 기술이요 쌓이느니 황금이라. 황금 십 만근을 걸어놓고
　그간에 일취월장 묘기(妙技)를 어디 한번 서로 겨룸이 어떠한가?……"

전두환 노태우 신군부 시대는 세상이 정보혁명시대답게 발전해 해먹는 규모도 엄청나게 커서 장영자 마담의 수 천 억 원대 어음사기로부터 도둑질도 대도 조세형이 무색하게 청와대 회의 때마다 재벌양반(?)들이 돈다발 잔치를 벌였다. 그래서 당시는 김지하의 담시대신에 텔레비전 연속극에서 그들 도적의 시대를 표현하길, 그들이 친일파 추종배이니 일본말로 "민나 도로보다(모두 도적놈들야)"로 통했다. 너나 할 것 없이 벌렸다하면 돈이 왔다 갔다하는 판은 도적의 싹쓸이 판이 되었다는 묘사.

이들 쿠데타 집권세력이 1987년 시민항쟁에 풀이 꺾이고 민자당으로 합당해서 군사정당의 후속시대가 끝나자 친일파와 아류 및 추종배들은 마지막 비장(秘藏)의 보도로 매카시즘의 칼부림을 하기 시작해서 지금에는 공공연히 일본 극우세력과 야합해서 개혁이나 과거청산은 친북 용공 빨갱이로 몰아가기 시작했다.

| 일본 극우 우익과 공공연한 연합전선 편 한국 친일파

2005년 3월에 일본 우익 논객 사쿠라이 요시코가 한국친일파를 지원하여 쓴 논설에서 한국에서 친일청산과 개혁을 주장 실현하는 정부는 친북 친중국이며 용공이고 공산주의 편향이라고 하는 쪽으로 노골적으로 몰아가고 있다(일본 월간지 文藝春秋 2005년 3월호, 사쿠라이 요시코의 글).

이미 일본의 극우는 1960년대 역사교과서 우익 우경변조작업을 시작한 이래 1982년대 한·중 두 나라의 비판을 교묘하게 넘기면서, 1990년대는 국기국가법과 주변사태법 등 군사국가-전쟁체제로의 입법정비작업을 착실하게 진행시켜 지금 개헌단계까지 왔다. 그간에 패전후 60년간 전범세력이 계속

집권하면서 국민정서 속에 과거의 침략전쟁을 미화시키고 패전에 대한 반성이 아니라 패전의 원인과 패전으로 인한 피해만을 추구해 얄팍한 자존심과 사무라이식 영웅주의를 부추기면서 정신적으로 민주주의 의식이 무장해제된 국민을 정서적으로 선동 자극해서 우경화를 부추겼다.

일본 국민이 스스로 민주주의를 쟁취하려 한 혁명과 개혁의 진통을 겪어보지 못했던 취약성이 크게 작용한 것이다. 일본의 극우세력은 그 약점에 교묘하게 깊숙하게 파고들어 패전후 민주주의의 허약체질에 치명상을 입히는 데 성공한 것이다.

| 한국사회의 취약점으로 일제잔재와 '탈(脫)정치화'의 군사문화 유산

일본사회가 민주주의를 스스로 쟁취하는 혁명과 개혁의 기반이 취약하여 수구 우경화로 돌아가게 된 것을 보듯이 우리도 우리 사회의 약점을 돌아봐 자세를 가다듬어야 한다.

먼저 우리 사회는 60여년에 이르게 해방 후에도 일제 잔재가 제도나 정신면에서 뿐만 아니라, 친일파가 인적 지배의 핵심이 되어 온 데에 문제가 있다. 일제하에서 세력기반을 닦은 친일파의 지배는 우리사회에 매카시즘의 칼바람으로 모든 국민을 '빨갱이'와 '안보귀신'의 공포에 사로잡혀 일상생활에서 항상 불안과 공포에 떨게 했다.

누구이고 "저놈. 빨갱이다"하면 그는 법률의 보호를 받지 못하는 역적이 되어 맞아죽어도 아무도 못 말렸다. 그러니 말 안 듣는 놈은 간단히 처리할 수 있었다. 국민은 누구이고 그의 친인척 중에 월북하거나 처벌받거나 행불

자가 된 좌익 연고가 없는 사람이 없으니 모두가 혐의자이고 죄인이었다. 그리고 국가안보를 거역하는 놈은 '국적'이고 빨갱이 중에서도 '왈빨갱이'가 되는 판이니, 안보를 거역하는 위험인물로 낙인이 찍힐까봐 전전 긍긍했다.

평생을 '빨갱이 자식'으로 언제 잘못될지 몰라서 불안 속에 나날을 보내는 사람을 알고 있다. 그는 지리산 근처 산마을에 살던 사람으로서 그가 어렸을 적인 1950년 전쟁당시에 그의 아버지가 산에서 밤에 내려온 빨치산이 김치가 먹고 싶으니 내놔라 해서 무서워서 부엌에서 먹던 김치종지를 가져다가 준 것 때문에 빨치산이 간 이후에 통비 부역분자로 몰려서 총살을 당했다. 그의 집안은 망하고 그는 고아신세가 되다시피 거지꼴로 근근이 연명하다가 지금은 영세 상인에서 먹고살 만큼 자리도 잡았다.

그래도 경찰이나 관리를 보면 가슴이 뛰고, 언제 누가 '빨갱이 놈의 자식' 새끼라고 할 까봐 불안해서 경찰이나 공안기관에서 하라는 일은 충실히 복종해 오며 살고 있다. 그런데 정권이 몇 번 바뀌면서 빨갱이 소리를 듣는 사람이 높은 사람도 되고 하여서 정신을 못 차리겠다는 것이다. 더구나 '한상범'처럼 멀쩡한 대학교원으로 있었는데, 어느 날 갑자기 '빨갱이' 소리를 듣는 사람은 보기만 해도 치가 떨리고 겁이 난다고 했다. 이 사람에게 나는 무슨 말부터 해야 할지 몰랐다. 그저 "세상을 바로 보셔야죠." 하는 말이 내가 할 수 있는 당장의 말이었다.

안보귀신 다음에는 박정희나 신군부는 정치란 것을 그저 그런 것이라고 해서 시민이 정치에서 멀게 하려고 각종 조작을 다 해 왔다. 1961년 쿠데타 직후에는 '때 묻은 정치인'을 몰아낸다고 하였다. 정치활동의 '정화'를 한단 말이다. 신군부도 똑같은 수법을 써서 정치를 국민으로 부터 뺏어갔다. 여기에 그런 정치기피증이 헌법재판소까지 오염이 되어서 18세로 선거연령을 인하해야 한다는 헌법소원에 대해 18세에 선거권을 부여하면 시험공부에 지장이 있다는 논거를 내세우기도 했다. 참으로 기막힌 논법이다. 미국의 초등학교 3학년생도 그가 지지하는 대통령후보를 논제로 정치논문을 써가는 숙제를 하는데, 이 무슨 망발인가? 민주국가치고 18세 선거권을 인정하지 않는 나라는 일본하고 한국 정도라고 할까?

매카시즘과 탈정치화에 찌든 정치풍토가 누구를 위해서 악용돼 오는가? 개혁을 염치없이 반대하는 무리가 누구인가? 정치를 지역 편견의 싸움으로 몰고 가려는 자가 누구 편인가? 더구나 폭정을 미화하는 자가 누구인가?

쿠데타로 칼부림하던 자의 시절이 좋았다고?

아직도 민족반역자가 '선각자'가 되고, 쿠데타 주범이 '나라의 은인'이라고 하니………

뭣이 잘못 되었기에 도적무리를 따르던 자가 '원로'가 되고, 감옥에 들어앉아 있을 자가 부귀영화냐? 아직도 독립운동가의 집안은 3대가 망하는 세상인가?

어느 한 사람만의 탄식은 아니라고 보면 이를 고쳐 나가야한다(2005.4.26).

친일파를 위한 '변명'이냐, '옹호'냐?
- 8.29 국치일 친일파명단 발표를 앞두고-

| '친일파를 위한 변명'이 항일투사에 대한 모독과 민족반역의 옹호가 돼

2004년 친일진상규명법 제정을 앞두고 국회에서 공술인 발표의 절차를 거칠 때의 일이다. 당시 이 법안을 반대하는 측의 의견도 참조한다는 주최측의 배려로《친일파를 위한 변명》이란 책을 쓴 김완섭을 공술인으로 지명 발표케 했다. 그런데 그의 공술문을 자세히 보니 김구 선생을 모독하는 등 도무지 이것이 조선총독부 주최 모임인지, 대한민국 국회가 주관하는 모임인지 모를 정도로 이상한 꼴이 되고 말았다. 결국 독립선열유족측 참관자의 항의소동과 참석한 국회의원 자신의 이의까지 제기되는 해프닝으로서 끝났다.

나에게는 그 일의 충격이 가시기도 전에 또 한번의 충격을 받는 사건이 생겼다. 독립운동관계 잡지에서 나의 공술 요지문을 잡지에 게재하겠다고 해서 승락했는데, 얼마 후 박정희 관계부분을 삭제하자는 이상한 제안을 해왔다. 그래서 어째서 그러냐고 하니까 박정희 지지자 쪽의 반발이랄까, 잡지 판매 유통에 문제가 있어서 그러니 양해해 달라는 것이다. 그래서 나는 즉답으로 게재를 거부한다고 해서 그렇게 결말이 났다. 이것이 우리의 친일파 문제의 현주소의 일부이기도 하다.

지금 친일파는 변명이 아니라 옹호를 하는 친일세력이 호통을 치고 있다. 1948년의 반민법이 좌초된 이후 친일세력이 이승만을 거쳐서 박정희와 그후 신군부에 이르기 까지 탄탄대로를 걸어오면서 실세로 군림해 오고 있기 때문에 그렇게 되고 있다. 개혁이라고 하지만, 아직도 친일파 문제는 원점에 있다고 해도 지나친 말이 아니다. 친일진상규명법이 어떻게 그 취지를 살릴 수 있는지는 일찍부터 위험 신호등이 깜박거리고 있다.

| 역사를 위한 투쟁은 오늘의 문제이고 미래를 위한 투쟁

친일파는 아직까지 그 행동을 통해 사과, 사죄한 적이 없다. 그러면서 미군정 이래 반공주의로 면죄부를 획득하고선, 매카시즘으로 무장하고 독재권력에 편승, 기생해 오면서 한국의 주류의 실세가 되어 왔다. 그들의 사회, 정치, 경제, 문화면에서의 기득권은 아직까지도 거의 불가침의 성역으로 탄탄하게 고수되어 온 턱이다. 그래서 많은 지식인은 그들 실세의 눈치를 보고 있다. 그들을 옹호 대변하는 명망가(?)는 사회 각 곳에 도사리고 있고, 엄청난 위세를 떨쳐 온 수구언론은 아직도 힘을 쓰고 있다. 그들이 장악한 재산과 사회적 지위의 배경을 믿고 그들은 친일파 반대자에 대해 가차 없이 칼을 휘두른다.

우리에게 친일파문제는 2005년 1월 6일자 〈뉴욕 타임즈〉가 지적한 말에 따르면, "전환기에 있는 한국에서 역사를 위한 투쟁은 미래를 위한 투쟁"이다. 바로 그렇기 때문에 친일파 청산의 문제는 오늘의 문제이다.

친일파의 문제는 1905년부터 1945년 사이 일제식민지배기간에 반민족행위의 문제만으로 국한되는 것이 아니다. 먼저 (1) 친일파는 그 행적에 대해 사죄하고 그에 상응하는 행동을 한 적이 없다. (2) 오히려 독재권력의 주류가 되어 오면서 반민족적이고 반민주적인 행위로서 무수한 가해행위를 해오고 있다. (3) 뿐만 아니라 지금에 이르러선 정세변화에 따라서 자기들의 입지가 불안해지자, 일본 극우세력과 박정희와 신군부시절보다도 더욱 공공연히 국제연대를 맺고서 일본군국주의와 국수주의 세력의 전쟁국가 노선 추진파의 한반도 긴장상태 조성을 거들고 있다.

| 친일파 명단발표에 대한 친일파의 반발 논거 - 그들의 억지구실

독립운동단체나 민족문제연구소 같은 기관에서 친일파 명단을 발표해 오지만, 아직도 친일파의 눈치를 보는 지식인들은 딴 소리를 한다. 친일실세의 비위를 건드려서 괘씸죄에 걸리는 것이 두렵기도 하고 친일파 논리에 자기도 모르게 오염되기도 했기 때문이다.

여기서 친일파 명단발표에 대한 거부 반발의 논거를 정리해 본다.

(1) 일제치하 생활자 전체 책임으로 돌리는 궤변 : '물귀신 작전'의 술책 … 일본의 예가 참고 되겠다. 일본제국주의가 패전하자 정작 책임을 져야 할 왕과 지배층이 이를 모면, 회피하기 위해 패전은 국민 모두가 잘못한 때문이란 '일억총국민 참회론(一億總國民 懺悔論)'이란 궤변을 내세워 위기돌파에 성공했었다. 우리 주변의 친일파나 그 아류도 "일제시절에 세금 낸 것도 친일이다.

털어서 먼지 안 나는 놈 어디 있냐?" 하는 식으로 들이대는, 그럴듯한 말로 친일을 변명한다. 그러나 책임져야 할 처지와 민족에 대한 가해정도와 그 고의성 및 당시 사회적 지위에 따른 책임문제가 있다.

(2) 동정(同情)론 – 인정(人情)론 : 친일옹호론자는 말하길, "지금에 와서 이미 지난 과거사를 가혹하게 따질 것이 뭐냐? 그때 사정이 있었을 것이다. 잘 봐주는 것이 나쁠 것이 없지 않는가?" 한다. 그러나 우리는 종교인으로서 관용과 용서를 하는 자리에서 이 문제를 따지는 것이 아니다. 정치적 도의적 및 법적 정의의 문제란 잣대를 버리면 안 된다. 그래선 심판부재의 무책임사회의 난장판이 연속될 뿐이다.

(3) '친일'용어 시비와 말초적인 것 물어뜯기 : "친일"이나 "친일파"란 범주가 애매하고 부정확하다는 등 용어를 가지고 논의를 장황하게 전개한다. 지엽(枝葉)적인 것을 물고 늘어져서 본 줄기를 얼버무리는 수법이다. 심지어 정의(正義)란 말이 말로선 그럴듯하나 사람마다 시대마다 다르다는 등 정의자체를 추방하는 논리로 비약하는 친일파 편의 궤변수법이다.

(4) 선의(善意)의 피해자(被害者) 발생론 : 한꺼번에 명단을 만들다 보면 선의의 피해자가 생겨나고 숨은 공로자에게 누를 끼치게 된다고 한다. 60년이 지나도록 무엇을 했길래 친일 행적에 대해 변명할 말과 그에 따른 근거를 제시하지 않고 지내 왔냐? 매카시즘 때문에 사회주의자와 무정부주의자로 낙인찍히거나 찍힐 위험을 안고산 사람은 할말도 못했다고 하지만, 친일파세상에서 친일파가 왜 가만히 엎드려 있었냐? 오히려 일부는 건국공로자로 문서위조까지 한 것이 있다.

(5) 상생(相生)과 화해(和解)의 억지 : 해방 전에는 독립운동가를 탄압하는데 한몫하고, 해방 후에는 민주인사를 말살하는데 무자비한 몫을 하여 오면

서 시세가 불리하게 돌아가니까 '상생'하자고 한다. 상생 안하고 매카시즘의 칼춤을 춘 놈은 누구인가?

화해하자고 하는데 언제 용서를 빌고 참회, 사죄한 적이 있는가? 화해를 하려고 해도 무엇을 어떻게 하는 것이 화해인지 모르겠다. 결국은 자기 입맛에 맞지 않는 것은 안 된다는 것 아닌가?

심지어 북한 묘역에는 이광수 묘도 안장·안치되어 있는데, 우리는 왜 그러냐고 한다. 말 한번 잘했다. 북한에서 한 것은 좋은 것도 잘된 것으로 인정하자면 빨갱이 이적 표현이라고 징역 보내던 입에서 무슨 말인가? 자기에게 유리하면 북한 것 일부를 둘러대고 남에게는 입도 뻥긋 못하게 하는 심보는 예나 지금이나 변함이 없다.

| 친일파 선정기준은 이미 대한민국 임시정부 '건국강령'(1941)과 1948년 반민법에 정한 것

친일파 선정기준이 애매하거나 가혹한 듯 떠들어 댄다. 친일파가 친일파 징벌은 소급처벌이니 법치주의 위반의 법적 안정성 저해니 하던 것에서 다시 자구표현과 해석의 논증으로까지 끌고 들어간다. 그런데 자세히 알아보면 친일인명사전 수록 선정기준은 공지의 사실로 인정돼 온 것을 바탕으로 수백 번의 심도 있는 회의를 통해 검증해 오고 있다. 앞으로도 할 것이다. 그것을 두고 시비해서 명단발표를 흠집 낼 일은 아니다.

문제는 역사청산을 하는 한 시대의 획을 긋고 새로운 출발을 해야 한다는 것이다. 21세기까지 미루어 온 역사문제를 다시 미결의 숙제로 한다면 우리에게 미래가 없다(2005.8.22).

과거청산은 매카시즘 뿌리부터 뽑아야

국가폭력 피해자 증언을 통해 보는 법치의 문제
무법 폭력정권의 과거 청산은 매카시즘의 뿌리를 뽑는 일부터

| 국가폭력피해자 증언(2차)대회에 참여하고

 지난(2005년) 6월 23일 10시에 국회도서관 강당에서 과거청산을 위한 시민단체 주최로 국가폭력피해자 증언(2차)대회가 있었다. 나도 이 대회에 증인에 대한 총평을 하는 역할을 띠고 참여하였다.
 증인으로선 이승만 정권시기에 '사법살인'으로 처형당한 진보당 당수 조봉암의 피해를 말한 진보당 간부가 나왔었고, 박정희 집권시기에 '민청학련 사건' 날조를 정당화하기 위한 또 하나의 날조로 8명의 젊은이를 처형한 '인혁당 사건' 희생자 부인의 피 맺힌 절규를 들었다. 그리고 신군부집권기 사건인 군대내 의문사문제의 의혹증언과 의문사진상규명이란 독재 폭정의 살인사건을 조사한 의문사진상규명위원회에서 실무책임부서의 간부를 맡았던 이가 증언하였다.

나는 의문사진상규명이란 폭정속의 살인사건의 진상규명을 위한 작업의 책임자로서 3년간(2002년 4월~2004년 12월)을 종사한 사람이다. 그래서 독재 권력의 잔인한 의혹사건의 실체를 들여다보았다. 그것은 한국 현대사의 현장을 보는 것이기도 했다.

그래서 이 날의 증언 청취는 새삼스러운 것은 아니지만, 다시 가슴이 찢기는 아픔을 느끼고 유가족의 상처가 그대로 방치된 채 있는 지도층의 태만과 정치의 무능을 다시 확인하는 분노로 치를 떨었다.

다시는 이런 무법적인 잔인무도하고 천인공노할 국가폭력이 '자유 민주주의'의 이름으로 자행되어서 그야말로 진정한 자유와 민주주의를 모독 유린하는 일이 벌어져 살아남은 수많은 사람에게조차 가슴에 못을 박도록 내버려 둬선 안 된다고 다짐했다.

| 친일 반민족 반민주부류가 저지른 죄악을 다시 확인해 교훈으로

여기서 나는 얼마나 친일파가 독재 권력에 편승해 실세로 군림하면서 그들이 일제시기부터 챙겨온 구(舊)기득권을 고수하려고 무서운 죄악을 저질러 왔는가를 다시금 확인하면서 우리사회의 법치주의의 실종 사태를 고발하면서 문제를 제기해 본다.

지금 반민족·반민주의 세력의 뿌리는 일제시기 친일파로 거슬러 올라가서 그것이 대물림하면서 확대 재생산해 존속하고 있다. 우리가 단지 일제시기의 친일파문제만을 따로 떼어서 문제 삼을 수 없는 심각한 현대의 문제가 된 이유와 배경은 바로 여기에 있다.

그들이 끔찍한 대량 학살을 서슴지 않고 자행해 온 이유를 똑바로 알아야 한다. 그리고 오늘날도 친일파 비판을 용공 좌경 빨갱이로 모는 매카시즘의 실체를 똑똑히 봐야 한다. 그들로서는 그렇게 할 수 밖에 다른 대안이 없는 민족반역자란 원죄를 뒤집어쓰고 있기 때문이다.

| 일찍이 박해받아 추방당한 양심적인 법조인의 운명

그들 수구 친일부류에게는 바로 그런 배경과 사정이 있기 때문에 독재권력에 대항하거나 협조를 거부한 법조인이나 관리의 운명은 독재권력의 지배하에선 불행하고 불운의 연속이란 처지로 몰리게 되었다. 그래서 양심적인 법조인으로 법을 지키려던 몇 안되는 분들은 박해받고 모욕당하고 모략 중상당해서 시들어가는 운명이었다. 이 운명속에서 법을 고수하려는 이가 민주열사와 함께 있었기 때문에 우리는 여기까지나마 온 것이다.

| 독재권력이 법을 법답게 지키려고 한 법조인을 어떻게 박해하였는가를 보자.

이승만 정권하에서 이승만에 반대한 야당 간부 서민호를 살인죄로 극형으로 판결하지 않은 것으로 미움을 받아왔던 안윤출 판사는 판사연임에서 제외되어 법원을 등졌다. 야인으로서 이승만 치하에서 그는 기피되는 외톨이 신세가 되었다.

조봉암 사건에서 극형을 선고하지 않고 간첩죄가 아니라 무기불법소지만을 유죄로 한 유병진 판사는 '용공판사' 빨갱이로 몰려 테러위협에 쫓기고, 결국 판사 연임에서 제외되어 야인으로 그 후 8년 만에 사망했다. 당시 그의 나이 52세였다.

　박정희 지배 하에서 민주회복 운동이란 독재반대운동에 나섰던 당시 변협회장 이병린 변호사는 간통죄로 피검 투옥당하고 변호사 자격을 박탈당했다. 그는 말년을 가난 속에 쓸쓸히 마쳤다.

　1970년대 박정희 정권이 데모탄압의 일환으로 학생을 체포하기 위한 영장 발부를 요구했을 때, 이를 거절한 이범열 판사는 '섹스 스캔들'로 망신당하고 결국 법복을 벗었다. 1971년 사법파동의 발단이 된 사건이다.

　신군부 하에 대표적인 법조인 수난은 박정희를 사살한 김재규 정보부장 사건의 심리판결에서 협조를 거부한 대법원 판사들이 당한 수모와 수난 그리고 퇴진의 압력일 것이다. 그리고 김재규를 변호하던 변호사들도 신군부의 공안 정보기관으로 부터 엄청난 수난을 당했다.

　위의 사건처럼 드러난 것 이외에도 보이지 않게 이면에서 협박과 회유, 퇴진 압력과 박해 등을 구사한 정보공작은 무수하게 자행되었다.

　법률제도를 이용해서 합법을 위장한 대대적인 법관 숙청작업은 1972년 10월 유신 쿠데타 때 개헌을 계기로 이루어졌다. 박정희는 그간에 말을 듣지 아니한 비협조 법관을 유신헌법에 따른 재임용이란 절차에서 완전히 탈락시켰다. 그럼으로써 결국 박정희 정권 하의 군정권력은 사법부를 완전히 정복, 장악하게 된 것이었다.

　위와 같은 수난사를 통해서 보면 법조인도 군정의 피해자라고 할 수 있을 것이다. 그러나 그렇게 좋게만 말 할 순 없다. 상당수 대부분의 재조법조인(판검사)이 정권압력에 묵종과 순종으로 자기 본래 위상을 스스로 포기했다. 묵시적 인정과 방관적 묵인도 결국 책임을 져야 하는 것이 헌법수호와 준법을 책임지는 공직자의 처지이기 때문이다.

외국 법조인의 투쟁사에서 얻는 교훈

외국의 예를 보자. 흔히 17세기 영국의 법관 에드워드 코크(Edward Coke, 1552.2-1634.9)가 국왕의 자의적 간섭에 대항하여 말하길, "국왕은 최고의 통치자입니다. 그러나 국왕일지라도 신(神)과 법아래 있습니다."라고 해서 법을 지켰다고 찬양한다. 우리 대학의 법학강의실에서도 법의 지배(법치주의)를 가르치면서 교수가 하는 말이다.

그런데 여기서 나는 중대한 한 가지를 빼놓는 것을 안타깝게 여긴다. 코크가 당하게 된 운명은 비참하였다고 하는 점이다. 그럼에도 그는 무릎 꿇지 않았고 당시 영국의 법조인과 시민은 코크의 '법의 지배' 판결 법리를 헛되게 하지 않기 위해 왕의 자의적 권력을 제어하게 되는 오랜 투쟁을 계속했다는 점이다. 바로 그것을 가르치지 않으면 헛된 일이다.

우리의 공직자는 일제식 권위주의에 세뇌 오염되었다. 그리고 그보다도 일제하 친일파의 출세주의의 추종자로 전락하여서 권력자가 누가 되고 무슨 짓을 하던 복종과 추종, 묵인과 순종을 해서 부귀영화를 누리려해 왔다. 바로 그러한 출세주의와 무사안일주의가 법치주의를 교살하게 되었다. 법조인의 법 수호 포기라는 무책임이 헌법파괴로 이어진 것이다. 그 후 법조인은 독재자가 몰락한 이후에도 반성 사죄하지 않고 모른 채 버텨 오고 있다.

그러나 이 일은 모른 채한다고 비켜갈 일도 아니다. "나는 몰랐었다"고 해서 책임이 면제 될 일도 아니다. 그리고 당시 사정으로 봐서 "어쩔 수 없지 않았는가?" 해서 동정을 받고 끝날 일도 아니다.

나라의 주요 고위 공직자는 자기 행위에 대해 철저하게 책임을 져야 한다. 책임을 질수 없다면 일찍이 물러났어야 한다. 그리고 진작 물러나지 않았으면 나중에라도 곧바로 물러나야 한다.

박정희가 죽고 그로 인해 유신시대가 종말 된 이후에 공직자로서 자기 책임을 지고 반성 사죄한 공직자가 있었느냐? 없었다. 그들은 오로지 다음에 자기 자리가 어떻게 되는가 숨을 죽이고 살피는데 급급했다. 신군부가 맥을 잃고 사법개혁이란 말이 떠들썩하였을 때에 책임을 지고 물러난 판검사가 있었느냐?

김영삼 집권 시기에 김덕주 대법원장이 물러났다. 그러나 자발적 반성으로 물러난 것도 아니다. 그리고 그가 자기 공무에 대한 책임을 지고 물러난 것은 아니었다. 그의 부동산 투기문제로 인한 여론의 비판으로 마지못해서 물러났다. 독재 권력하의 자기 행적의 문제로 물러난 '사법 관료'는 없다. 이처럼 사법부는 개혁이란 '강풍'을 그동안 교묘하게 비켜왔다.

2001년에는 판사 33명이 개혁을 요구하고 나설 지경에 이르렀다(대한매일(현:서울신문), 10월 16일 22면 참조). 그래서 사법개혁을 한다고 해서 시끄러웠으나, 그로서 얻어낸 성과가 무엇인가?

| 왜 사법부나 법조제도 개혁이 안 되고 있는가?

지금도 김영삼과 김대중 두 정부에 이어서 사법개혁을 한다고 개혁을 위한 기관이 발족해서 애를 쓰고 있다.

그러나 일반사람이 신문에서 눈에 번쩍 띈 사법개혁에 관련된 사건은 형사소송법을 인권보장 측면에서 개정하려다가 검찰의 반발로 진통을 겪은 후에 흐지부지되고 있다는 정도랄까?

법학도나 고시지망생들의 관심을 끄는 일은 '로스쿨'(법학전문대학원)제도의 도입이 가시화되었다는 점이다. 그런데 그것도 내가 보기엔 결국 법조전문직을 부유한 자산층의 자녀가 독식하는 제도가 될까봐 우선 걱정이다.

그 밖에 다른 일이 있다고 하면 1980년대 이래 끊이지 않고 있는 검찰과 경찰의 수사권 문제의 관할 싸움이 좀 더 노골적이 되고 있는 점이다. 서로가 과거까지 들추고 있는데 그들 양쪽의 과거는 국민이 들추어야 할 사항이고 당사자는 우선 자숙하고 무엇이 국민이 원하고 국민을 위하는 방향인가를 눈치라도 봤으면 좋겠다.

일본 제국주의 패망이후 일본이나 한국에서 똑같이 구시대 잔재 청산에서 법조계와 사법제도는 개혁을 교묘하게 비켜갔다. 특히 인적 청산을 보면 일본과 우리가 하나도 하지 않았다.

우리는 오히려 일제시기의 법조가 완전히 주도권을 장악하여 왔다. 그래서 일본이나 한국은 구시대의 법률이 그대로 통하고 그 일부를 보수하는데 그쳤다. 형사소송에서 악명 높은 예심제(豫審制)를 폐지하고, 영미식(英美式) 인신보호영장제도를 도입하고, 소송절차에 당사자주의를 보강하고, 한편 자백의 강요나 고문의 금지를 명문화했다. 그러나 일본이나 한국이나 구습이 하루아침에 청산되지 않는다. 권위주의와 관료주의는 여전히 철갑을 두른 듯 건재하다.

유병진 판사가 옷을 벗고서 《재판관의 고민》이란 책을 내어서 자기 양심을 고백한 적이 있다. 그러나 이 책을 읽은 사람이나 주목한 사람도 소수이다. 특히 법조계에서 그에 대해 별로 관심을 두지 않았다. 물론 서민대중이 자기의 인권을 위해 투쟁한 유병진 판사를 기억할 만한 사정도 아니었다.

그러니 법치주의를 세우는 투쟁이 어디에서 벌어질 것인가? 오랜 시기를 두고 법률에 의한 피해자는 국가폭력 피해자와 함께 계속 늘어났다. 그래서 더 이상 견딜 수 없는 막다른 골목에 다다라 우리는 목소리를 내기 시작했다.

1950년대의 국민보도연맹의 집단학살극을 거치고, 1960년대 쿠데타 권력의 날조 정치재판을 거쳐서 1970년대 유신폭정의 '인혁당' 피고의 집단처형 사건을 겪은 뒤, 1980년의 광주의 피바다를 헤집고 나와야 했다. 이런 시련과 고난의 투쟁을 거쳐서 우리는 말하기 시작한 것이다. 너무 많은 피를 흘렸다.

| 개혁이란 법률 바로세우기와 민주회복의 투쟁

개혁은 엄청난 진통과 갈등을 겪게 되어 있다. 이 고비를 겪어나가는가 하는 문제는 이제 개혁의 대상인 법조인에게만 맡기거나 기대할 처지는 못 되게 되었다. 그 시기는 이미 지났다. 판사들 속에서의 몸부림이나, 재야의 민변 같은 단체의 꾸준한 문제제기가 있다.

그러나 결국 국민의 몫이 되었다. 결국 주인이 주인 행세를 해야만 한다. 개혁의 대상격인 법조인에게 맡기기에는 너무나 중대한 우리들의 일이다.

외국의 예를 봐도 사법개혁은 국민이나 시민단체와 국민대표기관 등이 힘을 모아서 추진하였을 때에만 효과를 거둘 수 있었다. 사법제도 문제를 전문기술적인 문제로 법조인이나 관료에게 맡기거나 정부당국의 처분에 맡긴 경우에는 백이면 백 모두 졸작으로 실패작이었다.

구시대의 잔재를 뿌리 뽑는 일은 관료들이 쉽사리 할 수 있는 일이 아니기 때문이다. 관료는 구시대적 관행과 유습을 벗어나기도 힘겨운 사정이다. 구시대의 관료는 법률을 통치의 수단과 도구로서 지배수법이고 기술로서 이용해 왔기 때문이다.

민주주의적 법인식과 민주적 법철학이 없이 관료가 갑자기 민주화가 될 순 없기 때문이다. 구시대의 법조인은 그 시대에 최고 권력자의 심부름꾼이었지, 국민의 공복은 아니었기 때문이다. 아직도 구시대의 관료 티를 못 벗은 법조인은 국민을 내려다보고 있다.

　그래서 국민이 재판에 참여하는 배심원이 된다고 할 적엔 거부하는 말을 큰소리로 못하지만, 눈살을 자기도 모르게 찌푸리고 가슴이 덜컹하고 불쾌하기 짝이 없는 것이다.

　지금 상태의 법치주의의 실상은 '사이비(似而非)' = '가짜의 형식만 있는 법치주의'이다. '쭉정이' 법치인 것이다. 왜냐하면 그것은 관료의 법률에 의한 일방적 명령이다. 지금 법을 자기 것으로 할 수 있는 부류는 백(back)과 연줄이 있거나 부자만이 누리는 일이기 때문이다. 백이나 연줄이 없고 돈도 없는 사람은 아직도 항상 법률에 의한 피해자가 될 처지에 있다.

　나는 국가폭력피해자 증언을 들어보면서 어떻게 하면 법치가 실제로 세워지게 하는가 하는 점을 법학교수로서 다시금 고민하고 자책하기도 했다.

　의문사진상규명위원회의 일을 볼 때에 어느 유족대표는 나에게 말하길, "위원장님, 법학교육을 얼마나 잘못시켰기에 관리들이 이 모양입니까? 교수나 지식인부터 문제가 있습니다."고 했다. 나는 그에 대해 할 말이 없었다.

　지금이라도 잘못된 것에 대한 심판을 달게 받고 어떻게 하면 법이 바로서는 세상이 되는가 하는 것을 끊임없이 고민하고 노력 투쟁해야 한다. 여기에는 반드시 국민이 주인으로서 참여해야 한다. 시민사회단체이건 개인으로건 모든 수단과 방법 및 통로를 통해서 힘을 모아야 한다(2005.6.29).

독재자 하나 아닌 독재체제 잔재 청산해야
〈한상범 교수 인터뷰〉 10·26을 어떻게 볼 것인가

• 이철우 기자 •

▲ 박정희의 종말과 잔재를 깨야 되겠다는 메시지를 담은 깨진 그림과 장례장면.
도서출판 시대의 창 글 백무현, 그림 박순찬- 만화 박정희. ⓒ만화 박정희

"시민대중이 주도하는 민주화와 개혁이 아니면 구시대는 계속된다. 독재자 하나를 죽였다고 독재의 종말은 아니며 독재체제가 청산되어야 한다. 특히 독재 체제에서 이득을 보며 기생한 지배세력이 기댈 곳이 없도록 민주화가 되어야 한다."

한상범 동국대 명예교수가 2005년 10월 25일 기자와 만난 자리에서 10·26 얘기 끝에 한말이다. '10·26 박정희 시해 사건'이 일어나고 26년이 지났지만, 아직도 박정희의 행적과 공과를 신격화시키고 그를 '시해' 당한 지도자로 부각시키는 세력은 남아있다. 또 일부에서는 '김재규 장군의 응징'으로 보며 그를 영웅시하기도 한다.

10·26을 하루 앞둔 10월 25일 광화문 부근에서 민족문제연구소 소장이기도 했던 한상범 교수를 만나 '박정희 피살 사건'에 대한 생각을 들어보았다.

한 교수는 '시해(弑害)'라는 말 대신 '피살' 또는 '맞아 죽었다'는 표현이 적당하다고 지적했다. '시해'는 봉건제에서 부모나 왕을 죽인 경우에나 쓰는 말이라는 것이다. '시해'라는 말은 박정희가 18년간 1인 독재(獨裁)로 군림하며, 나라를 전제군주제로 전락시킨 당시의 잘못된 박정희의 위상을 보여준다.

그는 박정희 피살 사건에 대한 인터뷰에 앞서 박정희 정권의 성격에 대해, "한마디로 '군사 파시스트 체제'이며, 박정희는 쿠데타로 잡은 정권의 정통성을 위해 반공을 국시(國是)로 삼았지만, 우리나라의 국시는 반공이 아닌 자유민주주의"라고 지적했다.

박정희의 쿠데타는 민주공화체제를 말살하고 군사 파쇼체제를 만든 계속되는 진행형 범죄라는 것이다.

박정희 피살의 의미와 한계

한상범 교수는 박정희 피살의 의미에 대해서도 "김재규의 거사는 폭정의 주역을 제거한 점에서는 의미가 있지만, 그것이 민주혁명으로 이어지지 못했다"며 "결국 '제2의 박정희'가 나오고, 신군부가 권세를 장악하여 '신생' 친일파 정권시대를 열었다"고 말했다.

김재규가 박정희를 죽인 이유에 대해 그는 "부마항쟁(釜馬抗爭)을 비롯한 민중의 반대 목소리가 커지고 있던 때였고, 김재규는 박정희의 야심과 차지철의 무모성이 시위 군중을 탱크로 깔아뭉갤 수 있다고 보아 거사를 한 것"이라며 "김재규는 그런 점에서 민중의 희생을 일단 막은 것"이라고 말했다.

그러나 그는 "그것은 잠깐 시간벌기였을 뿐, 그 결과는 1980년 5월 광주의 비극으로 나타났다"며 "김재규도 그 체제의 일부였기 때문에 박정희 제거로 민주회복의 해법을 찾으려 했으나 객관적인 한계가 있었다."고 말했다.

한 교수는 "박정희는 쿠데타로 집권했기 때문에 이승만처럼 쫓겨나거나 죽지 않고는 스스로 물러날 수 없는 운명이었다."며, "김재규가 박정희를 제거함으로써 그가 법정 피고인이 되거나 망명하는 길을 생략하게 해주었다"고 밝혔다.

박정희를 그리워하는 자들은 누구인가

'박정희' 하면 떠오르는 경제발전 신화, 그리고 박정희를 옹호하며 경제발전에 기여했다고 공과를 따지는 수구세력들의 주장에 대해, 한상범 교수는 "군사독재 하에서도 내 배만 부르면 된다는 무책임한 주장이고, 박정희 시절을 그리워하고 찬양하는 자들은 그 권력에서 부귀영화를 누려온 친일 기득권부류"라며 "결국 박정희식 개발독재는 1997년 '환란 위기(IMF)'라는 경제의 총체적 파산으로 간 근본원인"이라고 지적했다.

한 교수는 "박정희에 기생해 혜택 본 자들은 자기의 기득권을 고수하고, 박정희 시대로 돌아가려는 미련을 버리지 않는다."며, "그들에게 민중이 속아 넘어가는 한 그러한 박정희에 대한 찬양은 중단되지 않을 것"이라고 말했다.

그는 "박정희 전제 폭정의 피해자인 대중은 눈을 떠야 한다. 구 잔재에 대한 청산 작업의 중대성을 인식하고 역사를 바르게 알리는 투쟁에 나서야 한다."고 덧붙였다.

한 교수는 특히 박정희가 피살된 26년이 지난 지금도 그를 그리워하는 자들이 많은 이유는 "박정희의 파시스트 군부체제에 대한 심판을 그 개인의 죽음으로 방치하고 넘어갔기 때문"이라고 지적했다.

그는 또 1996년 이뤄진 신군부에 대한 심판에 대해서도, "내란 심판은 했지만 내란수괴를 처벌도 하기 전에 사면해주는 구정치인의 '삼국지식 아량'으로 군부파시스트 청산이 실패했다"고 말했다.

한상범 교수는 "박정희가 총에 맞아 죽어 쫓겨나는 일은 면했지만, 민주공화제를 전복하고 군사파쇼체제를 수립한 주범임은 변함이 없다"며 "아직도 박정희의 망령을 팔아먹는 세태가 이어지는 것은 우리 시대의 치부이고, 우리의 치욕이자, 민족의 수치"라고 강조했다(2005.10.26).

개혁을 방해하는 전략과 전술

개혁을 방해하는 전략과 전술
- 최후의 안간힘을 다한 부패부류의 몸부림은 이렇다

| 민족반역자는 역사의 무대에서 스스로 퇴장하지 않는다

　어느 시대, 어느 사회에서이고 민중의 심판으로 단죄당한 기득권층이 스스로의 지위와 특권을 포기한 적은 없다. 그래서 혁명에선 피를 흘린다. 피를 흘리지 않으려는 온건책인 '개혁'이 혁명 이상으로 어려운 이유가 여기에 있다. 우리는 이승만을 권좌에서 몰아내기 위해 피를 흘렸다. 그 후 군부 독재를 몰아내기 위해 몇 십년동안 무수한 사람들이 죽어갔고, 고문실과 감옥에서 폐인이 되고, 한 집안과 친류(親類)가 박살이 나는 비극을 겪어왔다. 그러한 피의 대가로 개혁의 계기를 어렵게 마련한 것이다. 그런데 그 피눈물의 대가를 모른 채 개혁을 방해하여 오히려 피를 부르는 것이 되는 세상을 거꾸로 살아가려는 부류의 집념은 교활하고 악랄하다.

일부에선 피눈물 나는 투쟁을 겪어보지 않고 열매만을 따먹으면서 개혁반대부류와 타협을 하자는 한가하고 밥통 같은, 팔자 좋은 타령을 하는 한가한 논객이 있다. 그러한 타협이 쉽게 이루어지는 브로커의 이권조정의 흥정처럼 될까? 나는 그렇게 안이한 자세로 개혁에 임하는 이들에게 경고한다. 부패기득권부류는 개혁에 대해서 체질적으로 반발, 증오하고 이를 갈며 반대한다. 그들로선 생사기로에 처해 결사적 반격인 셈이다. 개혁을 하여야 하는 측도 개혁성패 여부는 생사의 문제로서 개혁은 흥정거리가 아니다. 다만 대의를 따르는 열정과 민주화를 위한 충심에서 최선을 다하는 공정한 자세로 임하는 것이어야 한다.

여기서 나는 현실에 눈을 바로 떠야 한다는 뜻에서 개혁에 원천적으로 반대하여 온 부류의 전략과 전술의 정치행태를 살펴 정리해 본다.

| 기본전략으로 매카시즘의 기조와 우민관(愚民觀)에 따른 대중조작의 정책

친일파는 일제패망으로 상전에 기댈 배경이 없어져서 몰락의 위기에서 기적적으로 살아남고 지배권을 다시 탈환해 회복한 세기의 도박사로서 관록이 있다. 여러 가지 곡절을 겪으면서도 살아남았고, 그래서 60년간을 지배해 온 만만찮은 부류이다.

대개 그들의 지배 기술과 수법은 일본제국주의의 조선민족 탄압의 사례에서 배우고 전수받은 것이다. 근대법 체제를 갖춘 체제로 행세해야 했던 일제는 바로 그 법률제도를 본래의 목적과 기능을 무시하고 최대한 악용하는 법비(法匪-법률을 악용해 도적질하는 무리)로서의 관록을 자랑하는 것에서 세계적으로 유명하다. 독일식 관료주의 법문화로 무장해서 법을 지배와 억압의 방편으로 발전시켜 악용하며 정교하고 치밀하게 세련시켰다. 지금 한국에서 친일파이고 또한 친미파가 된 법비인 그들은 미국식 소송만능의 법률가 지배의 수법까지도 배워서 써먹는 수준에 이르렀다.

한국사회에서 일제상전 자리에 들어앉은 친일파는 일본제국의 식민지 지배정책을 대개 그대로 모방 답습하여서 그것을 적시적소에 활용해 오는데 성공했다. 일제의 지배정책은 강동진(姜東鎭)이 동경대학 박사논문으로 낸 《일본(日本)의 조선지배정책사연구(朝鮮支配政策史硏究)》(東京大學出版會, 1979年)를 참고할 수 있다. 우선 일본은 조선 사람을 바보(우민)로 만들고, 탄압을 통해서 겁에 질리게 해 지배하다가, 1919년 3·1운동이후에는 '문화정책'이라고 해서 수법을 일부 바꿨다. 조선민족의 불평불만을 일부 배출케 숨통을 터주기도 하며, 서로가 종교·종파나 지연 등 각종의 연고인 학연과 족벌을 두고 분열시키고, 종교란 미명하에 미신을 충동·동원해 풍수지리와 점복까지도 교묘하게 이용했다. 그러면서 "조선 놈은 별수 없다."는 민족비하와 좌절감을 심어 놨다. 이광수나 박정희가 그러한 잘못된 민족비하 조작에 감염된 자이다.

일제의 지배정책 중에는 '빨갱이(아카)만들기'와 빨갱이에 대한 공포 혐오심 심어주기와 빨갱이에 대한 미친개 때려 잡기식 말살관행을 일반적 관행으로 일상화시킨 것이다. 이러한 매카시즘은 식민통치의 유력한 무기가 돼 왔다. 친일파는 해방 후에는 그것을 더욱 정교하게 다듬어서 이승만과 군정 지배자를 기쁘게 했다. 지금도 친일파의 마지막 카드는 이 매카시즘이다. 그들 행태의 수수께끼를 푸는 열쇠가 여기에 있다.

| 개혁 방해의 전술 구도

(1) 매카시즘 공포분위기의 일상화 : 수구 언론 플레이로 빨간칠 하기

해방 이래 친일파의 최대 무기는 자기 정체를 폭로 비판하는 인사나 당파는 민족주의자건 자유주의자건 무당파건 빨갱이로 몰아 제거해 왔다. 좌편향의 트집거리가 있으면 빨갱이로 몰기 십상이었다. 남의 집 머슴살이하던 무식꾼 농부가 남조선 노동당이 농민에게 땅을 주는 일을 한다고 하니 도장을 찍으라고 하자, 자세한 사정도 모르고 "옳소." 한마디 한 것으로 변을 당한 사람이 얼마인가?

이들 농부는 그 한마디와 도장 한번 잘못 찍은 죄로 후일에 총살당하는 사유가 된 '보도연맹원'이 된 사람이 부지기수로 많았다. 친일파 지배가 흔들리는 김대중 집권 시기에는 대통령도 빨간 칠하는 그들 공세에 정면 대응을 하는 것을 아무도 감히 나서서 협조하지 않았다. 김영삼 시대엔 통일원장관 한완상도 이인모를 북송했다고 장관 의자에서 몰아냈다. 김대중 재임 중에 대통령소속 정책기획위원장이던 최장집은 미움을 사서 남침을 해방전쟁시한 이상한 자로 몰려 위원장 자리에서 굴러 떨어졌다. 노무현 대통령시절엔 개혁기구인 의문사위원회를 통째로 빨간 칠을 해서 몰아쳤다.

지금의 사정으로 말하면 예전처럼 빨간칠 하기의 위력이 잘 먹혀들지 않지만 아직도 그 위세는 보통서민에게 여전히 두려움을 안겨준다. 그렇게 빨갱이로 몰리면 진실이야 어떻든 남들에게 일단 빨갱이란 인상을 주게 된다. 빨갱이로 몰린다는 것은 사회적인 사망선고 자체였던 우리에게 그런 처지에 몰리는 것에 대해 사람들은 두려움에 떨게 한다.

(2) 매카시즘의 행동대 수구 극우단체와 그 인물들의 돌격작전

'안보장사'는 아직도 재벌이나 유력자가 큰돈을 잘 내주는 돈줄이 든든한 장사이다. 그러한 단체나 행동대의 활동비용은 회원의 회비로 유지되는 것은 물론 아니다. 신문에 몇 천 만원짜리 5단 광고를 거침없이 쫙 깔고도 돈 걱정이 없이 끄떡도 하지 않는다. 인원동원도 자원봉사하는 아주머니 할아버지 외에 일당을 받고 동원되는 일꾼도 부족하지 않다. 특히 교회단위 동원에는 비용도 절감되고 포교도 한 몫을 하니 꿩먹고 알먹기식이다. 그들이 작년 7월 매카시즘 공세당시에 뿌린 삐라와 전국 방방곳곳에 걸어 논 현수막이며 각종 상징물의 가격 비용은 얼마인가? 그 뿐인가 전국 각지에서 동원된 시위인원의 일당은 얼마나 되고 그 지도부의 수고료는 얼마였을까? 전국 각지에서 위원회에 걸려오는 항의성 전화만 해도 상당한 인원을 동원한 치밀한 기획과 집행임을 알 수 있었다. 그런 바람은 행정수도 헌법소원의 바람몰이에서나 대통령탄핵 소동에서도 감지되었다. 아마도 관권의 지원이 결여된 매카시즘치곤 최대의 힘을 발휘한 것이리라. 그러나 그것이 한계였다. 그러한 빨간칠 몰이를 지도한다는 인물의 면면은 대개 아는 것이고, 특히 그들이 '사회원로'를 자칭하고 나섰을 때에는 또 한번 세상 사람들을 웃겼다. 그들이 독재시절에 무엇을 어떻게 해온 누구인가를 대개 아는 일이기 때문이다. 그러나 아직은 만만히 볼 일은 아니다.

(3) 입법과정에서 법률기술자의 묘기 묘책으로 쭉정이 개혁 만들기

개혁반대 세력은 개혁입법이 그 거센 여론과 그 내용의 정당성으로 말미암아 입법과정에서 원천봉쇄를 할 수 없으면 친일파의 맥을 이어오는 법률기

술자들이 묘기를 발휘 할 차례이다. 그들은 정당간의 교섭에서 생트집을 잡아서 법조문에 흠집을 내고 엉뚱한 수정 제안으로 상대방을 골탕 먹이고 시간을 끌곤 한다. 특히 위원회 심의 과정에서 법률안 초안 곳곳에 지뢰를 매설한다. 이것이 국회의 어수선하고 바쁜 일정으로 슬쩍 고비를 넘겨서 본회의에서 의결이 되면 대개 그러한 과정을 거친 법률안은 쭉정이 법안으로 모순투성이가 되어 간신히 사산직전의 지경으로 모습을 드러낸다.

그러면 다음에는 운영과정에서 법률기술자들은 그 해석을 두고 온갖 기교를 부릴 수 있다. 국가보안법 7조의 이적표현죄 조항을 예로 들어 보자. 적을 이롭게 하는 표현이란 해석에는 김일성도 항일운동을 했다고 해서 잘못 걸리면 찬양 고무 동조의 죄목에 걸려든다. 술김에 6·25전쟁당시에 주어들은 '김 아무개 장군의 노래'를 한구절 부르고서도 징역살이감이 된다. 시골 지서에서 경찰에게 술먹고 주정하다가 뺨 한대 맞고서, 홧김에 이북에서도 그러진 않겠다고 뱉은 한마디 때문에 징역을 가게 되어 신세 망친다. 그래서 '막걸리 보안법'이란 말도 나왔다. 이처럼 매카시즘의 법률적용이란 "귀에 걸면 귀걸이고, 코에 걸면 코걸이"로 멋대로 해석되어 사람을 옭아매는 괴물이 된다. 이 묘기를 부려 온 자들은 독재시절을 그리워해서 개혁에 한사코 반대다.

(4) 극우 단체와 안보상업주의의 호경기

빨갱이 몰이에 나서는 극우단체는 독재시절처럼 독재자의 귀여움을 독차지해 세도가 당당하던 시절은 지났지만, 아직도 황금시절의 경기가 아주 사라진 것은 아니다. 지금도 '안보행사'를 벌리면 돈이 굴러들어 온다. 이 단체에는 예전의 관청으로 부여되었던 특전과 특혜는 대개 아직도 남아 있다. 그 일부는 법률로 보장되고 있다. 그러니 세상에 좋은 사업이 '안보상업주의'이다. 독재시절에 대학 교수취직의 지름길은 '안보담당교수'로서 정보부 추천을 받아서 교수 자리를 따내는 것이었다. 평생 안보과목 하나만을 울어먹으면서 총장까지 몇 번을 한 교수 아닌 교수가 있다. 이들이 모두 극우 반공 매카시즘의 기수이고 투사이다. 이들은 개혁이라면 그야말로 일본의 극우대변논객이상으로 빨갱이 짓으로 보고 미워한다.

(5) 개혁의 바람이 안 통하는 관료사회와 문화 교육 종교계 일각

정권이 바뀌어도 요지부동으로 끔적하지 않는 관료사회, 특히 검찰과 법관의 사회는 철옹성이다. 그리고 정보 공안기관은 말해 무엇 하랴?

특히 일부 특수 분야는 미국공무서의 분실이란 소리를 들을 정도로 미국맹종이고, 친미이상의 친미로 날이 지샌다.

그리고 일찌기 임종국이 1960년대 《친일문학론》이란 역작을 써서 문단의 친일 반역자를 폭로했지만, 문단 예술계 학계 종교계의 친일의 뿌리는 건재하다. 서정주는 일제시절에 일제 지원병찬가를 부르던 것에서 이승만 찬양으로 변신해 반공문인으로 친일행적이 모두 면책되었다. 이승만이 쫓겨 난 뒤에는 박정희 찬가를 열창했다. 박정희가 총 맞아 죽자, 전두환의 대통령 만들기에 나서서 그 얼굴이 달덩이 같고 인자함이 넘치는 유덕군자라고 텔레비전에서 낯간지러운 거짓말을 하고 뭉텅이 돈다발을 챙겼다. 참으로 한국에서만 있을 수 있는 일이다. 이런 인간의 탈을 쓴 인간 아닌 인간이 어찌 서정주 뿐이랴! 그래서 그의 뒤를 따르는 무리가 학예술원인 곳에 박혀서 천수를 다하며 세월을 보낸다. 이러한 이들이 개혁을 음으로 양으로 못마땅해서 반대하는 '원로'이고 '유명 인사'이고 '지도자'이다. 그들은 개혁 저지의 반동의 울타리가 되고 있고, 또 개혁반대 이데올로기의 정신적 원군이 되고 있다. 박정희가 일제 왕의 교육칙어를 모작 표절 변조한 '국민교육헌장' 만들기에 손발을 걷고 나선 왕년의 유지 원로들의 이름을 보면 그러한 명사랍시는 학자 교수 교육행정가 종교 문화계 명사(?)란 이들의 이름을 볼 수 있다. 여기선 하도 치사스럽고 더러워서 그 이름을 들지 않겠다. 다들 알고 있듯이 박정희 권력주변을 얼쩡거린 자들이니 알만 할 것이다.

(6) 외국 극우와 국제적 연합전선을 편 친일파

일찍이 박정희는 기시 노브스게(岸信介) 일본 수상과 관동군 참모인 세지마 류조(瀨島龍三) 중령 등 그가 숭배하는 일제 군국주의 전범과 유대하여 한국과 일본 극우의 연합전선을 형성하였다. 심지어 고다마 요시오(兒玉譽士夫)라는 일본제국의 특무공작의 두목으로 중국에서 특무공작을 하였고, 패전 후엔 전범으로 투옥되었다가 석방된 일본 극우 정치깡패의 두목이며 '록히드 사건'에 다나카와 연루된 공범이고 미국 CIA의 에이젠트란 설이 분분했던 자에게(다치바나 다케시, 《다나카가쿠에이(田中角榮)연구》講談社 참조) 대한민국 국교수교훈장까지 수여하였다(사다카 마코도(佐高信), 《戰後 企業事件史》, 講談社 現代新書, 1994年, 19쪽 이하 참조).

박정희 피살 후에도 한국 친일파와 일본극우와의 연계 협조는 더욱 번성, 확산되어서 지금은 무시할 수 없는 위세를 부리게 되었다. 그래서 개혁 때문에 궁지에 몰린 한국의 친일파는 일본이나 그 밖의 국외의 지원을 받고 있다. 그들은 한결같이 개혁과 과거청산을 좌경 용공 친북으로 몰아가는 논조로 공세를 취하고 있다. 한국의 일본서점에 진열된 일본 극우의 선전물은 잡지와 같은 정기간행물에서 단행본에 이르기까지 화려하게 전시되어 눈길을 끌고 있다.

오선화와 김완섭 같은 직업적 친일찬성의 부류로부터 지금은 노래하는 가수라고 하는 조영남의 친일찬양론의 쓰레기 같은 책까지 일본말로 번역되어 일본의 극우파를 기쁘게 해 주고 있다. 그 몇 가지 예로서 김완섭의 《친일파를 위한 변명》이란 책 같지 않은 책이 조영남의 《맞아죽을 각오로 쓴 친일선언》보다 이전에 일본말 번역판이 나왔다. 위 두 책은 어느 것이나 내용을 보면 딱할 정도로 수준이 낮고 유치하다. 오선화는 거기에 비하면 선배격이랄까? 그 여인은 요즘에는 《반일하는 한국엔 미래가 없다》란 친일청산 반대의 책도 내고 있다. 일본 극우보다 한수 떠 떠서 철저하게 상전을 섬기고 있다.

한편 재일교포로서 정대균(鄭大均)같은 이는 일본출생 2세로서 《재일 한국인의 종언》이란 책(文藝春秋社, 2001년)에서 재일 동포는 일본으로 귀화하라고 주장한다. 그것은 역사를 인식치 못하거나 또는 잘못 인식하여 재일동포의 역사적 연유와 뿌리 및 그 문제 상황을 일본측의 관점에서 보고 전개한 의견이다. 민족적 편견과 민족주의적 팽창의 무드로 조선-한국의 동포를 차별해왔고, 지금도 차별하는 일본문제를 외면한 입론이다.

물론 조갑제같은 극우논객을 내세운 일본의 니시오카 쓰도무(西岡力)의 《북조선에 둘러쌓인 한국》(PHP研究所)이 개혁정권에 대하여 빨간칠을 하는 것보다는 정대균은 온건한 편이다.

좌익에서 우익 극우로 변신한 전 조총련계였다가 극우 논객이 된 하신기(河信基)의 《박정희》란 책은 쿠데타를 한 친일파이고 전 공산주의 남로당 당원이었던 박정희를 우국지사이며 한국의 구세주로 신격화하고 있다. 참으로 몰라도 한참 모르거나, 알고도 시침 뚝 때고 염치없는 말을 하는 이의 치사한 책이다.

가장 어이없는 책은 김대중과 노무현 두 대통령의 정권을 친북 좌익 빨강이로 몰아서 쓴 이도형(李度珩)의 책이다. 그의 그런 책은 《김대중-한국을 파멸로 이끄는 사나이》(草思社)와 《북조선화하는 한국》(草思社) 등이 있다. 구세대인 일본말을 일제 때 배운 이들이 극소수 그런 책의 애독자가 되어서 일제시대 만주에서 친일파시대를 그리워하고, 개혁의 상황을 한탄하며 젊은 세대를 못마땅해 수군거리는 것을 본다.

그러나 생각해 보자. 그들이 참으로 이 민족을 위해 그리고 인권과 민주화를 위해 무엇을 하려고 생각이라도 한 적이 있는가? 참으로 염치없는 사람이 사람 같은 탈을 쓰고 있다는 느낌이다. 역사는 그렇게 거꾸로 가며 사람에게 애착을 가질 줄 모르고 민족반역의 길을 걸어오며 일신의 부귀영화만을 위해 살아 온 그들에게 더 이상의 무대를 제공할 수 없을 것이다.

친일파가 최대 위력을 발휘할 것으로 기대를 걸고 있는 무기는 역시 매카시즘이다. 가장 든든한 배경이라 생각하는 것은 외세이다. 일본의 극우와 각종 외세와의 연계가 그들이 큰소리치는 배경이다. 여기에다 그동안 휘둘러 온 법률기술의 수법도 건재하고 안보귀신의 주문으로 겁주기 등이 먹혀들어갈 것으로 자신한다. 그들이 수시로 사용해 온 기동타격의 무기이기 때문이다. 우리는 이 배신의 무기를 민족과 민주의 이름으로 장사지내야 한다!(2005.5.3)

수구세력 역공세 전술 '이빨 뽑기'·'속 파먹기'
도청문제로 보는 한국 수구의 역공세

▲ 한상범 교수

참여정권의 뚫린 구멍 파고들어 뒤집기

개혁에 극도의 불안과 초조를 느끼는 과거 범죄정권의 공범들은 김대중 정부 출발 초기에 수구반동의 쿠데타 원흉인 김종필이 김대중 정부의 행정부를 사실상 장악하는 총리자리를 차지하자 숨을 돌리고 재기의 희망에 차고 '반동복고'란 목표 달성에 자신을 얻었다.

그들이 처음부터 착수한 것은 꾸준히 김대중에 대한 '빨간칠 하기' – '좌경 낙인 찍기'를 쉬지 않으면서 무기력화 시키는데 일부는 성공했다. 왜냐하면 김대중은 대통령 재임 중 자기를 수장해서 물고기 밥으로 만들려고 한 살인공작 정권의 두목격인 김종필을 총리로 앉힘으로써 중앙정보부의 불법 정치공작 규명에 대해서 손도 대지 못한 채 임기를 끝냈다.

더욱이 의문사진상규명위원회가 기무사(구 보안사) 파일을 조사하려고 하자, 보안사 간부가 "대한민국이 꺼꾸러져도 내놓을 수 없다! 대통령이 와도 보여주지 않는다!"고 폭언과 망언을 하며 조사를 거부하는 불법에 대해 털끝 하나 건드리지 못하고 말았다.

위 사건으로 명백하게 된 사실은 국가 속의 국가인 정보기관에 대한 위상이 어떠한가 하는 것을 말해 준 것이다. 대통령도 현재의 체제하에서 그 기관의 활동에 대해서 손도 댈 수 없다는 것이 아니고 무엇인가?

그런데 지금 도청문제의 불똥은 퇴임한 김대중에게 떨어지고 있다. 그것을 기화로 수구는 김대중 깎아내리기에 최대한 이용하려고 공세를 교묘하게 취하고 있다.

거기다 올해 도청으로 폭로된 정경유착의 주범인 재벌과 정상배가 최대

위기를 당하고 줄줄이 재벌이 법정에 서는 위기로 몰린 것을 뒤엎을 호기를 포착했다.

대우와 두산이 감옥행을 기다리는 판국에서 도청문제를 역이용하여 판세를 거꾸로 뒤집어 '뺑뺑이 돌리기'의 재주를 부릴 수 있다는 틈새가 벌어진 것을 이용할 수 있다는 기막힌 대책이 떠올랐다고 할까? 적어도 행실을 봐서 그런 인상을 풍긴다.

| 개혁을 빨갱이로 모는 공격의 원군인 일본 수구우익

올해(2005년) 3월에는 친일파가 일제식민지배 찬양으로 불을 질러대어서 한국의 인텔리들 정신을 뽑아 놨다. 실제로 한국 지식인의 선생격인 친일파가 뿌린 씨앗이 그만큼 어느 틈엔가 자라나서 썩은 열매이지만 열매가 떨어지자 인텔리는 말을 잃고 어리벙벙했다.

일제식민사관인 한국사회 정체론과 한국인 열등론은 일제시절부터 머리에 박혀 온 것이고 그것을 다시 공공연히 들어보게 되니, 결국 일제식민지 시대가 일제 앞잡이나 그 후예에 의해 아직도 엄연히 지속되고 있다는 것을 두 눈으로 확인하며 다시 한 번 놀란 것이다.

거기다 일본 우익은 전쟁 국가의 길이 미국 지원 하에 착실하게 진행되고 있음을 볼 수 있었다. 미국의 패권주의는 이미 베트남 전쟁당시부터 국제연합헌장과 미국헌법 자체를 무시하였고 1967년 이미 '러셀 법정'에서 전범으로 유죄가 되었다. 그런데 21세기에는 더욱 공연히 패권주의 횡포로 공공연히 유엔헌장을 파괴하고 미국의도를 거스르는 국가에 대한 공격을 예고하기까지 이른 것이다.

| **일본수구 우익의 개혁에 대한 용공 좌경 트집잡기 실상**

더욱 기가 막힌 것은 한국의 친일파가 일제식민지배가 한국민에게 축복이었으며 친일파 비판은 공산당식 작태이고 개혁입법은 악법으로 폐기되어야 한다고 악을 쓰는 것은 한승조의 3월 발언뿐만이 아니다. 그러한 반개혁의 생각은 예전부터 현재까지 일관된 일본 우익의 주장이다.

최근에도 일본 극우를 대표하는 산케이(産經)신문의 자매회사인 왜곡된 역사교과서 출판의 본산인 '후소샤(扶桑社)'에서 '니시오카 츠도무'란 이가 낸 한국 관계 책을 보면 개혁은 용공 좌경노선이고 참여정부가 반미 친북 노선으로 간다는 왜곡 허위 날조로 가득 찬 내용의 책을 내서 한국의 우경 수구들의 가이드북이 되고 있다. 그 논조를 정리해 보자.

일본 우익, 한국 개혁에 빨갱이 낙인찍기 실상

(1) 현 노무현 정부는 친북 좌경 혁명가집단이란 낙인찍기 : 노무현 정부 참여계층의 민주화운동을 좌경 혁명가로 몰아가는 수법. 일본 자체도 치안유지법은 패전과 함께 폐기하였다. 지금 일본체제는 공산당도 국회에서 활동하고 있다. 이 점에 대해선 당연한 것으로 묵인, 수긍하고 있으면서 한국은 일제 치안유지법시대로 묶어두려는 집념을 드러내고 있다.

(2) 한국의 민주화운동은 혁명 운동으로 범법행위란 독단적 입장 : 한국의 민주화운동을 범죄와 불법으로 몰아가는 것은 친일파가 독립 운동가를 전과자 취급하는 것과 같은 수법이다. 일본에서는 패전 전 사회주의 운동으로 박

해당한 인사가 각계에서 명사가 되고 있는 것은 당연시하면서 한국은 백년 뒤떨어진 미개 식민지로 눈을 뜨는 것은 모두 위험시하는 식민시대 발상이다.

(3) 개혁입법인 최근의 친일진상규명법이나 과거사법 모두를 '용공시'하는 독단에 따른 주장 : 민주화 개혁을 싸잡아서 일제식민시대 수준의 체제를 유지하려고 하는 의도에서 모략, 중상하는 논법이다.

(4) 북·중과 교류를 용공 좌경 반미로 몰아가는 억지 : 한국정부가 북과 중국정부와 협조 교류하는 것을 반미이고 친북이며 적화에의 길이라고 터무니없는 모략성 비방으로 일관한다. 일본정부 자체가 미국과 함께 1972년 중국과 교류를 트고 북과도 이미 수교를 전제로 한 교류를 시작했으면서 유독 한국정부를 북과의 갈등 조성으로 몰아가려고 한다. 결국 한반도 긴장조성과 갈등유발 내지는 분쟁으로 일본 우익이 갈망하는 전쟁경기와 한반도 무력진출의 구상이 이루어지게 하려는 시나리오가 아닌가 그 저의를 드러내고 있다.

(5) 한국에서 검열이 일부 완화되어 《자본론》같은 고전이 출판되는 것을 용공 좌경의 위험신호로 보고 트집 잡기 : 한국을 19세기 제정 러시아로 보는 놀라운 사실이다. 제정러시아의 탄압에서도 세계에서 제일먼저 자본론이 번역되었다. 일본제국에서조차 1920년대에 《마르크스 – 엥겔스 전집》을 개조사(改造社)에서 발간했다. 한국의 지적 풍토를 17세기 정도의 우민시대로 보는 망발임. 자유 민주주의와는 정반대의 주장이다.

그야말로 한국 민중을 우민(바보무리)으로 보고 우리의 수준을 일제식민시대의 수준으로 잡아놓고자 하는 것이다. 그들의 논조는 그들의 앞잡이인 친일파의 폭정시대를 '선정'(善政)시대로 착각하는 발상이 그들의 정책의 기조가 되고 있음을 그대로 드러내고 있다.

| 한국 수구의 역공세 전술은 어디까지 탈선해 왔는가?

김대중 정부 당시부터 한국 '범죄정권'의 잔당들은 개혁 자체를 원천으로 봉쇄할 수 없다는 것을 이미 알고 대책을 세우기 시작했다. 개혁을 거슬리는 무모한 행동으로 민중과 정면충돌을 하다가는 결국 자기들의 과거 행적이 들통 나게 된다는 것을 그들은 누구보다 잘 알고 있었다.

| 그래서 그들이 취한 대응책은

(1) 우선 개혁입법 자체의 내용을 명분은 그럴듯하게 갖추게 하되, 알맹이는 뽑아버리고 '껍데기 법'으로 만드는 것이다. 의문사진상규명법이 그런 사례의 하나다. 그 밖에도 최근의 친일진상규명법이나 과거사법이 그렇다. 제대로 활동할 권한을 없애는 '이빨 뽑기' 전술이다.

(2) 다음에는 개혁입법이 만들어져도 그 기구구성에 수구 반개혁부류가 최대한으로 끼어들어서 기구 자체가 제구실을 못하게 '속 파먹기'식으로 무기력화 시킬 수 있다는 것을 헌법재판소 구성에서 이미 터득한 그들이다.
헌법재판소가 헌법도 모르고 헌법과는 인연이 없는 정도가 아니라 헌법과

조화되기 어려운 과거의 부끄러운 행적이 있는 인사로 구성되게 하여 수구의 대변이라고 까지 눈살을 찌푸리게 만든 것은 그들의 성공사례이다.

지금 앞으로 닥칠 개혁의 드라이브에서 벌어질 문제는 개혁기구 자체 안에서 개혁파와 반개혁파의 갈등으로 세상의 보기 드문 쇼(흥행)를 보여주는 일이 아닐까 걱정된다. 이 점은 팔짱을 낀 채 두고 보면서 당할 일은 아니다. 나라 정책을 실험대상으로 할 수 없다. 그러면 나라와 국민은 망한다.

| 여당과 시민단체의 반성과 진로

지금처럼 정부 따로 놀고, 여당 따로 뛰고, 대통령 일을 남의 일보듯 방관하며, 서로 남의 일처럼 책임회피로 나가면 얼마 남지 않는 시간을 결국 제 무덤파기로 소모하게 될 것이다. 이 점을 나는 정부 여당은 물론 개혁지향의 시민사회단체에게 강력하게 엄중 경고한다.

여당은 개혁정당으로서 '제2의 창당 정신' 이상의 결심을 하고, 국민의 기대에 부응하려는 노력과 투쟁을 아끼지 말라. 국민이 여당을 저버린 것이 아니라, 여당이 국민의 뜻을 제대로 따르지 못한다는 반성부터 하라. 지금 국회의원이 되어 국비로 호사하는 것을 출세로 알면 자기 신세가 어떻게 되는지 냉정히 돌아봐라. 왜 국민이 정치인을 믿지 않는지 아직도 모르고 있을 정도로 백치는 아니지 않은가?

시민사회단체는 개혁 투쟁의 비상한 각오를 다시 다지고 힘을 내라. 연고와 이해로 조각나서 반개혁 수구를 기쁘게 하는 일일랑 그만 집어 쳐라. 수구부류와 부정축재재벌 등에서 돈 얻어 먹고 시민의 피땀인 개혁기금을 좀먹는 기회주의자와 범죄자들은 과감히 잘라 버려라. 그리고 좀 더 서로가 아끼고 뭉쳐라. 더 이상 몸을 사리면서 선배 투사가 간 길을 더럽히지 말라!

개혁의 힘은 국민의 지지와 성원에서 나온다. 특히 그동안 독재 폭정에서 희생당한 유족과 친인척 및 친지들인 피해자대중의 원념을 승화시켜서 하나의 결집된 힘으로 모아라. 그것이 개혁에서 성패를 가름하는 열쇠가 될 것이다(2005.11.22).

과거청산 현주소를 점검한다
아직도 끝나지 않은 항일과 민족해방

| 독일의 사례를 다시 본다

나치 잔재의 청산을 독일에선 '과거의 극복'이라고 한다. 독일이 가해자로서 피해자인 이웃나라와 그 국민과 친선우호관계를 유지하여 나가고 있는 배경에는 그들의 과거 극복의 노력과 그 성과가 있다. 독일의 과거청산은 구시대에 자행한 자기나라 지배층의 범죄를 있는 그대로 기록 비판함으로써 교훈을 삼아서, 미래를 위한 발전에 이바지하게 하려는 자발적인 노력과 투쟁의 과정이다.

독일국민은 과거의 극복을 4가지 면에서 이루어 오고 있다.

(1) 나치 피해자에 대한 보상조치

피해자는 유대인 등 외국인과 내국인을 망라해서 보상해 왔고 2000년에는 강제노동 피해보상기금을 마련했다. 우리처럼 소멸시효를 이유로 기피하는 비겁함이 없다. 일본처럼 자기나라 국적이 없다거나 해당되지 않는다는 끔찍하고 비열한 변명도 없다.

(2) 사법(재판)을 통한 나치의 반인륜 범죄의 취급

공소시효문제로 몇 번 특별법을 마련해 오다가 1976년 '모살죄(謀殺罪: 반인륜 살인의 죄)'에 대한 공소시효를 폐지했다. 행정사법관료 이외에 군인에 대한 처벌을 단행해 왔다. 특히 상관의 '불법한 명령'이나 '나치 법률(악법)'에 대한 복종이 면책사유가 될 수 없다는 것을 확인했다.

노무현 대통령이 국가공권력의 범죄에 대한 공소시효배제를 통한 과거청산을 제안한 것은 뒤늦은 것이다. 그렇지만 이제까지 그러한 입법에 손도 안 댄 한국의 입법부는 부끄러워하고 그 태만을 자책해야 한다. 한국 사법부의 과거사에 대한 불감증과 시대착오적이고 파렴치한 외면은 독일과 좋은 대조가 된다.

(3) 극우운동에 대한 처벌조치(네오나치에 대한 단속)

독일은 형법으로 나치 찬양을 처벌한다. 히틀러 찬양이나 나치상징물 제시나 그 밖에 나치선전은 죄가 되고, 헌법수호차원에서 처벌한다. 그런데 우리는 민주헌정을 전면 거부하고 전복한 내란과 군사반란의 주범을 찬양해도 상관없다. 특히 그 주범의 쿠데타 지휘를 상징하는 흉상을 철거하였다 해서 처벌하고 있다(박정희 구로동 흉상철거에 대한 유죄판결의 사례). 우리는 거꾸로 가도 한참 거꾸로 가고 있다.

(4) 역사교육

독일은 학교교육은 물론 시민교육에서도 역사의 교훈을 배우도록 배려해왔다. 나치시대 공문서 공개로 그 실상을 더 확실하게 하고 있다. 우리는 해방 후 친일파가 자행한 일조차 공개가 안 되고 있다. 한일협정 문서를 비롯해 군정 하에 자행된 온갖 정치공작 기밀문건은 안보나 개인 명예를 이유로 철벽으로 둘러싸고 보호(?)하고 있다.

| 패전 후 일본의 극우번성과 미국의 역할

독일과 일본은 파시스트지배국가로서 패전 국가이다. 그런데 일본은 지금

다시 극우전쟁국가로 주변 국가를 위협하는 괴물이 되고 있다. 패전 후 60년 간 '민주화'는 껍데기이고 실상은 패전 이전의 극우·우익의 지배구조가 유지되어 왔다.

어째서 그렇게 되었나?

1945년 이후 미국이 일본의 단독점령자로서 (1) 천황제란 극우보수의 상징을 유지해서 냉전 전략으로 이용해 결국 평화·민주헌법을 껍데기만을 남겼다. (2) 뿐만이 아니라 미국은 비호와 후견을 통해 일본을 전쟁에 기생하는 국가로 번성하는 군국주의의 지름길을 열어 주었다. 1950년 한국전쟁이 터지자, 그들은 "하늘이 도운 경사스러운 일(天佑神助)"로 기뻐하며 전쟁경기로 벼락부자가 되었고, 1960년대는 베트남 전쟁으로 마찬가지 길을 걸었다. 그것은 지금까지 걸프전쟁과 이라크전쟁으로 이어지며 군대파병까지 이르렀다.

미국은 1960년 라이트 밀즈가 《들어라 양키들아》(1960년, 한역판:아침)에서 한 쿠바정책에 대한 경고를 무시해왔듯이, 찰머스 존슨의 동북아정책에 대한 경고를 무시하며 패권세력으로 군림하고 있다(찰머스 존슨, 《제국의 슬픔》 2004년, 한역판 : 삼우반 및 《제국아메리카와 일본》2004년, 日本語譯판:集英社). 그는 미국패권의 보조지원병력으로서 일본의 문제를 비판하고 있다. 일본은 군사국가로 전시입법체제의 정비작업을 이미 1990년대에 완수했다. 결국 평화헌법의 기본구조를 스스로 파괴하여 일본의 법치주의는 지배층의 자해적 반역행위로 붕괴되고 있다.

그러한 일본은 1961년 박정희 정권 이래 한국의 친일세력과 공공연히 야합 유착하여 한국의 민주화에 쐐기를 박는 일역을 담당하고 있다. 일본 지배층은 한국의 민주화를 아주 좋지 못한 징조로서 기분 나쁘게 보고 있으며, 노골적으로 좌경이라고 매도하는데 한국의 친일파들과 발을 맞추고 있다.

| 일제잔재와 쿠데타 유산에 기생하는 무리

　한국의 자칭 우익 수구 보수주의자는 그 정체가 친일을 배경으로 한 구기득권자에서 파생한 민주화에 체질적으로 반대하는 무리다. 그래서 그들은 매카시즘에 의한 폭정과 폭거를 반공주의 간판으로 위장해 '보수주의'라고 미화시킨다.
　그러나 보수주의의 전통은 한국 어디에도 없다. 역사와 전통에서 그들이 계승하고 있는 것은 기득권을 빼면 아무것도 안 남는다. 그들은 60년간 헤게모니를 유지해 오며 그들의 추악한 기득권수호를 각종 이데올로기로 분식해 왔다. 이승만 시대는 '일민주의'였고, 박정희는 '민족적 민주주의'란 낯간지러운 거짓말을 하였다. 그런 것이 바닥나자 전두환은 '정의사회 구현'이라 해서 사람들의 실소를 자아내게 했다. 노태우는 '보통사람'의 시대라 하면서 투기꾼의 세상을 만들었다.

| 아직도 끝나지 않은 항일과 민족 해방이란 과제

　참으로 엉뚱한 말 같지만, 아직도 친일파와 대결은 군국주의 일본과 투쟁으로 이어지고 있다. 일본의 권력층이 민주화된 실체로 교체되지 않은 한에선 우리는 친일파문제가 현재 민족생존의 문제가 될 수밖에 없다.
　수구의 '보수주의'는 외세편승 노선이므로 그들에게는 조국과 민족이 없다. 세상에서 우익의 논리치고 민족과 조국을 빼먹고 있는 보수주의는 한국뿐일 것이다. 결국 간판일 뿐인 '사이비 보수주의'이다. 그래서 개혁에 대항하는 합리적인 반대논거가 없다. 오로지 매카시즘뿐이다. 결국은 논리가 아닌 몽둥이며 "말이 많은 놈은 빨갱이"란 식의 우격다짐이다.

    정치에서 개혁을 진정으로 하려는 의지가 있다면 부패기득권 부류에게 애걸 할 일이 아니다. 국민 대중에게 직접 호소하라! 있는 그대로 실상과 진실을 알리고 국민의 지지를 바탕으로 한 힘을 이끌어내어 그 힘으로 밀고 나가는 것이다(2005.9.13).

변혁과 개혁은 대중의 힘으로 해야
김재규의 박정희 제거 26주기, 10·26의 의미와 교훈

| 쿠데타로 집권했기 때문에 권좌를 물러날 수 없게 된 사나이

쿠데타로 정권을 탈취한 자에게 권좌에서 탈락은 곧 감옥의 길로 통한다. 그것을 면하려면 망명의 길이 있을 뿐이다. 이러한 운명을 스스로 택한 박정희는 일제 때에는 친일파로 일제 황군 장교였고, 해방 후 한때 '남조선노동당' 군사책으로 있다가 그 일이 들통 난 후엔 밀고로 살아남아 정보원으로 변신하면서 교묘한 처신으로 '별'까지 달고 쿠데타에 성공한 특이한 인물이다. 그러나 그도 그 쿠데타의 덫에서 마음대로 벗어날 수 없었다.

쿠데타로 정권을 탈취한 내란죄의 수괴는 처음부터 '국가변란-전복'이란 원죄의 굴레를 쓰고 살게 마련이다. 쿠데타 초기에 그는 두 가지로 정통성의 결여를 메우려고 했다.

먼저 '반공'을 국시 제1호로 한다는 것이다. 그러나 반공 자체가 국시는 아니다. 자유 민주주의가 국시이다. 그는 쿠데타로 민주공화체제를 말살하고 군사 파쇼 체제를 만들어 냈다. 그래서 박정희의 내란은 계속되는 진행형의 범죄일수 밖에 없었다.

다음으로 그는 '민정이양'을 하고 다시 군대로 돌아간다고 약속했다. 그러나 범죄 중에서 최대 악질인 민주공화제 파괴 내란죄이기 때문에, 그에게서 권력이 떨어져나가는 순간부터 그는 감옥에 가서 재판을 받아야만 할 운명이었다. 이 점을 그는 처음부터 알았다. 그래서 그는 공인으로서 처음부터 거짓말을 했다. 그가 물러난다는 것은 감옥행이고, 처벌이 기다리고 있기 때문에 민정이양을 위한 원대복귀란 상상도 못할 일이었다.

그가 3선 개헌에 이어 유신 쿠데타로 거듭해 내란죄를 저지르면서 '돌아올 수 없는 강'을 건넜을 때 그는 권력을 떠나면 결국 망명 길 밖에 없었다. 아무리 대한민국이 허술해도 내란과 군사반란 죄를 지고 군사 파쇼체제를 날조한 주범을 "그동안 잘 해 잡수셨습니다. 지금은 쿠데타 주범의 낙원이 될 나라가 별반 없지만, 당신 마음의 고향인 일본에 가서 잘사시오." 할 정도로 대한민국이 얼빠진 사람만 있진 않을 것이다.

박정권 체제 붕괴의 징조와 요인들

박정희가 한국을 '군사파시즘 경제'로 몰고 가면서 외채 더미 위에 재벌과 정상배가 태평가를 부를 때에, 경제 각료의 시행착오 망발이 이어졌다.

노사분규를 안보차원에서 빨갱이몰이로 대처해 노동자 숨통을 끊어버릴 극한으로 몰고 갔고, 농촌 새마을운동을 빙자해 농민을 저임금의 인적 자원으로 동원해 한국 농촌사회를 총 붕괴시키는 파괴의 격변으로 몰아가고, 농촌을 쫓겨난 도시빈민가가 신흥도시 성남광주단지(현 경기도 성남시)에 상징되듯이 도시주변에 판자촌으로 독버섯처럼 솟아났다.

그래도 그는 잘 돼 간다고 했다. 그리고 한 술 더 떠 '부가가치세'제도를 수입해 짜장면 한 그릇 먹고도 영수증을 발부받는 절차를 마련했다. 결국 그런 세제가 스스로의 목을 졸라매게 됐다.

여공의 눈물어린 임금을 깎아먹으면서 근대화를 외칠 때 이미 와이에이치(YH)사건과 도시산업선교회사건이 터지고 조세저항의 파장이 위기증상으로 퍼져갔다. 그런가 하면 재벌이나 관료가 세금 도둑이 되어 도처에서 날뛰어 국가재정구조 파산이 드러나고 있었다.

야당총재이던 김영삼을 국회에서 제명하고, 정권을 비판·반대하는 말을 한 김옥선 의원을 의원직 박탈, 제명처분한 것은 스스로 마구잡이 칼부림을 하는 꼴이 되었다.

한편 군정독재를 믿고 기업주가 시위하는 여공에게 똥물을 들어붓는 반인륜 집단폭행이나 전경의 폭력집단으로 탈선은 이미 정권의 적법성이 결여되고 있다는 위기를 보여주는 상징일 뿐이었다.

특히 대통령 경호실장이란 차지철이 '소군주' 행세를 하며 '소통령'이 되어 행세하면서 지방장관이나 고위관료에게 폭언과 주먹질, 발길질을 예사로 한다는 소문, 아니 그보다 박정희가 밤마다 일본제국군대의 군가를 고창-열창하며 술판을 벌이고 있고, 내일이 멀다하고 미희를 조달하기에 바쁜 정보부 의전과가 삼천궁녀 채홍사 노릇에 바쁘다는 후문, 이런 최고 권력주변의 스캔들은 미국정보기관이 청와대 안방까지 도청한다는 추문으로 엉뚱하게 번졌다.

| 박정희와 미국정부의 압력

군사정권은 친일파정권이고 친미정권이었다. 그런데 박정희 정권에 딴죽을 걸고 쐐기를 박기 시작한 카터의 인권외교정책은 한국에서 미군철수 압력으로 까지 나타났다. 지금도 그렇지만 미군철수는 당시의 친미파에겐 사형선고였다. 그래서 내가 본 주변인물중에도 친일파 서정주는 누구보다 먼저 자녀를 미국으로 도피시키고 자기도 언제고 떠날 준비를 마쳤노라고 수군거렸다.

특히 박정희는 말끝마다 '미국놈'이란 소리를 한다고 했고, 원자탄을 따로 만든다고 설쳐대며 날뛰었다. 그는 일찍이 1963년 대선 때부터 미국정부 몰래 장기영을 밀사로 일본에 보내서 외국 양곡을 밀반입해 선거에 풀어 놓아 유권자를 매수했다. 밀가루선거이고 먹자판 선거가 돼서, 자유당의 막걸리 고무신과 돈 봉투 매수의 선거운동을 뺨칠 정도였다. 그러니 처음부터 미국정부가 박정희의 배신과 기만술을 경계하고 감시해 왔을 것이다.

미국정부의 후진국 정책을 보면 자기가 내세운 대통령인 도미니카의 도루이요가 치매 정도로 탈선이 절정에 달하자, 그 나라의 정보부장을 통해 제거했다. 파나마의 노리에가(Manuel Antonio Noriega Morena)는 미 해병대가 직접 쳐들어가서 잡아다가, 미국감옥에 가두었다.

4·19혁명 때 이승만은 주한미대사 매카나기(Walter Patrick McConaughy)를 믿었지만, 이승만의 존재 가치가 없어진 것을 안 미국정부를 대변한 매카나기의 민중봉기는 '정당한 불만의 표시'란 한마디 말에 고개를 숙이고 권좌에서 물러났다. 아마도 이 점은 박정희나 김재규나 똑같이 정보장교출신만큼 알고도 남을 일이었을 것이다.

| 김재규의 거사를 보는 눈

김재규가 현직의 정보부장이라는 막강한 권한을 가지고 박정희의 신임을 받으면서 박정희를 사살했다. 그것도 박정희가 가장 즐거워하는 미희와 놀이자리에서 말이다.

그렇다면 김재규에 대한 판결문처럼 김재규가 개인 야심인 내란살인을 통한 정권장악 목적 때문에 박정희를 사살한 것일까? 만일 그렇다면 그런 정도로 무모한 김재규를 심복으로 둔 박정희 자신의 잘못이다.

누구도 김재규가 그런 정도로 정치와 국제정세에 백치수준의 판단능력을 가진 인물이라고 보지 않는다. 그는 각종 공직을 거쳤고 정보부장으로 식견도 있었다. 그렇다면 일부에서 그의 거사를 의거로 보는 것을 감정으로 배척할 것만은 아니다. 문제는 그것으로 민주화가 된다고 보았는가 하는 점이 문제가 될 것이다.

김재규의 법정 진술이나 그를 대변한 변호인의 변론을 봐선 김재규 나름대로 거사 이유가 있었다. 그는 자유민주 체제 회복을 진술했다.

대법원의 판결은 다수의견에선 그것을 전면 부인하고, 전두환 신군부 각본대로 기록을 남겼다. 그러나 일부 대법원 판사 중에는 어느 정도 소신껏 김재규에 대한 판결이유를 제시해서 온갖 수모를 겪으면서도 나름대로 기록을 남긴 판사가 있다. 우리는 지금 다시 그들이 쓴 판결문이라도 읽어봐야 할 것이 아닌가?

김재규의 상고 이유서와 최후진술은 그가 유신체제 종식을 위해 박정희 제거가 불가피했음을 말하고 있다. 판결의 다수의견처럼 개인 야심으로 인한 살인이 아님을 강조했다. 그 문제를 좀 더 진지하게 검토해 소수의견을 쓴 대법원 판사는 민문기, 양병호, 임항준(任恒準), 김윤행, 정태원, 서윤홍(徐潤鴻) 6명이다. 모두 관점에 따라 의견차이가 있지만, 당시 신군부 재판극에 무조건 따르지 않고 반발하는 모습을 볼 수 있다.

이 사건에 대한 판결을 계기로 대법원은 완전히 신군부에 의해 쑥대밭이 될 정도로 제압당했다. 결국 싹쓸이 당한 것이다. 그 후에 출범한 대법원장이나 판사의 면모와 그들이 판결을 통해 보인 작태를 그들 판결을 통한 행적으로 보아라.

| 김재규 거사의 파장과 한계

독재자 어느 하나가 최고 절대권자라고 해서 그 한 사람을 말살한다고 독재의 종말을 가져오는 것은 아니다. 그가 둥지를 틀고 있던 독재체제가 청산되어야 한다. 특히 그 독재체제에서 이득을 보며 기생한 지배세력의 부류가 기댈 곳이 없게 민주화되어야 한다.

그런데 김재규의 거사는 폭정의 주역을 제거한 점에서 의미가 있었지만, 그것이 민주혁명으로 이어지기엔 미지수이고 미숙한 위험부담을 안고 있었다. 결국 '제2의 박정희'가 나오고 신군부가 권세를 장악하여 '신생' 친일파정권시대를 열었다.

전두환이 12·12 쿠데타로 박정희의 뒤를 이어가려는 공작을 할 때, 그는 이미 12·12 쿠데타를 한국주재 일본국 대사에게 미리 알려주고 있다. 이 기록은 박선원의 영국 워릭대학 박사학위논문에서 논급했고, 우리 국제정치논총에서도 오래전에 소개되었다(박선원, '냉전기 한일협력의 국제정치:1980년 신군부등장과 일본의 정치적 영향력' 국제정치논총 제42집 3호, 2002년, 한국국제정치학회).

유신체제라고 하는 군사파시스트 체제는 박정희가 대표하지만, 그 자체의 생리와 병리가 있다. 그 체제 기생 세력을 제압해야 하였다. 역설이지만 김재규도 그 체제의 일분자였다. 그래서 김재규의 박정희 제거로 민주회복의 해법을 찾으려 한 거사라고 그가 주관적으로 생각 했으나, 객관적으로는 한계가 있었다.

　그렇지만 김재규 거사에 대한 역사의 의미는 나름대로 평가되어야 한다. 그것은 단순한 궁정음모살해사건으로 치부될 수 없다. 그는 부마시민항쟁으로 이미 민중봉기의 불꽃을 보고 놀랐다. 박정희의 야심과 차지철의 무모성이 그야말로 시위 군중을 탱크로 깔아뭉갤 수 있다고 보아서 거사를 했다. 이 점에서 김재규는 민중의 희생을 일단 막았다. 그러나 그것은 잠시 땜질한 것이고 일시 정지상태의 시간벌기가 된 것이다. 후에 그 결과는 1980년 5월 광주의 비극으로 나타나게 된다.

　결국 우리는 광주의 항쟁을 겪게 되었다. 그것도 신군부가 쳐놓은 덫과 망 속에서 겪게 됨으로써 시민 항쟁은 처음부터 철저하게 전두환을 비롯한 신군부의 프로그램을 따라서 민중이 피의 재물이 된 것이다.

　그렇지만 우리는 광주항쟁의 피바다 속에 빠져서 죽는 희생을 치르면서 열사와 투사의 피눈물의 대가로 민주주의의 편이 누구인가 하는 것에 비로소 눈을 뜨게 되었다.

　일본 자위대나 정보통은 당시 신군부의 집권에 유리하게 작용하도록 정보를 제공했고, 미국정부의 정책은 어디까지나 미국의 이익을 따르는 것이었다. 신군부는 처음부터 국민편이 아니라 박정희의 후예로서 반민족 부류임을 스스로가 증명해 보였다.

　우리는 1995~97년에 신군부에 대한 내란을 심판했다. 그런데 그 심판도 결과로는 헛된 심판이 되게 한 맹점이 두 가지다.

　먼저 내란 수괴를 처벌하기도 전에 내란죄 수괴를 사면부터 해주는 구정치인의 '삼국지 방식' 아량 때문에 군부파시스트 청산에 헛바퀴를 돌리게 된다.

　다음으로 박정희의 파시스트 군부체제에 대한 심판을 그의 자연인으로서 사망이란 사고로 인하여 방치하고 넘어간 것이다. 그럼으로써 오늘날 그 체제에 기생해 온 부류가 다시 박정희시대를 그리워하여 미화시키고, 박정희를 우상화시켜서 자기들의 기득권을 지켜내려고 한다.

| 시민대중이 주도하는 민주화와 개혁이 아니면 구시대는 계속돼

박정희가 피살되고 유신체제의 간판이 떨어졌다고 한지 26년이 지났다. 그런데도 박정희 체제의 잔재는 아직도 위세를 떨치고 한사코 그 찌꺼기를 뜯어먹는 부류가 날뛰고 있다. 여기서 우리는 변혁과 개혁은 결코 어느 영웅의 작업이나 지도자의 위업만으로 될 수 없다는 점을 알아야 한다.

그동안 우리는 수많은 청년학생과 지식인, 노동자와 사회소외층의 목숨을 민주제단에 바쳐왔다. 그 유족의 눈물은 아직 마르지 않았고, 그 동지들은 살아있는 것을 아직도 부끄러워하며 살고 있다.

우리는 개혁의 열매가 절로 익어 떨어지길 기다렸기 때문에 수구 기득권세력은 그들의 매국노 짓을 해 모은 재물과 투기 횡령해 축적한 부정한 재산을 밑천으로 해서 역공세를 펴며, 이승만과 박정희의 우상화로 민주주의를 모욕하고 있다.

이승만은 민중봉기로 쫓겨난 민주반역 죄인이다. 그가 아무리 대통령을 했을지라도 그가 대통령을 억지로 한 때문에 민중봉기가 일어난 것이 아니냐? 박정희가 총 맞아죽은 것으로 그가 쫓겨나는 일은 면했지만, 민주공화제 전복과 군사파쇼체제를 수립한 주범인 것은 변함이 없다. 이 점을 모르고 무슨 말을 하는가? 역사 앞에서 겸허하고 부끄러운 줄 알아야 한다 (2005.10.26).

반인륜 범죄에는 공소시효가 없다
[인터뷰] 한상범 전 의문사위 위원장 - 노대통령 8.15경축사 문제없어

• 이철우 기자 •

▲ 2005년 6월 23일 국회도서관에서 열린 '누더기과거사법개정을 위한 국가폭력피해자 2차 증언대회'에서 한상범 교수 ⓒ 이철우 기자

PART 1 개혁은 대중의 힘으로

'사법 관료들이 쿠데타를 기존질서로 수긍하고, 독재의 칼부림을 묵인하고, 나아가 법리를 꾸며서 제공하며 방조해 왔습니다. 법기술자 뿐만 아니라, 행정기술자도 그리고 언론과 학자란 부류가 거들었소. 지금 이 엄연한 사실을 모른 채 하고도 정의가 있는 세상이라 할 것입니까? 당신들 책임 있는 사람들이 말해 보시오'

"오래전에 어떤 이가 나에게 '당신이 법학교수라면 물어 봅시다'고 하면서 말한 적이 있습니다. 나는 솔직히 변명할 말이 없었습니다."(한상범 교수)

지난(2005년) 8.15 광복절에 노무현 대통령이 경축사를 통해 말한 '국가권력 남용 범죄에 대한 민·형사 시효적용배제법'에 대해서 과거사법도 누더기로 만들어 제대로 된 진상규명을 못하게 방해하던 수구야당과 보수 언론들이 '헌법에 위배 된다', '과거보다는 미래를 위해 노력해야 한다'는 논리를 가지고 반대하고 있다.

이에 한상범 교수(전 의문사진상규명위원회 위원장)에게 공소시효배제문제에 대한 법학자로서 의견과 과거 청산에 대한 생각을 들어보았다.

한상범 교수는 "국가권력이 행사한 폭력을 과거사로 모른 척해서는 안 된다"며 멀리는 친일파부터 박정희, 전두환, 노태우로 이어지는 불법정권들의 악행을 지적하였다.

한 교수는 "의문사위 조사에서 문제의 범법자로 드러난 자들이 공소시효가 15년이 지나서 처벌받지 않는다는 사실을 알고선 오히려 위원장인 나에게 막말을 하고 달려들고 명예를 훼손했다고 악을 쓰면서 별짓을 다했다"고 밝히고 "의문사진상규명 위원회는 2004년 7월에 대통령에게 공소시효배제 특별법 제정을 건의했다"고 말했다.

한 교수는 민사상 소멸시효문제에 대해 "국가권력기관의 구성원이 범죄를 자행한 경우에 유가족이 국가배상법상 손해배상청구를 하면 법원은 시효가 지났다고 판결을 한다"며 "자기 권리를 행사하지 않고 시간이 지나면 그 권리가 소멸하는 것이 민사상 소멸 시효"라 지적했다.

그는 "삼청교육대 등 무수한 피해자를 두고서 시효가 어떻고 해서 깔아 뭉개버리려고 해선 안 된다"고 덧붙였다.

한 교수의 말을 종합해 보면 지금 공소시효배제문제에 대해 반대하는 자들은 해방 후 친일파 처단을 위한 반민족행위처벌특별법 시행을 가로막은 친일파 수구기득권 세력과 다르지 않음을 알 수 있다. '사후입법', '법치주의'를 들먹이며 과거사에 대한 물 타기 여론을 유도하는 것 까지 똑같다.

| 공소시효배제 문제에 대한 한상범 교수 인터뷰 전체 내용

- 노무현 대통령이 8·15 경축사에서 국가권력 남용범죄에 대해 민·형사 시효적용배제법을 만들어야한다고 한데 대해 수구 언론과 일부 야당에서 '헌법 위반'이라고 반대하고 나섰습니다. 이것에 대해 어떻게 생각하십니까?

"우리는 국가권력이 행사한 폭력 범죄로 국민이 피해를 당해온 불행한 역사를 가지고 있습니다. 특히 쿠데타로 권력을 불법 탈취한 자유 민주주의 공동의 적인 군사정권이 저지른 온갖 살인 만행은 그것을 아무리 과거사로 돌리려고 해도 모른 척해서는 안 됩니다.

일제 때 친일파의 반민족범죄에서 시작해 이승만 정권시절 한국전쟁 전후로 저지른 민간인 학살, 그리고 1961년 쿠데타 이후 합법을 가장한 사법살인과 각종 고문 암살 등 학살 범죄, 1980년 신군부정권 때 각종국가권력을 악용한 범죄들은 국가기관구성원이 국가공권력을 사유물화해서 저지른 반인륜범죄라고 할 수 있습니다."

- 해방 후 미군정 치하에서 문제는 제쳐두고라도, 1948년 반민족행위처벌특별법이 제대로 실행되지 않았죠?

"네. 당시에도 이 특별법 제정과 시행을 두고 친일파 수구기득권 부류는 입을 모아 사후입법(소급처벌입법)으로 법치주의에 어긋난다고 악을 써대고 법리논쟁과 함께 과거사에 대한 물 타기 여론을 유도했습니다.

그래도 안 되니까 법 시행을 폭력으로 저지하고, 이승만은 그러한 불법 무법의 범행을 묵인했습니다. 그래서 결국 친일파정권에선 친일파의 범죄를 다시 거론할 수 없게 되고, 결국은 친일파 세상이 되어 이 꼴이 되었죠!"

- 1960년 4·19혁명으로 정세가 달라져 과거 청산을 위한 기회였는데 왜 못했을까요?

"4·19혁명 후 4차 개헌으로 부정선거 관련 자에 대한 특별법을 제정해 처벌을 추진하였습니다. 그런데 만주지역에서 일본제국 군대 졸개노릇을 하던 박정희 등 친일파가 쿠데타로 권력을 장악해 결국 이승만정권의 친일파 숙청을 무산시킨 결과가 되었습니다.

부정축재 재벌은 그 군사정권의 파트너가 되었습니다. 실제로 처벌받아야 할 범죄인은 도망가거나 숨고 그리고 방치된 채, 최인규 등 몇 사람을 본보기로 처벌을 했죠. 약한 송사리를 재물로 희생시키고, 이승만 등 그 주류에 대한 심판을 얼버무렸기 때문에 아직도 이승만의 범죄가 거론되지 않고 있고, 박정희가 영웅으로 각색되는 기막힌 세상을 끝내지 못하고 있습니다."

- 노무현 대통령이 말한 시효적용배제법이 전례가 없지는 않지요?

"1995년에 전두환 등을 군사반란과 내란죄로 검찰에 고발하자 검찰은 불기소 처분을 내렸습니다. '성공한 쿠데타는 쿠데타가 아니다'라는 자유민주주의 정신과 구조를 통째로 부정하는 반민주 법리가 나온 것입니다. 대한민국 헌법을 지키는 검찰인지, 군사 쿠데타를 지키는 검찰인지, 알쏭달쏭한 법리론에 대해 시민들은 군정 몇 십 년이 사법 관료의 얼을 완전히 뽑아 놓은 것으로 봤습니다. 그래서 1995년 헌정질서 파괴범죄 공소시효 등 특별법을 만들었습니다. 그 법률에 근거해서 전두환을 유죄로 사형선고를 했습니다."

- 노무현 대통령이 말한 시효적용배제법을 어떻게 봐야 할까요?

"노대통령이 갑자기 문제를 제기한 것은 아닙니다. 그동안 과거청산 개혁 드라이브의 진행을 보면서 법률 조치로 가로막힌 장애물을 제거하는 것이 필요하다고 확인한 것입니다. 이미 2004년 4월에 법무부가 반인륜범죄공소시효배제법안 시안을 공표해서 여론을 들어보며 법안을 마련했습니다. 의문사진상규명위원회도 2004년 7월에 대통령에게 공소시효배제 특별법 제정을 건의 했습니다. 2005년에는 열린 우리당이 반인권범죄공소시효배제법안을 발의한 것으로 압니다."

- 의문사위 위원장으로 계시면서 느낀 점도 많을 텐데요?

"제가 관계한 의문사진상규명위원회에서는 당초 1기부터 반인륜범죄공소시효배제 법률 제정의 필요성을 통감했습니다. 사람을 죽인 살인도 현행법에서는 15년만 지나면 그만입니다. '내가 살인범이요'하거나, 살인범인 것이 확실해도 그만입니다. 그런데 이 제도는 정상 시민생활에서 기존질서 존중으로 안정을 꾀하게 한다는 취지입니다. 그런 반인륜범은 정상 시민생활에서 생겨난 것이 아닙니다. 쿠데타를 하거나 그 권력의 앞잡이로서 암살과 살인, 고문 등 각종 악독한 짓을 하고 특히 교묘하게 사법절차를 가장해서 사형으로 몰아간 사법살인에 이르기 까지 말도 못합니다. 의문사진상규명위원회 조사에서 문제의 범법자인 것이 드러난 자들이 공소시효가 15년이 지나서 처벌받지 않는다고 하는 사실을 알고선 오히려 위원장인 저에게 막말을 하고 달려들지 않나 명예를 훼손했다고 악을 쓰면서 별짓을 다했습니다."

- 공소시효배제에는 형사상 처벌에 대한 것 외에도 피해보상이란 민사상 소멸시효문제도 걸려 있지요?

"네. 그 예로 최종길 교수는 정보기관에서 심문 중 타살 당했습니다. 그에 대해 유가족이 국가배상법상 손해배상청구를 했는데 법원 판결은 시효가 지났다고 합니다. 무슨 말인가 하면 자기 권리를 행사하지 않고 십년이고 20년이 지나면 그 권리가 소멸하는 것이 민사상 소멸 시효입니다. 그런데 이 제도도 정상 시민생활에서 통하는 것입니다. 국가권력기관의 구성원이 범죄를 자행한 경우에 그 군사정권의 독재가 시퍼렇게 살아서 칼부림을 하는데 그 정부에 대항해서 손해배상청구를 해요? 삼청교육대로 끌려가서 맞아죽고, 맞아 병신 되고, 정신병자로 폐인 되고, 직장에서 쫓겨나고, 죄인이라고 손가락질 당하면서 패가망신한 사람이 그동안 배상청구를 안했으니, 시효가 지났다고 깔아뭉개야 합니까? 이 문제가 세상을 들끓게 했던 것을 기억할 것입니다. 지금 무수한 피해자를 두고서 시효가 어떻고 해서 깔아 뭉개버리려고 해선 안 됩니다."

- 외국의 예는 어떻습니까?

"이미 유엔총회에서 반인륜범죄공소시효 배제조약이 1968년 11월 26일 총회결의로 확인되어서 1970년 11월 11일 발효되었습니다. 독일이외에 프랑스 형법도 213-5조에서 반인륜 범죄공소시효배제를 정했습니다. 독일이 형법을 보완하고 형법자체를 개정(1965년 공소시효기간계산법. 1969년 8월4일 형법을 개정해 민족말살 범죄공소시효배제. 1979년 민족말살이외에 반인륜범죄에도 공소시효배제추가)하였고, 연방헌법재판소도 1969년 2월 26일 결정에서 법치주의의 법적 안정성에 우선해서 '실질적 정의'의 구현 요구가 있을 때에는 공소시효배제 등 소급효과를 지닌 법률의 타당성은 인정된다고 하였습니다."

- 현행법상 구제할 수 있는 길은 없는 겁니까?

"한국에서도 우선 국가권력의 불법과 공무원의 권력남용 악용 등으로 인한 피해자에 대한 구제와 그 가해자에 대한 정의의 심판을 적용하기 위해서 현행 시효제도의 보완은 필요불가결한 조건입니다. 이 문제는 쿠데타의 주범이나 그에 기생해서 기득권을 누려온 가해자에겐 불편할지 모릅니다. 그러나 피해자 구제나 법 정신인 정의의 문제로 생각해 보십시오. 지금 재심제도로 구제한다고요? 지금 군정독재하의 엉터리 재판을 기존질서로 전제하고 있는 현 상태에서 피해자는 계속해서 군정시대의 모순 구조 속에서 피해구제 불능으로 비참한 처지를 면할 수 없습니다. 이래도 됩니까? 할 말이 있는 사람은 무수한 피학살자와 그 유족, 국가의 불법행위로 명예를 훼손당하고 가족이 파탄에 이른 선량한 시민들 앞에서 그 피해가 정당하다는 이유를 말해 보라고 하십시오. 세상에 이런 법질서는 정의의 정신을 모독하는 것이 아닙니까?"(2005.8.17).

12.12는 '5.16 잔당'의 군사반란
쿠데타 26주년에 돌아 본 과거 청산…일본 우익과 '신생 친일파'의 공생

1979년 10.26사건으로 박정희가 피살되어 박정희 1인 독재의 시절이 끝장이 났을 적에, 사람들은 곧장 민주화가 될 것을 기대했다. 그러나 박정희 잔당은 그러한 틈을 비집고 그 허점을 악용해 쿠데타를 자행했다. 바로 박정희 체제의 연속을 꾀한 '제2의 5.16'을 도모한 '신군부'의 쿠데타였다. 이 때문에 우리는 군사독재가 그 이후에도 다시 15년간(1979년 – 1995년) 존속되는 암울한 치욕의 세월 속에 살아야 했다.

| 여기서 '신군부'라고 흔히 부르는 그 부류의 정체는 무엇인가?

박정희가 18년간 집권하면서 키워 놓은, 박정희의 '사병화'된 정치군인의 무리다. 그들은 '하나회'란 군대안의 불법적인 사조직의 구성원이다. 특히 그들은 박정희의 후원과 비호로 군내의 요직을 차지하고 있었는데, 주로 군정보기관을 거점으로 해서 그 세력을 은연중에 확장해 왔었다.

그들이 박정희 피살에 따른 박정희 시대의 종말을 그대로 받아들일 수 없

었다는 것은 그들이 박정희 독재체제에서 누려온 출세와 기득권의 보장을 순순히 포기할 수 없었기 때문이다.

그들은 박정희 사망 직후에 이미 전두환을 정점으로 이미 그 연명을 위한 응급대책을 마련하고 있었다. 후에 알려진 전두환의 심복인 권정달을 비롯한 보안사령부 대령급 장교 5명의 참모진이 그들 쿠데타와 전두환 집권체제의 설계 및 실행자들이다.

| 12·12쿠데타를 일본대사에게 미리 보고한 전두환 – 신생 친일파의 시대 개막

박정희의 사망은 만주지역을 무대로 한 '구 친일파'의 시대가 가고, 박정희가 키워 온 '2세 친일파' 시대가 개막됨을 알리는 것이었다. 이른바 '신생 친일파'의 등장이다.

전두환은 12·12 쿠데타에 앞서서 당시의 일본대사를 안가에 초청, 12.12 쿠데타를 미리 알리며 상황을 설명한다. 이 정도까지 되면 그가 어느 나라의 군인인지 기가 막힐 노릇이다.

위의 일본대사와의 밀실보고 사실은 이미 박선원이 영국 워릭대학에 제출한 논문에서 밝혀졌다. 그 자료는 한국국제정치학회 발간, 2002년 논총에서 그 일부가 소개되었다(박선원(朴善源), 〈한–미–일 삼각동맹 안보체제의 정치적 역동성 : 1979년 – 1980년 한국의 정권교체기에 나타난 일본의 영향력 ≪국제정치논총≫ 2002년 가을호, 한국국제정치학회. 위 논문은 영국 워릭(Warwick)대학 제출 박사학위논문임).

그 뿐인가? 1980년대 전두환의 집권구도가 성공하자, 당시 일본에 있던 이병철(삼성회장)은 박정희가 만주시절부터 존경해 온 일본 관동군참모인 전범 세지마 류조(瀨島龍三)를 찾아가 부탁하길, 세지마 류조가 한국을 방문하여 선배군인으로서 전두환을 격려하고 조언해 달라고 부탁한다.

그 후에 세지마의 방한이 이루어지고 세지마는 전에 박정희에 대하여 국정을 지도해 왔듯이, 전두환에게 올림픽 주최국이 될 것을 제안하고, 노태우에겐 한국의 대통령직선제의 문제점 등을 지적하는 등 전반에 걸쳐서 자문한다. 이 사실은 그의 회상록인 《幾山河》(日本 産經新聞社간행, 1997年)에 상세히 서술되어 있다.

| 좀 더 구체적으로 본다. 이하 세지마의 말을 인용해 보자.

……1980년 3월경 이병철 회장으로부터 연락이 오길, "한번 은밀하게 방한하셔서, 군의 선배로서 전두환, 노태우 두 장군을 격려하시고, 조언을 해 주셨으면 합니다. 경제관계도 있고 하니, 도큐(東急)의 고지마(五島)님도 함께 가셨으면 합니다."란 요청이었다.

나는 이 회장을 만날 적마다, 한국 일이나 한일 양국관계나 동아시아의 안정에 관한 일을 말해왔다. 고지마님도 이 요청을 받아들여서 이 해(1980년) 6월 두 사람이 방한했다(위에 든 세지마 류조의 회상기, 421쪽에서 인용).

신군부의 친일성향은 박정희의 그것에 못 지 않았다. 전두환은 12.12 쿠데타를 미국보다 일본정부에 먼저 보고 했고, 그에 따라 일본의 정보기관인 내각조사실은 북한 남침위협 정보를 흘려서 전두환의 거사를 사실상 지원해 준 그 후에 전개된 사실을 보아도 알 수 있다.

| 전두환 쿠데타 이면의 수수께끼

물론 전두환의 쿠데타가 전두환이 이끌던 '하나회' 중심의 독자적 공작이었는지, 그렇지 않고 사실상 미국 묵인하에 이루어 졌는지는 좀 더 시간이 가야 그 전모가 드러날 것으로 보인다.

전두환 쿠데타 이후에 당시 한미연합사 사령관이던 위컴(John Adams Wickham)은 '한국인 들쥐론'을 공공연히 전개하여 전두환 쿠데타를 인정하는 논거를 제공했다. 그는 "한국인은 들쥐와 같아서 그 두목이 누가 되던 간에 그 두목 쥐를 따르게 마련이니, 전두환이고 누구이고 문제가 안 된다"는 투의 망언을 했던 일이 있다. 후에 군색한 변명이 있었지만, 그는 전두환과 월남전시절에 면식이 있었고, 그의 집권에 대해 처음부터 호의적이었다는 인상을 주었다.

최근에 발간된 전두환 당시의 주한 미국대사를 역임한 릴리의 자서전을 보아도 이 점은 참고가 된다. 릴리는 전두환의 집권을 사후에 설거지해주는 식으로 그가 김대중을 억지로 내란죄로 처형하는 사법살인극을 벌리는 것을 오히려 역효과를 낸다고 보았다. 그래서 전두환을 달래기 위해 레이건이 전두환을 초청하도록 알선해 주고, 한편으론 김대중을 미국요양이란 명목으로 풀어주라고 달래고 있다(James Lilley with Jeffrey Lilley, CHINA HANDS, Publicaffairs, 2004. pp.266-268).

릴리 등 미국 고위당국의 조처는 어디까지나 전두환 쿠데타를 '기정사실'로서 인정한다는 전제를 두어서 일을 처리하고 있는 점을 주목하지 않을 수 없다.

12 · 12를 지원한 민간인들은 누구인가?

전두환 등 신군부가 1980년에 민주화의 열기를 무력의 위세로 제압하는 분위기를 조성 지원한 것은 미-일 외국의 군부에 대한 대응만으로는 설명되지 않는다.

12 · 12이후에 전두환이 합동수사를 주도하면서 중앙정보부 부장까지도 현역군인으로서 불법적으로 겸직하고 나섰을 때에 오히려 일부 한국유지는 묵인에서 한 걸음 더 나아가서 적극적으로 부추긴 것이 아닌가?

권정달(당시 보안사 대령으로 전두환의 핵심 참모)은 1996년 내란죄로 검찰에서 조사를 받을 때에, "전두환이 중앙정보부 부장을 무리하게 겸직한 이유는 무엇이었는가?"라는 신문에 답하길, "당시에 전두환은 차기 대권 실세로 부상하면서 돈이 필요하였기 때문"이란 말을 했다. 그 말도 사유 중에 하나일 수 있다. 정보부의 특별회계로 처리되는 막대한 자금을 전두환이 장악한 것은 사실이다. 그러나 이유는 그것이 전부는 아니었다. 국무회의에도 참여하는 국정처리 과정에 실권 장악의 일환이었을 것이다.

그런데 여기서 주목해야 할 사실이 있다. 전두환이 대권을 향해 질주를 하는 것을 일찍부터 후원한 '돈줄'이 누구인가를 밝히는 일이다. 그럼으로써 당시나 지금의 독재권력의 공범자의 실상뿐만 아니라, 독재에 기생하는 부류의 실태를 알 수 있기 때문이다.

그에 대해서는 우선 1996년 전두환 내란죄 소추의 검찰기록을 공개해야 한다. 검찰의 조사과정에서 드러난 사실을 사실 그대로 공개해야만 쿠데타의 실상을 우리는 정확하게 알 수 있다.

| 한국의 '군산복합체' 구조의 실상은 이미 드러난 것

　한국의 유수한 재벌 등 독과점 기업이 군정당시에 군비증강사업인 '율곡사업'에 참여해서 막대한 부정이권에 관련하였다. 이 사실은 이미 재벌 총수가 줄줄이 법정에 서서 유죄판결을 받았던 사실로 세상이 다 안다. 당시에도 한국의 검찰과 사법부는 재벌에게는 솜방망이로서 그 범죄 주체인 재벌의 "경제에의 기여"를 들어서 집행유예 정도에서 모두 풀어주었다. 거기에 장단을 맞춰서 행정부는 '사면'이란 보너스를 안겨 주었다.

　지금 재벌이 관련된 재벌범죄사건의 검찰조사나 재판에 대해서도 세상 사람이 의심의 눈초리로 그 처리를 지켜보는 이유를 알 수 있다. 모르긴 해도 예전처럼 '재벌 봐주기, 감싸기'가 다시 되풀이 되지 않겠는가 하는 절망감과 좌절에 따른 불만과 분노가 이미 서민의 마음속에선 지글 지글 끓고 있다.

　12.12 이후 신군부를 후원해서 한국사회가 다시 박정희시대로 가는 것을 지원한 공범자들이 누구인가? 이 점을 투명하게 하는 것이 민주개혁으로의 이정표를 세우는 첫걸음이 된다. 백마디 이론이 필요 없다.

| 반민주적 풍토에 기생하는 구 기득권부류와 과거청산의 시행착오

　우리는 신군부에 대한 군사반란 및 내란의 죄가 대법원에서 최종적으로 확정됨으로써 일단 법률적 처리는 끝난 듯이 착각했다. 문제는 10년 이상을 신군부세력이 집권하면서 뿌려 놓은 씨앗이 자라서 맺은 열매를 처리하는 일을 잘못한 것이다.

　신군부 하에서 제정된 무수한 악법과 제도에 대한 개폐정비를 비롯해서 그 신군부 그늘에서 자라난 부패세력과 반민주세력을 정리하지 못한 채 그대로 놔두었다. 특히 김대중 정부가 들어서면서 전두환과 노태우에 대한 성급한 사면 조치는 구 부패세력이 한숨 돌리고 재반격을 할 절호의 기회로 역전되었다.

무엇보다 개혁으로 나가는 첫 출발부터 헛디딘 것이다. 이 실책을 수구 구 기득권부류가 최대한 이용해서 대오를 재정비하게 된 것이다. 이 실책으로 인한 손실의 회복은 쉽사리 못된 채 제자리걸음에서 맴돌면서 소걸음의 답보 상태로 발목이 잡히고 있는 것이 개혁 추진의 현실이다.

구 부패기득권부류와 신생 친일파에 대한 일본우익의 지원

그러한 악조건에도 불구하고 결국 구 부패기득권의 존속체제로서는 우리에게 내일을 기대할 수 없다는 사실을 감출 순 없다. 아무리 노무현 정권을 비방, 중상해도 노무현을 욕하는 부류가 어떠한 세력을 대변하는가 하는 것까지도 아주 속일 순 없다. 제2의 박정희와 전두환의 시대가 무엇을 의미하는지를 맹탕 모를 정도로 국민을 바보로 보아왔지만, 국민은 노무현 탄핵에서 자기 의지를 보여줬다.

시류의 도도한 물결 속에서 구 부패부류는 변화하는 정세에서 수세에 몰리면서 까지도 일본 수구 우익세력의 지원을 얻어서, 그들과의 연합전선으로 활로를 개척하려고 한다. 일본 수구 극우는 박정희나 신군부 몰락은 한국지배의 발판을 잃게 되는 것이기 때문에 손발 걷어붙이고 나선 것이다.

특히 일본수구세력은 지금 한국의 젊은 세대가 박정희나 신군부의 포악성과 무자비성을 실감하지 못한다는 허점을 악용하여 모략중상의 총공세를 전개하고 나섰다.

요즘 벌어지는 예를 들어보자. 일본 극우의 월간지《세이론(正論)》 2005년 1월호는 '세계 언론의 일본 때리기 특집'에서 한국에서 문제시하는 '종군위안부 강제연행'이나 '남경대학살'은 허위, 유언비어이고 '한일 강제합방'이 아니라 한국인의 압도적 다수가 지지해 일제통치를 받아들이게 되었다고 헛소리를 한다(위 잡지, 70쪽).

더욱 놀라운 것은 일본 우익 논객이 이를 모아서 한국의 민주화 운동은 공산주의적 혁명운동으로 범죄행위이며, 민주화운동으로 투옥되었던 전력은 범죄전과자로 보아야 하고, 한국에서《자본론》이 출간허용된 것은 적화의 징조라고 한다. 민주화운동을 좌경으로 매도하는 것은 일찍부터 그래 오고 있다.

그런데 한국인을 바보취급을 하여도 정도문제이지, 한국에서《자본론》출간을 시비하는 것을 보면 소가 웃을 일이다. 일본에선 1920년대에 개조사판(改造社 版) 마르크스 엥겔스전집이 출간되었다. 지금 마르크스는 상식이 되었는데, 그의 책 발간으로 한국이 적화가 된다고 허풍을 떤다.

그리고 그들은 한국이 주도하는 북측과의 대화를 친북용공 좌경에서 반미 반일 친중국으로 몰아 부치고 있다. 그들 논리라면 한국은 북측과 전쟁을 해서 불바다가 되어야 정상이란 논법이다. 그러면 일본의 군수자본을 1950년대처럼 부자로 만들겠지만, 그런 미친 짓을 공연히 하라고 하니 한심하다.

우리 주변의 '신생 친일파'나 '자칭 보수주의자'는 일찍부터 매국하여 조국이 없고 민족을 배신하는 데서 부귀영화의 길을 택한 부류이다. 우리는 한국 친일파를 옹호하는 일본의 우익이란 부류가 어떻게 한국을 만들려고 하는지 똑바로 봐야 한다. 12.12로 부터 친일의 냄새를 풍긴 민주반역의 부류의 정체를 아는 데 도움이 될 것이다(2005.12.13).

독재자를 제거한 암살자인가, 혁명가인가
'쪽지재판'의 희생자 김재규에 대한 평가 다시 이루어져야

▲ 10.26 사건을 다룬 영화. 〈그때 그사람들〉 ⓒ엠케이 픽쳐스

김재규의 국선변호인을 역임한 안동일이 지은 《10·26은 아직도 살아 있다》(랜덤하우스중앙, 2005년)를 보면, 1979년에 보통군법회의(군사법원)의 김재규 재판은 보안사 요원이 재판정에 도청마이크를 비밀리에 설치해 도청하면서 그때그때 필요시마다 재판관에게 쪽지를 전하면서 진행된 엉터리 재판이었음이 드러났다.

| 김재규는 전두환 주도의 '쪽지재판' 제1호 희생자

안동일의 위에 든 책 58쪽 이하에서 도청장치 설치와 쪽지전달의 상황, 도청과 막후 조정 센터의 이면모습을 볼 수 있다. 리모트 컨트롤 지휘 센터인 방에는 보안사의 S아무개 준장, 법무감 신복현 준장, 합동수사본부에서 파견된 검사, 그 밖의 요원이 있었다고 안동일은 말하고 있다.

당시 박정희 피살 정보를 제일 먼저 탐지한 것은 보안사 참모장 우국일 준장이다. 그는 김병수 국군서울지구 병원장과의 전화통화를 통해서 이를 확인하였다(위에 든 안동일의 책, 235쪽 이하 참조). 우국일은 즉시 전두환에게 보고하고 동시에 보안사 참모진을 소집해 합수부설치를 통한 정국 주도권 장악으로 가는 길을 연다. 여기서 결국에는 12.12와 5.17의 쿠데타로 이르게 되는 발단이 된 것이다.

합동수사본부를 주도한 전두환 일파의 재판각본은 김재규를 '패륜아'이고 '대역죄인'으로 부각시켜 교수대에 올리는 것이었다. 결국 그 각본대로 사태가 진행된 것이다.

문제는 그러한 '엉터리 재판' 놀음으로 처형된 김재규의 거사 실체는 무엇인가 하는 점이다. 이점을 법률적으로 우선 확실하게 밝혀야 한다.

| 유신체제는 '군사독재체제'이지 민주공화제는 아니다

여기서 박정희가 국가원수로서 내란죄의 보호법익의 주체가 된다고 할 때에 그가 5.16쿠데타와 10월유신 친위 쿠데타로 만든 체제가 과연 민주공화제냐? 박정희를 옹호하는 부류의 말처럼 '자유민주주의 체제'이냐? 박정희는 쿠데타 당초부터 군사파시스트 또는 군사독재자로서 자유 민주주의의 체제를 파괴한 범법자이고 그 범죄는 그의 집권과 함께 계속되는 현재진행형의 범법사태였다.

박정희는 그 스스로가 자유민주체제(민주공화제) 파괴의 수괴자이며, 그의 집권은 그 범법의 계속적 진행으로 규정된다.

| 저항권에 관한 역사적 고찰 참고

여기서 10.26사건이 과연 내란목적살인이냐, 아니면 혁명 또는 의거인가 하는 문제와 관련해 폭군과 폭정에 대한 저항권을 검토해 본다. 고대의 폭군 문제부터 시민혁명기의 저항권에 이르기까지 보면 다음과 같다.

(1) 고대 그리스와 로마의 참주(폭군)론

고대 그리스에선 참주(tyrannos)라면 무력으로 왕위를 탈취해 제왕이 되거나 합법적으로 권좌에 올랐어도 그 권력행사가 법을 파괴한 자를 말했다. 그런 참주는 미친개를 때려잡듯이 제거할 수 있다고 보았다. 로마제국의 시저가 제왕적 위치에 오르자 시저의 사실상의 아들인 브루터스가 그를 암살하는데 한 몫 낀 사실은 이러한 참주제거의 정당성에 근거한 것이었다.

(2) 근세의 폭군방벌론(暴君放伐論 : monarchomachia)

프랑스 신교도가 종교분쟁 당시에 군주의 정통성의 근거를 그들의 종파편에 있다고 주장해 반대파 군주에 대한 징벌을 주장한 것이다. 신의 명을 어긴 폭군은 이미 악마의 종이라 본다(주니어스 브르터스,《폭군에 대한 반항의 권리》1579년). 이 사상이 군주의 정통성 문제에 대해 시민혁명에도 영향을 준 것이다.

(3) 시민혁명기의 폭정과 악법에 대한 저항권

1640년대 청교도 혁명에선 당시의 군주를 '전제군주, 반역자, 살인자, 선량한 국민에 대한 적(公敵)'이란 죄목으로 처형했다(1649년 의회의 찰스 1세에 대한 판결문 참조).

1689년의 명예혁명에선 의회를 배반한 왕을 국외로 추방하고 의회에 대해 준법을 서약한 왕의 딸과 사위를 왕위에 앉혔다. 이 혁명을 정당화한 권리장전의 규정 이외에 존 로크의 악법에 대한 저항권의 논술이 있다(존 로크《시민정부론》).

그 이후 시민혁명은 1776년의 미국독립혁명의 독립선언과 1789년의 프랑스 혁명의 인권선언 제2조에서 보듯이 이 저항권을 근거로 해서 혁명을 정당화했다. 이 저항권의 사상은 2차 세계대전 후의 독일 각주의 헌법과 독일연방공화국 헌법에서 명문화하여 계승하고 있다. 명문규정을 두지 않은 헌법도 이 시민혁명의 저항권과 천부인권의 원리에 바탕을 두고 있다.

여기서 우리 헌법은 제헌헌법이래 저항권을 3.1독립운동의 저항을 명문화한 것을 비롯해 4.19혁명의 이념을 계승하고 있는 것은 시민혁명의 저항권을 전제로 한 것이다.

| 그러면 김재규, 그는 암살자냐 혁명가 또는 의인이냐?

(1) 내란목적 살인자인가? 단순한 살인범인가?

합수부의 각본이나 그를 따르는 군사재판의 소추측인 검찰의 의견이나 그것을 그대로 붕어빵 찍듯이 베껴 쓴 1심법원인 보통군법회의 판결과 항소심인 고등군사법원 판결이나 종심인 대법원의 상고심 판결(다수 의견)은 김재규의 박정희 사살 행위가 '내란목적살인'이라고 한다.

여기서 '내란'이란 안동일 변호인이 항소이유나 상고이유 및 변론에서 지적하듯이 조직과 다중의 동원 등 일정요건을 갖춘 예비 음모 착수 등의 단계를 거쳐서 실체가 있어야 한다. 그런데 김재규의 거사는 사전 사후를 돌아봐도 그가 단독 연출한 거사로서 그의 심복 부하가 그의 명령을 따랐을 뿐이다. 그리고 김재규가 대통령을 하려고 시도한 증거도 없다. 그러니 쿠데타로서의 요건이 성립하는가 조차도 문제가 된다.

대법원 판결의 소수의견이 다수의견을 따를 수 없는 이유도 여기 있을 것이다.

(2) 자유 민주회복의 '혁명가'인가

김재규의 일관된 주장이 바로 자유민주주의의 회복을 위한 박정희의 제거라는 논리이다. 그는 10.26이 '혁명'이고 '민주회복의 거사'라고 주장한다. 김재규의 법정진술이나 항소이유나 최후진술 등에 일관되게 주장하고 있다.

김재규는 그의 거사가 민주회복혁명인 이유로서 "...... 비민주주의적인 유신체제를 철폐하고 자유민주주의로 환원"했다는 점에 초점을 맞추어 주장했다. "...... 5.16 후 자유민주주의가 무너졌고, 10월 유신으로 민주주의가 끝장이 났기"때문이며, 따라서 "10.26은 자유민주주의를 회복하는 혁명"이란 것이다(안동일, 위에 든 책, 335쪽 이하 참조).

특히 그는 최후진술에서 국민의 희생을 최소화하기 위해 어쩔 수 없이 거사했다고 해서, 그 긴급피난 또는 자구행위적 정당방위의 이유를 주장했다. 김재형 변호사도 김재규의 거사 목적과 동기의 민주회복 지향과 그 밖엔 다른 방법이 없던 정황을 비춰 봐서나, 그 거사결과로 민주화에의 전기조성 등을 들어서 저항권 행사란 면으로 변론했다(안동일, 위에 든 책, 341쪽 이하 참조). 특히 소수의견을 낸 6명의 대법원 판사도 피고나 변호인의 저항권의 근거를 든 이유를 참작한 것이다.

물론 김재규의 민주회복을 위한 '혁명' 의도는 그의 의도와 목적에도 불구하고 혁명은 아니었다. 원래 혁명은 밑으로부터의 민주의 궐기와 체제의 전복이란 점에 있다. 그런데 김재규의 거사는 밑으로부터의 것이 아니라 측근의 기습적인 실력행사로서 한 사람의 절대자 제거가 초점이었다. 따라서 체제와 그에 기생하는 유신세력은 그대로 방치하였다. 그래서 결과적으로는 그 유신체제의 기반 위에서 제2의 박정희가 다시 등장할 수 있게 되는 것이다.

(3) 김재규는 '살신성인'한 의인인가

김재규가 자신이 주장하듯이 민주회복이란 동기와 목적으로서 자기를 희생시켜서 박정희란 유신독재의 최고정상의 실체를 제거하는 거사라고 평가하는 의견이 있다. 김재규의 변호인 안동일은 시저를 암살하는데 가담했던 브르터스에 비유했다.

　안중근 의사가 1909년에 이토오 히로부미(伊藤博文)를 사살한 의거일과 김재규 거사일은 우연인지 모르지만 똑같이 10월 26일이었다.

　김재규가 '의인'이란 주장은 그의 민주회복을 위한 자기희생의 결단을 소중하게 평가하는 것이다. 강신옥이나 함세웅 등 김재규의 명예회복을 요구하는 개인이나 단체의 관점이 여기에 있다고 본다.

　그런데 어느 원로를 자칭하는 이는 분개해 소리친다. "대통령을 사살한 자가 어찌 민주투사란 말이냐? 망발도 정도 문제지……"

　그러나 어느 무명의 지식인은 말한다. "바로 박정희가 쿠데타를 해서 대통령이 된 것부터가 문제이고, 그것도 모자라서 종신토록 하려고 한 것이 잘못된 것이다! 김재규는 자기 목숨을 바쳐 큰일을 한 것이다!"

　결국 김재규에 대한 평가는 공개 논쟁을 거치게 되어 있다.

| 김재규 재판을 다시하고 김재규 평가를 올바르게 하라

　김재규는 엉터리 '쪽지재판'의 수모를 당하고, 패륜아와 대역죄인으로 매도당하며 죽어갔다. 피고인들에 가해진 고문으로부터 각종 가학적 불법행위를 비롯해 엉터리 재판에 의한 권리 박탈은 방치될 수 없다. 비록 그들이 형장의 이슬이 되어 고인이 됐지만, 그들에게 정당한 재판을 받게 할 재심기회는 응당 부여해야 한다.

　우리의 민주화 투쟁과정에서 김재규의 평가는 법률적인 것 이외의 차원에서도 병행하여야 한다. 그러나 우선 당장에 시급한 것은 엉터리 재판이 그들을 얽어매 놓은 사슬부터 벗겨주어야 한다(2005.11.9).

독재에 복종과 침묵으로 호신하던 '수구부류'
참으로 도덕적인 용기가 아쉬운 세태를 돌아보며

| 과거청산을 위한 캠페인에 부쳐

지금 시민 사회단체는 과거청산을 위한 법개정을 비롯한 문제 제기를 위한 전국 캠페인을 벌이고 있다. 이 캠페인의 의의를 강조하는 취지에서 오늘의 과제로서 진상규명의 문제를 강조하는 글을 올린다.

| 독재 폭정하에서 침묵하던 사람들과 요즘의 '잘난' 사람들

군정시대가 종말을 고하면서 주변 눈치 보지 않고 말을 할 수 있게 되었다. 이 점을 나는 우리 사회의 민주화 덕택으로 보고 그 민주화를 위해 피눈물을 쏟고 죽어간 투사와 그 유족에게 감사한다. 마음대로 말할 수 있는 시대를 해방 후 잠깐 순간 누리다가 그야말로 반백년 만에 누리게 된 것이 아닌가?
그런데 요즘 세상 돌아가는 꼴을 보면 우리가 어디로 가고 있는지 의아할 지경이다. 문제점을 정리해보자.

(1) 권력에 대한 비판이 아닌 비방과 중상

 권좌에서 쫓겨난 꼴이 된 수구 기득권 부류는 김대중 정부 이래 대통령까지 빨간칠을 하는 만용을 부려 온다. 박정희 지배 하에서 죽이려고까지 하다가 죽이지 못한 실책을 분풀이나 하듯이. 그러나 이미 그러한 탈선은 법의 룰을 넘어선 것이란 점을 알면서도 매카시즘의 빽을 믿고 날뛰는 그들 꼬락서니라니.

(2) 비판이 아닌 비방, 욕설로 분풀이하는 무법자

 이(李)아무개가 수구를 대표하는 대선후보로 나선 이후의 눈에 띄는 딱한 작태는 책임 있는 대안 없이 물어뜯기 식으로 일관해 온 점이다. 대안을 전제로 하지 못한 비난만으로는 감정풀이는 되어도 그것이 책임 있는 공인의 자세는 아니다. 그런데 지금 논단의 수구가 활약하는 모습이 꼭 그 꼴이다.

(3) 허위 날조와 왜곡 과장으로 날이 지새는 수구 언론

 지금 수구 매체의 날조의 폭력은 한도를 넘어서 일상적 작태가 되고 있다. 여기에 일부 오염, 중독되어 있는 대중을 상대로 재미 보는 자가 누구인가? '안보독점 상인'이 가장 호경기를 누린다. 그들은 부정축재자의 돈줄에 매달려 이득을 챙긴다.
 그런데 이제는 점차 그 친일 매국으로부터 시작해서 독재 기생의 반민족적이고 반민주적인 추악한 모습이 드러나고 있다. 그렇지만 그동안 투자해 심어놓은 밑천인 우민화된 토양이란 기반은 아직도 단물이 남아 있다. 그래서 이를 빨아먹느라고 악을 쓰고 있다.

독재권력에 아부, 기생한 비겁자들에게 속지 말라

(1) 독재의 지식인 길들이기에 순치된 얼간이

1961년 쿠데타 이후 이승만 비판의 편에 섰던 아무개 교수가 군정의 고문 직이나 감투에 맥없이 넘어가는 것을 봤다. 하기는 그런 부류가 친일파이고 일제시대 군수 되려고 목을 걸었던 자들이고 고등문관시험 합격이란 일제경력을 최고의 상표로 활용해 온 자들이니, 그럴 수밖에 없다는 점을 알았다. 그런데 새파란 젊은 것이 교수이고 지식인이라고 하면서 보잘것없는 감투에 넘어가는 것을 보고 그들 지성의 빈곤을 확인하게 되었다.

(2) 삼선개헌과 유신 쿠데타에 침묵하거나 방조한 무리들

특히 삼선개헌을 하는 영구집권 음모와 그 실행에 대해 지식인이란 부류의 침묵엔 기가 꽉 막혔다. 헌법학자로서 반대의사를 표명한 것은 한동섭 교수와 나 둘 뿐이다. 한동섭은 주간지에 분명히 썼고, 나는 월간지에 의견을 표명했다. 유신 쿠데타에는 거부나 거절도 못하고 줄을 서서 홍보행사에 공범이 되는 것을 보고 절망했다.

(3) 광주학살에 항거한 87시민투쟁을 위한 작업에서 도피해 독재자편에 선 무리들

특히 지식인이란 부류의 비겁한 것은 광주를 피바다로 만든 학살 만행에 대해 침묵조차 못하고 박수부대로 자청해 나섬으로써 피살자를 두 번, 세 번 죽이는 살인범의 방조범이 되어 출세하고 연명, 호신하는 작태였다.

이러한 부류와 그 추종자 및 그들의 후예들이 지금 목청을 돋우어 독재시대 찬양가를 부르고 있다. 무슨 소리를 하고 있는가 하면 과거 독재 폭정을 그리워하며 민주화가 친공, 용공, 좌경, 친북, 빨갱이라고 한다. 그렇다면 그 국가보안법의 불고지죄 조항은 낮잠을 자는가? 불고지죄는 5년 징역인데 말이다(국가보안법 제10조).

| 참으로 용감한 사람은 누구인가?

예전(1950년대 초) 고등학교 영어 1학년 교과서(내셔널 잉글리쉬 북 1)의 제1과는 '용기'라는 제목의 명문 에세이가 나온다. 그 글 내용이 당대 명문인 만큼 옛 문장답게 어려웠다. 그것을 해설하는 영어 선생도 그 주제의 알맹이는 잘 이해하지 못했던 것 같다.

그 글에서 고대 그리스의 아테네 법정에서 유죄판결을 받은 소크라테스의 최종진술이나 이단심문 마녀사냥 재판에서 화형을 당하기 직전에 자기의 철학을 표명한 철학자인 조르다노 브루노(Giordano Bruno)의 말에 대한 설명을 해줄 수 있는 깊은 지식이 없었기 때문이다.

흔히 소크라테스의 철인으로서의 최고의 위대성은 그의 슬기로움을 생각하지만, 나는 그의 진리애에 입각한 '도덕적인 용기'에서 보게 되었다. 나는 철학책을 40여년 읽고 공부하면서 소크라테스의 철학의 가치는 그가 자기의 소신을 위해 죽음을 택하는 것으로 증명되었다고 보고 있다.

그는 아테네 시민이 재판관인 법정에서 아테네 시민 수 백 명의 유죄심판을 흔쾌히 받아들이면서, 자기의 소신을 표명해 아테네 시민을 격려한다. 자기가 생각하는 바를 당당하고 성실하게 알림으로써.

조르다노 브르노는 그의 철학에 따른 세계관과 우주관 때문에 당대의 옹졸하고 편협한 독단에 사로잡힌 권력자에게 용납되지 못해서 불구덩이에 던져졌다. 물론 그가 그의 철학을 포기하면 불구덩이 속의 죽음은 면했을지 모른다. 그러나 그는 불구덩이 속에서의 죽음을 택했다. 자기 목숨을 바쳐서 자기 소신과 생각을 지킨 것이다.

우리는 소크라테스나 조르다노 브르노와 같은 참으로 용기 있는 선각자가 열어준 길을 감으로써 앞으로 나가는 행운을 누리고 있다.

그런데 도덕적인 용기가 아닌 독단과 탐욕과 파렴치한 무지로 인간성과 문명을 모독하는 가짜 용기를 내세운 만용의 야만인들로 시끄러움을 겪고 있다. 그들의 정체가 무엇인가? 우리는 알고 있다. 그러면 그것을 참된 용기와 양식의 이름으로 억제, 제압해야 한다.

| 매카시즘 최대의 죄악은 진실 은폐… 역사 편에 선 쪽의 최고 무기는 진상규명

해방 후 친일파의 매카시즘은 일본제국주의의 치안유지법하의 매카시즘보다 더욱 악질적이 되어 왔다. 일본제국주의의 졸개들의 지배가 일본제국주의 지배자의 폭정 이상으로 거칠고 사납고 악질적이다. 왜 그럴까?

나는 1980년대 일본에 갔던 시기에 일본의 어느 노학자에게 물어봤다. 그는 일제 시대에 조선과 만주 등지에서 활약한 과거의 죄과를 부끄러워하며 나에게 솔직한 말도 했다. 그의 답변은 아직도 내 가슴 속에 간직돼 있다.

그는 다음과 같이 말했다.

"일본제국주의자의 식민지 지배는 명분상으로나마 '동화정책'을 써서 그 정체를 은폐하고 한편 회유하기도 했습니다. 그런데 당신네 나라의 새로운 지배층이 된 친일파는 다른 민족의 앞잡이 노릇을 한 전력이 있습니다. 원래 앞잡이 졸개가 자기 상전보다 질이 나쁜 것입니다. 거기다가 그들은 자기의 과거가 원죄처럼 낙인찍혀 있어서 떳떳치 못합니다. 그래서 더욱 안달이 나서, 위신을 세우고 권위를 내세우게 됩니다. 물론 그것이 억지니까 먹혀들지 않고, 자신도 없기 때문에 초조 불안해서 더욱 포악해 집니다. 나는 만주에서 일본관리 이상으로 나쁜 사람 노릇을 한 조선인과 중국인을 많이 보았습니다."

과거 청산에의 길은 과거의 잘못된 사실의 진상을 있는 그대로 규명하는 것이다. 친일진상규명을 비롯해 독재 폭정의 살인고문 비행의 진상을 철저하게 드러내서 규명해야 한다. 우리는 과거의 극복을 위해서 과거사의 규명을 통해 '오늘의 역사'가 되게 해야 한다. 그래야만 미래를 위한 역사가 된다. 그 첩경은 진실에 호소하는 것이다.

진실의 규명과 폭로. 이 앞에서 벌벌 떠는 무리가 누구인가? 그들이 스스로 참회 속죄하길 거부해온 지 60년. 우리는 그들이 더욱 벌벌 떨게 하여야 한다(2005.10.18).

독재 권력에 기생한 자들은 자숙하라
'광주 민주의 종' 건립추진위원장 자리 논란을 보고

| '민주의 종'이 민주 모멸의 종이 되게 하지 말아라!

 군부독재 하에서 고등검사장, 헌법재판관을 비롯해 최고 관직에 올라 출세길을 누리면서 민주투쟁 참여와는 무관하게, 아니 그와는 거꾸로 살아 온 법조인이 군부시절의 고관대작을 지내서인지 '광주 민주의 종' 건립추진위원회 위원장의 자리에 있어서 반론이 제기되고 있다. 김범태(환경운동가)의 〈누가 '민주의 종'을 걸어야 하는가〉하는 주장이 그것이다(한겨레, 2005.10.28, 25쪽).
 김양균이란 사람은 지방의 사회유지로서 이러저러한 경위를 거쳐서 그런 명예직에 추대되었을 것이다. 웬만하면 아무 말도 하고 싶지 않다.
 그러나 요즘 사회가 유지·명망가라고 해서 이름을 내세우는 면면을 보면 군부독재에 편승해서 자리에 오르거나, 그 그늘에서 돈을 모은 기회주의이거나 교묘하게 호신해 수난을 피하고 나이를 먹은 사람들이다. 그와 같은 부류의 명망가는 솔직하게 말해서 사회에 보탬도 못되었고 귀감도 안 된다. 두고 두고 부끄러운 실수로 기록될 뿐이다.

'광주 민주의 종'이 표현하는 광주의 빛나는 정신을 그렇게 허술하게 대할 일이 아니다. 광주는 일제 때 광주학생사건으로 알려져 있듯이 항일 민족해방투쟁의 성지이다. 그리고 1980년 광주민주항쟁이란 신군부에 대한 투쟁으로 피바다를 넘으며, 우리의 진로에 이정표를 제시한 피눈물 나는 투쟁의 현장이며 '민주투쟁의 고향'이다.

 우선 나는 광주의 민주정신에 흠이 가는 일은 이유가 어떻든 안 된다고 주장한다. 광주 민주투쟁의 상징으로서 아침저녁으로 민주를 일깨우고 반민주에 대한 투쟁을 고취할 '광주 민주의 종'이 아닌가? 선배투사의 영광스러운 이름을 기려 후세에 격려하는 민주의 종으로서 모든 민주시민의 이름으로 바쳐지는 종에 재를 뿌려선 안 된다.

| "방관은 민족과 역사에 대한 포기이며 반역"

 아직도 반민족적이고 반민주적인 구기득권부류가 활개치고 나대는 세상이다. 유감스럽지만 이것이 현실이다. 그렇다고 이 꼴을 "나 몰라라"하고 방관만 하고 있을 것인가? 더 이상의 방관은 민족과 역사에 대한 무책임한 포기이고, 결국은 반역이 된다는 것을 왜 다시 말해야 하는가?

 최근에 벌어지는 일만 봐도 기가 막힌 일이 한 두 가지가 아니다. '쪽지재판' 등 군사독재시절 엉터리재판으로 참회, 사죄할 법관이 고스란히 임기까지 채우고 물러나는 퇴임사에서 재판에 대해 사회단체가 함부로 비판을 거론하면 사법권 침해라고 용감하게 소리치고 있다. 그가 저지른 엉터리 재판과 권력에 대한 굴종이 초래한 피해에 대해선 단 한마디의 사죄도 없이.

 우리는 지금도 도처에 잠복해서 행세하는 왕년 고문실의 주역이던 무리가 뻔뻔스럽게 허세를 떠는 것을 본다. 그 전직과 현직 수사관과 검찰관을 비롯해서 군사정권의 법기술자로 복무한 자들을 똑바로 봐서 정확하게 기록하리라. 그들은 세상 눈치를 보면서 '시간벌기'와 다시 독재시대가 돌아오길 꿈꾸고 있다.

나치의 강제수용소 관리를 한 범법자에게 기자가 "나치시대를 어떻게 생각하느냐?"고 물어보자, 그는 대답하길, "천국이죠. 나에게는 최고의 파라다이스요"라고 했다. 나는 이 기록을 읽으면서 군부독재시절을 그리워하는 부류의 심사를 짐작해 보며 치가 떨렸다.

| 한 솥의 밥먹는 동업자의 쓴 소리 "검찰은 스스로에게 칼을 대야 한다"

류제성 변호사는 검찰이 민주화란 시대 요청에 부응하는 길의 하나로서 스스로 자체 개혁의 아픔을 견뎌내야 한다고 고언을 하고 있다. 그는 "검찰은 스스로에게 칼을 대야 한다."는 제목으로 기고한 글에서 검찰이 오늘날 이 정도로 제 모습을 갖추게 된 것은 국민의 민주화투쟁에 힘입은 것이라고 하며, 결과적으로 민주궤도에 무임승차한 검찰의 각성과 개혁을 요구했다(한겨레, 2005.10.28, 25쪽, '왜냐면'에 실린 류제성의 글).

사실 스스로가 제 머리를 깎으면 그보다 좋은 일이 없다. 그렇게 안 되기 때문에 문제이다. 지금도 제 머리 깎겠다고 나선 기관으로 우선 정보공안기관을 들 수 있다.

| 정보공안 기관 등 '제 머리 깎기'의 허풍이냐, 진정이냐?

작년부터 관청가에 유행병처럼 '과거사에 대한 조사위원회'를 만들어 스스로 과거청산작업을 벌리고 있다. 국정원을 비롯해 경찰로 부터 국방부 등 우리가 평소에 생각도 못한 권부에서 들려오는 소리다. 그것을 믿고 보기만 하고 기다릴까? 나는 아니라고 본다.

나는 처음부터 정보공안기관의 과거사조사에 대해 별반 기대하지 않는다. 그리고 그러한 자체 조사가 적절한지도 의문을 가지고 있다.

자체 조사를 한다는 기관을 법령근거도 없이 별도 설치하기 전에 자체 내부에서 알고 있고 또 알 수 있는 범법사실에 대해 우선 '백서'를 발간하여 사죄하라. 그리고 국민의 심판을 받아라. 그것이 정상 절차이고 순리에 따른 순서가 아니겠는가? 그리고 그 후 조치는 국민의 뜻을 대변하는 입법부와 법률을 수호할 사법부에 기대해도 크게 잘못이 없을 것이다.

검찰을 비롯한 힘깨나 쓰는 기관이 할 일은 우선 백서를 공표하여 국민에게 사과, 사죄할 일이다. 그리고 국민이 다시 더 조사하거나 시정조치를 할 일이 있으면 조치를 취하는 것을 겸허하게 수용할 것이다.

물론 스스로가 당장 할 일은 그 외에도 많을 것이다. 검찰이라면 인사발령 때마다 아무개의 독재 하 행적이 이러저러 하다고 도마 위에 오르길 싫어한다면, 스스로가 잘 알고 있는 사실에 따라 조처하고 자신이 거취를 취하도록 해야 한다.

| 독재 때 범법에 대한 진상규명은 피해대중만의 문제가 아니다!

우리 주변에 묻히고 가려지고 숨겨진 권력범죄의 증거는 더 빠르고 과감하게 햇빛을 보도록 해야 한다. 우리가 당면한 현실로 봐선 어려움이 아직도 많지만, 증인과 제보자 보호와 증거보존 조치들이 법률로 마련돼야 한다.

우리가 민주개혁을 위한 노력과 투쟁에서 최후의 원군이고 힘이 되는 것은 진실이고 그 진실 편에서는 대중이고 국민여론이다. 그 진실은 증거의 뒷받침이 있어야 진실로써 진상을 규명하게 된다.

과거청산의 진상규명운동에서 특단의 묘책은 없다. 오로지 피해대중과 국민의 동참과 협조이다. 그래야만 범법자들이 역사의 심판을 두려워한다. 구 기득권부류가 그동안 권부와 관가를 얼마나 오염 타락시켜서 장악해 왔는가 하는 것이 '삼성장학생' 사건을 통해 드러났다. 그것은 '빙산의 일각'으로 극히 일부가 드러난 것이다.

| 민주화는 민주반역에 대한 투쟁으로

우리가 경험해 왔듯이 민주화는 저절로 되진 않는다. 투쟁으로 얻어지는 것이다. 그래서 지금부터 시작일 뿐이다. 해방 후 60년 동안을 친일파 세상을 만들어 역사를 거꾸로 돌린 전력을 가진 부패기득권 부류는 아직도 독재시절이 '파라다이스'라고 그리워한다.

지금 우리의 과업은 이 잔당의 거꾸로 가는 '희극적 비극'과 '비극적 희극'의 이중주란 '돈키호테 놀음'을 그대로 지속할 수 없도록 바로 잡는 것이다 (2005.11.1).

교묘하게 박정희를 찬양하는 속셈
역사의 교훈을 외면하는 무리의 백일몽

| 영국의 왕정복고와 프랑스의 그것이 다른 점

영국의 왕실과 보수 세력은 청교도 혁명에서 왕이 '인민에 대한 반역자'로 처형된 사실과 명예혁명에서 재임 중의 왕이 그의 딸과 사위에 의해 쫓겨나 간신히 처형을 면하고 추방된 사실이 가르치는 교훈을 한시도 잊어버리지 않고 있기 때문에 그 위상을 유지해 오고 있다.

왕실과 귀족 및 자본가의 특권은 대중이 묵인하기 때문에 존속 되고 있다는 엄연한 사실을 항상 염두에 두고 조심하고 신중하게 처신하며 자기의 기득권을 유지하여 오고 있다. 특히 그들 기득권층은 나라의 위기에 솔선해 목숨을 버리며, 평소에 봉사와 겸양의 자세를 흩뜨리지 않고자 애쓴다. 현재 재임 중인 엘리자베스 여왕은 2차대전시 독일공군의 무차별 폭격시에 앰뷸런스 운전사로 봉사한 공주였다.

한편 대륙 프랑스의 왕실과 귀족은 혁명으로 루이16세 부부가 단두대의 이슬로 사라진 역사의 교훈에서도 하나도 배우지 못하고 그들의 낡은 특권만 고집하고 왕권신수설(王權神授說)의 망상에서 깨어나지 못하였다. 결국은 시민대중을 깔보다가 역사의 무대에서 살아져 박물관의 미라가 되었다.

나는 지금 한국의 친일파나 구기득권 부류의 행실을 보면서 프랑스 귀족의 시대착오적인 복고 반동을 연상하지 않을 수 없다. 그들 자신이나 부모 선조나 상전이 저지른 피바다의 죄과에 대해 그렇게도 무심할까? 그리고 그렇게 뻔뻔스러울까? 하긴 일제패망 이후 60년을 그 특권과 재산을 고스란히 지켜올 수 있었으니 역사의 교훈 따위는 우습게보게 되었는지 모른다.

그러면 그것으로 통할 수 있을까? 통하게 해선 안 된다는 것이 우리의 당면한 절대 절명의 과제가 되고 있다. 결코 과장된 표현이 아니다.

때늦은 박정희 찬양 〈용비어천가〉의 노림수와 그 귀결점은 무엇이냐?

박정희나 그 이상으로 이승만을 신격화시켜 과대포장해서 헛소리를 하는 이들이 솔직한 의도가 무엇이냐?

그것은 복잡기괴한 해답을 기다릴 것이 없다. 박정희 시절의 폭정은 재벌에게 온갖 특혜를 베풀어 주고 노동쟁의를 안보차원에서 싹을 도려 빨갱이로 몰아서 처리했고, 재벌과 권력이 하는 일에 함부로 비판하는 것을 엄금했으며, 청년학생의 민주화 소리는 안보차원에서 빨간칠을 해서 감옥으로 보냈고, 지식인의 민주이론은 연구실이나 사랑방이란 온실 밖을 나오면 혼쭐을 내고, 정당이란 사이비 사쿠라 야당을 공작하여 모양새를 갖추게 해서 그들이 말하는 안정을 도모했었다.

이 좋았던 시절을 민주화니 개혁이니 해서 몽땅 부셔버리는 것은 빨갱이 아니고 무엇이냐 하고 낮과 밤이 없이 탄식하고 있는 그들 심사로선 현 세태가 안타깝기 짝이 없다.

더욱이 국가보안법을 없애자고 하니, 감히 그런 발상조차 할 수 있는가 말이다. 그들로서는 속이 터질 일이다.

| 박정희와 도루이요

박정희를 그리워하는 이들이 써내는 글을 일부에서 돈을 아끼지 않고 책으로 만들어서 마구 뿌려대고 있다. 그것이 약발이 먹히는 지 박정희의 공과를 따질 때에 공이 더 많다는 선전이 먹혀들어가는 것 같아서 그들로선 한편 기쁘기도 하고 웃습기도 하다. 제 까짓게 어디 감히 뭣을 안다고 날뛰냐 하는 친일파의 교만한 우월감이 고개를 쳐든다. 친일파는 해방 후에도 제국대학출신 숭배 속에서 각광을 받아왔고, 일제 관리를 한 것은 수재의 대명사가 되어 행세해 왔고, 친일가문은 아직도 명문호족이 아닌가? 이것이 그들이 품은 심정이다.

그래서 겉치레로 민주화 소리를 내면서 사회의 유지 명망가 행세를 해오는 온실 속에서 구기득권을 누려온 유한층 가정을 배경으로 살아온 일부 지식인은 개혁 단계까지 온 지금의 사정을 보고 내심 겁이 덜컥 나서, 어떻게 하던지 개혁의 김을 뽑고 속도를 줄이려고 한다.

그래서 박정희도 잘한 것이 있다느니, 박정희 시대를 공정하게 평가해야 한다느니 이미 친일파 궤변이 써먹은 말을 다시 포장해서 내놓고 있다. 이들 사이비 지식인에게 이젠 그만 속아라. 그들의 입론은 몇 십 년을 두고 봐도 무엇인가 께름하고 나사가 빠진 듯 애매한 구석이 있어온 사연을 왜 아직 모르는가? 박정희나 신군부 시대는 그 정도나마 발언이 구색을 맞추느라 놔뒀지만, 지금 그들의 곡예와 숫자 채우기 구실은 끝났다.

나는 박정희를 도루이요와 비교해 본다. 도미니카의 독재자 도루이요는

31년을 집권했다. 이 점에서 18년 집권을 한 박정희보다 한수 위이다. 그리고 도루이요는 그의 정보부장의 저격으로 피살되었다. 이 점에선 박정희가 그를 따랐다.

나는 3선 개헌을 박정희가 시도할 당시에 도루이요의 피살의 사례를 들어서 이야기를 한 적이 있다(한상범, 〈영구집권의 망령들〉 사상계 1969년 1월호 및 한상범, 〈영구집권의 기술 −독재자 도루이요의 예−〉 사상계, 1969년 10월호).

박정희가 도루이요와 마찬가지로 그의 심복인 정보부장의 저격을 받고 사살된 사연을 보면 도루이요와 공통점도 있으나, 몇 가지 점에서 차이도 있다. 도루이요는 가두를 달리는 차량에서 저격을 받았다. 박정희는 삼천궁녀격인 미희속은 아니지만 귀하신 미희들의 술시중자리에서 저격당했다. 도루이요를 저격한 정보부장은 미국 CIA와 연관이 있었고, 거사 후에 캐나다로 망명했다. 박정희를 저격한 정보부장은 당당히 그의 행동을 변호하다가 박정희 심복인 보안부대장의 칼바람을 맞았다. 그(보안부대장 전두환을 말함−편집자)는 김재규 수사를 계기로 하극상으로 군을 장악하는 쿠데타에 성공, 그 후 대법원까지도 제압해 버리고, 김재규의 거사를 변호하던 변호인단도 뭉개 버렸다.

그러나 박정희나 도루이요나 민중을 억압한 만년집권의 망상은 망상으로 그치고 국민의 재부를 강탈 독식하는 체제가 역사에서 살아남을 수 없다고 하는 것은 조금도 생각한 적이 없는 오만함에 사로잡혀 있었다. 그러면서도 그들 두 사람이 모두 민중의 반역을 두려워해서 잠을 못잔 것은 같다. 아마도 도루이요는 저격당하면서 장갑차나 탱크를 타지 않은 것을 한탄했는지 모른다. 박정희는 궁정동 잔치자리에서 철갑으로 만든 갑옷인 방탄조끼를 착용하지 않은 것을 뒤늦게 후회했을지 모른다.

| 박정희의 궁녀놀이는 사생활문제가 아니다

　박정희가 연예계 여인 200여명에게 손을 대고 그 스캔들이 광인지경에 달해서 문제라는 것을 두고(주간지 사건내막, 2005년 4월 24일 제364호, "김재규는 왜 박정희 사생활을 폭로했나?" 2쪽 이하), 어떤 이는 그의 사생활문제를 건드릴 것은 없다고 한다. 아마도 박정희가 전제군주였다면 3천 궁녀를 거느려도 할 말이 없다. 그러나 그는 공화국의 공복이다. 그런데도 정보기관의 관리를 동원 국비로 온갖 시민사회에서 용납할 수 없는 추태를 벌려 국비탕진과 국민에 대한 피해를 가했으니 문제이다.
　어떤 이는 클린턴도 르윈스키 추문이 있지 않는가 한다. 클린턴은 CIA를 동원해서 여인 물색과 상납을 받진 않았다. 그의 추문을 검사가 조사하고 탄핵단계까지 갔을 때에 어느 독자는 투고하길, "우리는 교황을 뽑은 것이 아니다. 정치를 하는 한 사람을 선거했다"고 했다.
　사실 퓰리처상을 받은 클린턴 기사를 보면 "검사의 클린턴조사 탄핵사유는 탄핵의 근거가 아니라, 이혼사유가 될 것"이라고 하였다(Written in HISTORY, 2001. 역사에 기록되다 - 뉴욕타임스로 부터 20세기 퓰리처수상기사 기록). 클린턴은 공기관의 권세를 자기 섹스충족에 동원한 일은 없다. 그러나 박정희는 다르다. 이 점을 분명히 해야 한다. 우리는 대한민국이 민주공화국임을 다시 확인해야 하는가?

| 군정시대의 유물에 기생하는 부류와 그 문제

　박정희 시대의 몰락은 박정희 시대의 체제와 그 체제로 기생하여 출세해

돈 벌고 감투 써 세도 누리고 명망가가 되며 그 체제의 떡고물을 주어먹으며 안이한 기식으로 살진 무리를 많이 만들어 냈다. 주로 그러한 부류는 박정희 시대를 그리워하는 박정희의 신도이다. 박정희 시대가 무엇이었는지 잘 모르는 채 박정희 신화에 속고 길들여진 사람들의 추종과는 질이 다르다.

박정희 시대를 대표하는 몇 사람 중에 손꼽히는 사람으로 이선근이 있다.

그는 만주에서 오족협화회 사무국장을 할 적부터 박정희와는 인연이 있었다. 그래서 박정희의 등장으로 만주 인맥이 고개를 처 들고 출세 길에 나설 때에 그가 빠질 수 없었다. 그는 일제하 친일에서 해방 후에는 이승만 편에 빌붙어서 우익청년단 간부로서 공을 세워 이승만의 인정을 받고, 대학의 좌익숙청에 능력을 발휘하고, 정훈국장으로 별을 달았고, 3개 대학의 총장을 역임했고, 정신문화원장이란 어용학술기관의 장까지 했다.

그런데 그가 세상을 웃긴 것은 대학총장 취임사로 '유신정신'과 '새마을 정신'을 든 것이다. 이승만 시절의 한글간소화를 하겠다고 장관자리를 타고 앉는 기발하고 몰염치한 짓거리를 한 사람이니 할 말이 없다. 그렇지만 명색이 대학총장을 하는 인물의 취임사가 이 정도니 할 말이 없다. 하기는 지금도 박정희 그늘에서 출세가도를 달린 사람으로부터 전두환의 집권공작인 민정당 창당을 거들은 인물이 총장행세를 하니 할 말은 없다.

군정시절에 민주화에 대한 반역을 직·간접으로 자행한 부류는 거의 예외 없이 박정희 시절을 그리워하고 있다. 개혁을 위험시하고 빨갱이로 매도하고 있다. 그럴 수밖에 없을 것이다. 개혁은 결국 자기들이 설 땅을 없애니까.

그렇기 때문에 '과거사법'을 한사코 반대한다. 예전처럼 정면 반대하는 미련한 짓을 해서 미움이나 반발을 사지 않고, 그럴듯한 구실과 트집을 잡아서 법률내용 자체의 뼈다귀를 뽑아버려서 흐물흐물하게 만들고 쐐기를 박아서 삐꺽거리고 제 발등을 찍게 만든다. 그러면서 계속해 매카시즘의 무기를 항상 휘두른다.

| 정신 차리지 못한 정치인과 지식인의 안이한 발상과 자세

개혁은 정당간의 타협과 양보의 흥정꺼리 정도로 생각하는 이들이 있다. 여기서 박정희나 전두환 등 그들이 권력을 장악하고 있을 때에 그들의 행태가 어떠했는가, 그들이 자행한 행실이 어떠했는가 하는 것을 생각해 보라! 그들이 양보하고 타협하고 상생하자고 했는가? 민주화를 제기하면 빨갱이로 잡아넣었고, 고문하여 없는 죄도 날조해 죄를 들씌웠고, 직장에서 쫓겨내어 가족을 파멸로 이끌어가고, 생사람을 망신주고 한 짓을 잊었는가?

특히 박정희는 섹스 스캔들로 정적을 망신 줘 매장하길 즐겼다. 이병린 대한변호사회 회장도 민권운동을 하다가 간통죄로 변호사 자격 박탈당하고 온갖 망신살이 뻗쳤었다.

물론 관용과 용서도 있어야 한다. 그런데 언제 그들이 용서를 빌고 사죄하며 그에 상응한 행동을 하였는가? 정치과정에서 개혁의 문제는 소풍놀이나 유한층의 카드놀이 게임이 아니다. 우리는 민족으로서나 국민으로서 또는 개인으로서도 개혁은 사활이 걸린 문제라는 것을 새삼스럽게 확인하여야 하나?

정치인은 그야말로 국민을 위한 일을 해야 한다. 정치인이 돈을 벌고 부자가 되는 나라는 망한다. 세계 어느 나라를 두고 봐도 정치로 돈을 번 사람이 감옥을 안가는 나라가 있나? 처칠은 그가 죽은 후에 그의 미망인이 돈이 없어서 처칠의 유품을 팔았다. 고르바초프도 연금으로 살아가기 빠듯해서 강연 등 생계 유지형 활동을 하고 있다. 우리처럼 가난한 계층이 많이 있는 나라에서 돈 모은 정치인이 있다면 그는 감옥에 가야할 사람이 아닌가?

  세상이 사정없이 변하고 우리의 처지가 한시도 마음 놓을 수 없는 어려운 시기에 달하고 있다. 정치인이 일본처럼 건설업자 브로커 노릇하는 나라가 되지 말아야 하겠다. 우리가 그러한 정치인을 도태시키는 주역이 되지 않으면 개혁을 할 수 없다. 개혁을 안 하고 박정희 시절로 돌아가면 어떻게 될 것인가는 새삼 경고하지 않아도 알아들어야 한다. 지금처럼 뻔뻔스럽게 쿠데타와 반민족 반민주의 장본인을 미화하는 얼빠진 작태는 깨부숴야 한다.

  박정희 시절을 교묘하게 깜찍하게 기술적으로 미화하려는 사이비 지식인에게 더 주절대고 있을 틈을 주지 말라(2005.5.25).

한상범 교수 "김형욱사건 조사, 이용당할 수 있다"
[인터뷰] 한상범 전 의문사위 위원장 "책임 있는 기구서 제대로 조사해야"

• 이민우 기자 •

"(국정원 발전위의 발표로) 김재규는 자기의 전임자를 학살하는 교사범이 됐을 뿐 아니라 자기의 상관인 박정희를 직접 살해하는 일종의 박정희 암살 정범으로 부각됐습니다. 결국 박정희는 피해자 또는 순교자라는 식의 이미지 메이킹을 할 수 있는 소지를 주는 게 있다고 오해받을 수 있는 일입니다."

한상범(동국대 명예교수) 전 대통령소속 의문사진상규명위원회 위원장이 지난(2005년 5월) 26일 〈국정원 과거사 진실규명을 통한 발전위원회〉(아래 '국정원 발전위', 위원장 오충일)의 김형욱 실종사건 중간발표 내용과 관련해 한 말이다.

국정원발전위의 발표는 그 의도와는 상관없이 김재규가 자기 전임 부장을 살해하고 자기 상관인 박정희까지 암살한 악인으로 낙인찍어서 사건의 실체를 김재규 문제로 둔갑시키고 만다는 지적이다.

한상범 교수는 "박정희가 집권할 당시에 모든 정보공안기관은 박정희의 정치적 야심으로 말미암아 사조직으로 전락됐다"면서, 그렇기에 "(김형욱 사건 조사는)박정희의 직간접 지시나 양해, 비호 하에서 진행된 책임소재를 분명히 전재하고선 김재규나 그 밖의 중간 책임자가 어떻게 손을 썼다는, 이렇게 나와야 한다"고 강조했다.

이번 발표 의도에 대해서도 한상범 교수는 "진짜 국정원의 발전을 모색하는 순순한 동기라곤 하지만, 이것을 이용할 수 있는 사람이 있다"면서 과거 청산을 반대하는 세력에 의해 일종의 김빼기나 면역성 기르기의 의도로 이용될 수 있으며, "사전에 정찰해 갖고 이용해 볼 수 있는 최악의 상태에 대해서도 의혹이 있다"고 힘주어 말했다.

또한 한 교수는 "우선 이번 발표로 확인될 수 있는 건 독재정권의 정치공작에 상당히 문제가 있다는 것"이라며 "그런데 이걸 국정원에 설치된 임의적인 잠정 임시기구, 법률적 근거도 없는데서 조사해서 결론을 내 발표한다는 게 바람직 하느냐"는 문제를 제기했다.

"임시 잠정으로 된 위원회를 만들어 조사한다는 건 취지는 좋을지 모르지만, 그 위원회가 능력과 권한이 있느냐, 그 위원회의 조사 결론을 어느 정도 법적으로 인정할 수 있고, 공신력을 법적으로 뒷받침 받을 수 있는가는 상당히 큰 문제입니다."

한상범 교수는 미국 CIA의 정치 공작 등에 대해 연방의회 정보위원회가 조사해 결과를 공표하는 걸 예로 들며, "우리나라에서는 안보니 뭐니 해서 일부 정보기관에 대한 예산문제 등을 취급하면서도 유독 공안정보기관의 정치공작에 대해선 확실한 조사를 안 했다"고 질타한 뒤, 국회를 중심으로 한 정보기관에 대한 통제가 중요함을 역설했다.

▲ 한상범 교수는 "우선 이번 발표로 확인될 수 있는 건 독재정권의 정치공작에 상당히 문제가 있다는 것"이라며 "그런데 이걸 국정원에 설치된 임의적인 잠정 임시기구, 법률적 근거도 없는 데서 조사해서 결론을 내 발표한다는 게 바람직하느냐"는 문제를 제기했다. ⓒ 이민우

이어 그는 김형욱 납치 살해 때 이상열 공사 관용차인 '푸조 604'를 사용했다는 것에 대해 "김대중씨 납치 사건이 일본에서 결정적으로 드러나게 된 건 납치 현장에서 당시 중정 일본 책임자였던 주일한국대사관 공사였던 김동운씨의 지문이 찍힌 게 발견됐기 때문"이라 지적한 뒤, "외교관 차량의 움직임이고, 외교관 차량 중에서도 정보참사관이나 정보관계자의 차량이라면 외국에서도 무심하진 않을 텐데, 그렇게 서툴게 하겠느냐"고 의혹을 제기했다.

2005년 5월 30일 오후 서울 종로에 있는 한 식당에서 만난 한상범 교수는 1시간 30여분 동안 국정원발전위의 위상과 법적 책임성 문제는 물론, 사건 발표의 허술함을 조목조목 꼬집었다.

| 아래는 한상범 교수와 나눈 문답 전문. "잠정 임시기구서 조사 발표한 게 바람직한가"

- 지난 26일 국정원발전위에서 김형욱 실종 사건에 대한 중간발표를 했습니다. 이 발표 이후 오히려 진실이 뭐냐는 의문이 더 커지고 있는 상황인데, 이번 발표를 어떻게 보십니까?

"우선 이번 발표로 확인될 수 있는 건 독재정권의 정치공작에 상당히 문제가 있다는 겁니다. 그런데 이걸 국정원에 설치된 임의적인 잠정 임시기구, 법률적 근거도 없는 데서 조사해서 결론을 내 발표한다는 게 바람직 하느냐는 겁니다.

우리나라에서 각종 정보나 자료를 수집 관리하고 있는 국정원의 정체는 뭐냐고 묻지 않을 수 없습니다. 이것은 국정원이 직간접으로 관련돼 있으며 정치적, 도의적, 법적 책임을 지고, 국정원 스스로나 국회 등 그 밖에 권한 있는 국가기관에서 조사 발표해야 할 중요한 사안입니다.

국정원이 자료를 제공해서 규명할 의지가 있고 여건이 돼 있다면 왜 스스로 자신들의 잘못을 담은 백서라든지 자기 책임 하에 발표를 못하는가, 사안의 중대성과 우리나라 정치공작의 범죄성을 극복하는 과정에 대단히 바람직하지 못한 양태가 되는 것입니다.

1961년 중앙정보부가 쿠데타로 창설된 이후, 4대 의혹사건(증권파동, 워커힐 사건, 새나라 자동차 사건, 파친코 사건)과 민주공화당 사전 비밀 조직 공작, 대선 앞둔 야당 세력 조사 포섭공작 등을 해 온 건 사실이에요. 그런데도 이런 일들에 대해 한번도 제대로 진상을 공개하는 정리를 안 했습니다."

- 국정원이 진실로 진상규명의 의지가 있다면 법적 구속력과 책임성이 없는 임시기구를 만들어 발표한 건 적절치 않다는 말씀이시군요.

"그렇지요. 그런데 그게 안 되고 있는 겁니다. 그뿐 아니라, DJ(김대중 전 대통령) 자신이 납치 살해 위협 공작의 수모를 당했던 사람인데, 그 당사자가 대통령으로 5년 동안 있는 동안에도 김대중 납치 사건은 전혀 정리가 안됐지 않습니까. 오히려 외국에서 아무개가 공작의 주역이었다는 얘기가 떠오르고, 우리나라 정보기관에서만 지금까지도 방치되고 있습니다. 이 외에도 많은 미궁에 빠진 사건이 있습니다. 이런 걸 임시 잠정으로 된 위원회를 만들어 조사한다는 건 취지는 좋을지 모르지만, 그 위원회가 능력과 권한이 있느냐, 그 위원회의 조사결론을 어느 정도 법적으로 인정할 수 있고, 공신력을 법적으로 뒷받침 받을 수 있는가는 상당히 큰 문제입니다."

| "국회를 중심으로 한 정보기관 통제 주력해야"

- 이미 국정원과 경찰, 군에서 자체로 진상규명을 한다고 각각 위원회를 꾸려 조사하는 건 공신력을 인정받을 수 없다는 말씀이십니다. 그러면 이 문제를 어떻게 풀어야 한다고 보십니까?

"1961년 쿠데타 이래 40여년이 지났습니다. 그 후 문민정부라는 과도체제를 거치면서 군사쿠데타를 저지른 신군부는 처벌하고 개혁하는 DJ 정부에서 노무현 정부까지 왔습니다. 그런데 그 동안 국회는 뭘 하고 있었느냐 이겁니다. 현 국정원은 미국의 중앙정보부(CIA) 체제를 모방해서 만든 것인데, 미국에서 CIA를 국민대표 기관의 수임 받아 통제하는 것은 연방의회 양원이란 말이에요. 미국에선 CIA의 활동을 연방의회 정보위원회에서 필요시는 물론 정기적으로 제반 사항과 특히 문제가 된 공작 사건에 대한 감사와 조사를 하고 필요하면 청문절차로 공개조사까지 하고 있습니다. 예를 들면 연방의회 정보위원회는 미국 중앙정보부가 1970년대에 자행한 칠레의 아옌데의 정부 전복과 아옌데 대통령의 암살에 대한 조사를 진행

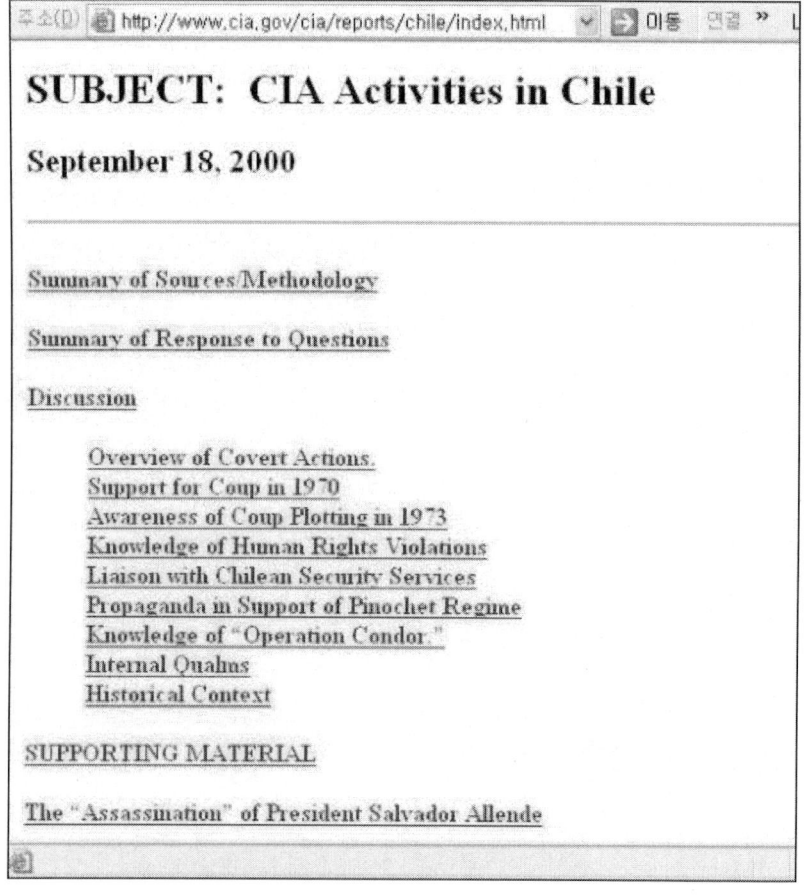

▲ 한상범 교수가 프린트해 보여주었던 문건의 인터넷 화면. 제목이 "CIA Activities in Chile"[칠레에서 중앙정보부 행위(공작)]이며, 아래쪽에 살바도르 아옌데 대통령 암살 관련 항목이 있다. 문서는 2000년 9월 18일 작성됐다. ⓒ 이민우

했습니다. 그리고 그 기록이 인터넷에도 공개돼 있어 우리도 열람할 수 있거든요. 그런데 우리나라에서는 그런 것을 안보니 뭐니 해서 일부 정보기관에 대한 예산문제 등을 취급하면서도 유독 공안정보기관의 정치공작에 대해선 확실한 조사를 안 했습니다.

보안사의 민간인 사찰 디스켓 유출사건이 일어나 세상을 놀라게 하고 보안사의 이름을 기무사로 바꿨습니다. 그런 사건들을 겪으면서 국방위원회나 정보위원회는 뭘 했느냐, 말로만 정부 속의 정부고 정부 위에 있다는 횡포와 권한의 비대화를 걱정할 것이 아니라 국회를 중심으로 한 통제를 좀 더 모색해야 한다는 얘깁니다.

나아가서는 국회 뿐 아니라 대통령이 국가원수로서 감독 권한과 책임을 가졌기에 어떠한 형태로라도 명령과 통제로 이 문제를 풀어야 합니다. 정보기관으로서 각 기관이 자기 주관하에 투명하게 적법성을 담보한 스스로의 노력을 해야 하는데 이런 것이 안 된 게 의아스럽고 유감스럽습니다."

"박정희의 직간접 지시나 양해 등 책임소재 분명히 전재했어야"

• 국정원 발전위의 발표가 오히려 최근 사회 일각에서 벌어지는 박정희 미화와 김재규 악인 만들기 등의 정치적 목적에 악용된다는 의혹을 제기하는 분들도 있습니다. 조사결과 김재규의 지시로 중정 주 프랑스 거점 이상열 공사가 주도하여 김형욱을 살해했다는 내용에 대해 어떻게 보십니까?
"어떤 정보공안 책임자 개인의 자의로 할 수 없고, 그 이상의 최고 국가 책임자의 지시를 받아 할 수밖에 없는 걸 특정인 김재규의 주도로 암살을 했다는 식으로 부각시키고 있습니다. 이것은 말초적인 일부를 과대하게 포장해서 여론을 오도할 우려가 있단 말입니다.

박정희가 집권할 당시에 모든 정보공안기관은 박정희의 정치적 야심으로 말미암아 사조직으로 전락됐습니다. 사조직으로서의 제반 문제가 정치공작으로 나온 거니까. 박정희의 직간접 지시나 양해, 비호 하에서 진행된 책임 소재를 분명히 전재하고선 그 과정을 따져서 김재규나 그 밖의 중간 책임자가 어떻게 손을 썼다는, 이렇게 나와야지요.

그게 아니라 김재규는 자기의 전임자를 학살하는 교사범이 됐을 뿐 아니라 자기의 상관인 박정희를 직접 살해하는 일종의 박정희 암살 정범으로 부각됐습니다. 결국 박정희는 피해자 또는 순교자라는 식의 이미지 메이킹을 할 수 있는 소지를 주는 게 있다고 오해를 받을 수 있는 일입니다.

또 공사는 정보기관 사람으로서 중앙정보부 요원으로 외무부 직원으로 파견 나가는 것인데, 주불 공사 아무개가 아니라, 정보부 요원으로서 타 기관에 위장 잠입되어서 직책을 수행하는 주불공사 아무개로 분명히 표현돼야 합니다. 그래야지 국민이 오해를 안 합니다."

| **"전체 구도 속에서 해명해야 진실에 접근 가능"**

- 지난 4월에 한 주간지(《시사저널》)가 '양계장 살해설'을 보도한 바 있습니다. 그런데 이번에 국정원 발전위는 이 설을 주장한 사람은 조사도 하지 않았습니다. 또 일각에선 이번 발표가 거의 신현진이란 인물의 일방적 진술에만 의존해, '양계장 살해설'과 차별성이 없는 설에 머물고 있다는 지적도 있습니다. 어떻게 보시나요.

"신현진이라는 연수생이 하수인으로 했다고 하는데, 연수생을 하도록 지시했다거나, 동참했다든지 하는 전체적 구도를 밝히지 않으면, 얼마든지 소설 같은 내용을 만들어 낼 수 있습니다. 진실을 밝히는 조사방법으로서는 상당히 위험성을 내포하고 있는 겁니다. 연수생 두 사람을 중심으로 사건을 부각시키는데, 이 사건은 행동의 제반 궂은 일을 연수생이 했다는 식이겠지만, 전체 구도 속에서 문제를 해명해야 진실에 접근할 수 있는 것입니다."

- 김형욱 회고록을 쓴 김경재씨는 당시 김재규 부장은 유신체제가 빨리 종식돼야 한다는 입장이었는데 그런 사람이 해외에서 반 박정희 운동을 하

▲ 한상범 교수는 "지금이라도 늦지 않으니까 정보기관 국정원 자가 책임지고 이 사건 하나라도 책임 있는 보고를 국민에게 해야 한다"고 역설했다. ⓒ 이민우

던 김형욱을 제거하란 명령을 내릴 리 없다는 식의 반응을 보였습니다. 교수님께서 어떻게 보십니까?

"김재규가 박정희와의 관계를 일단 끊는다, 박정희를 거세해야 유신의 종지부를 찍는다는 결심을 한 것은 단기간의 결정으로 실행한 것으로 볼 수 없어요. 자기 부하들을 설득시키고 자기를 따르게 하려면 적어도 수개월의 기간이 필요했을 텐데요. 그런데 박정희 제거 19일 전에 반드시 김형욱을 제거해야할 필요가 있었겠는가 하는 문제입니다. 제거할 수밖에 없었다면 박정희의 특명이 직접적으로 작용해서, 자기의 거사시도를 은폐하기 위해서 시도했을 것으로 가정할 수 있는데, 이것은 어디까지나 예외적인 특수상황을 가정하는 거죠. 상당히 의문점이 있다고 봅니다."

| 미 국무부 9일 실종설 "반증 근거 밝혔어야"

• 지난 20일 언론에 보도된 미 국무부 비밀문서(1980년 2월 29일 주한미대사관에 보낸 '주간 동향보고서 한국판')는 김형욱의 실종시기가 신현진이 살해했다는 10월 7일보다 이틀 늦은 9일이라고 돼 있습니다. 더구나 김형욱은 파리를 떠나 스위스 취리히를 경유해 사우디아라비아 다란으로 간 것이 확실하며 거기서 행적이 묘연해졌다고 밝히고 있거든요?

"파리를 떠났다는 얘기가 되는 거죠. 그 보도가 정보 공개된 문서에 근거해 나온 거니까 터무니없는 건 아니란 말이에요. 미국무부의 직접 공개 문서라면 어느 정도 신빙성이 있다고 봐야 하는 겁니다. 그렇다면 국정원 발전위의 발표는 그냥 소설쓰기 픽션이 돼버리는 거죠. 이에 대한 특별한 반증 근거를 밝히지 않은 채 부정한 것도 문제이지요."

- 국정원 발전위의 사건 발표에 따르면 김형욱을 살해는 중정 연수생이 직접 한 것도 아니고, 제3국인 2명을 고용해서 죽였다고 얘기하고 있지 않습니까?

"연수생이 직접 살해를 안 하고, 사람을 고용해 돈을 주고 죽였다는 거지요. 10만 달러라면 상당히 거금입니다. 10만 달러 이상을 공금에서 유출을 했다면 주불 공사 맘대로 하는 것도 아닐 거고 본부선까지 결제가 나왔을 거란 말이에요. 그게 어떤 명목으로 결제가 되었고, 그 금전 처리 등도 말초적인 문제 같지만 확인을 했어야 합니다.

또 제3국인 고용설이란 것은 사건을 미궁으로 빠뜨리기 참 좋은 거거든. 무책임하기 짝이 없는 거예요. 또 직접 사체 확인도 안하고 나아가서 처리 과정을 어떻게 했다는 건 자기들도 들은 거지, 직접 손을 안 댔다는 것 아닙니까. 이것은 얼마든지 소설을 쓸 수 있는 것이기 때문에 엉성하지 않습니까."

|"관용차로 납치 살해했다는 것도 의심 가는 부분"

- 더구나 중정 프랑스 책임자인 주프랑스대사관 이상열 공사 관용차인 '푸조 604'로 김형욱을 납치한 뒤 살해했다는 내용이지 않습니까?

"그렇죠. 외교관 차량의 움직임이고, 외교관 차량 중에서도 정보참사관이나 정보관계자의 차량이라면 외국에서도 무심하진 않을 텐데, 그렇게 서툴게 하겠느냐. 이미 김대중씨 납치 사건이 일본에서 결정적으로 드러나게 된 건 납치 현장에서 당시 중정 일본 책임자였던 주일한국대사관 공사였던 김동운씨의 지문이 찍힌 게 발견됐기 때문이거든요. 그런 과거의 전례가 있는데 교훈으로 삼지 않고 자기들의 관용차를 끌고 다니면서 납치 살해를 했다는 것도 신중치 못하다고 할까. 의심이 가는 부분이지요."

- 국정원발전위는 이번 중간발표의 동기를 "세간에 구구한 억측과 근거 없는 낭설이 난무하여 국민들에게 혼란을 주고 있을 뿐만 아니라, 국정원의 진실규명 노력에도 부정적 영향을 끼치고 있어 일단 이를 정리할 필요가 있어서"라고 주장하고 있습니다. 교수님은 이번 중간발표를 총체적으로 어떻게 평가하십니까.

"일단 의심을 해 봐야 해요. 조사 발표 의도가 진짜 국정원의 발전을 모색하는 순순한 동기라곤 하지만, 이것을 이용할 수 있는 사람이 있거든. 이용할 수 있는 사람은 이런 일종의 허구적이고 엉성한 발표를 통해서 결국은 유사 사건에 대한 김빼기, 풍선 띄어보기, 정보기관이 으레 그런 거 아니냐, 면역성 기르기의 의도도 가상할 수 있고, 나아가서는 이런 사건을 발표함으로써 지뢰밭에 한 발 들여서 반응을 본다는 의도도 있을 수 있어요. 사전에 정찰해 갖고 이용해 볼 수 있는 최악의 상태에 대해서도 의혹이 있단 말입니다."

| "신중치 못한 자세고 판단, 의혹이나 오해 받는 건 당연"

- 이번 발표가 오히려 과거청산을 원치 않는 세력에 이용될 수도 있다는 지적이신데요. 어쨌든 국정원 발전위는 이번 발표 취지가 '세간에 구구한 억측과 근거 없는 낭설이 난무'하는 걸 막겠다는 거였는데, 결과는 그에 미치지 못하고 있습니다.

"예. 국정원은 물론이고 위원회 자체로서도 신중치 못한 자세고 판단입니다. 여러 가지 의혹이나 오해를 지적 받는 건 당연하고요. 왜냐하면 한 사람의 살인을 단정한다할 때는 충분한 입증자료, 그것이 직접이든 간접이든, 인증이든, 물증이든 그야말로 형사소송법에서 말하는 '불합리한 의문점이 없을 정도'까지는 못하더라도 그것에 준할 정도의 개연성이 뒷받침되는 걸 요구합니다. 이런 건 의문사위에서도 형사소송법의 수준까지 접근하려 했기에 불능 판정한 게 많은 거였거든요. 그런데 김재규가 사주한 걸로 해놨거든요. 그러면서 박스로 단서 조항 비슷하게 만들어 놨어요. 이건 완전히 자기들의 면책 알리바이에요. 박스에 요약해놓고 짧게 놓은 건, 문제가 될 때 **빠져나가려고** 하는 건 아니냐는 의문 을 제기해도 할 말이 없지 않겠는가 생각합니다. 결론 전에 조사결과에서 부실한 거, 구멍 뚫린 걸 요거로 땜질을 해 논 건데. 속 들여다보이는 꾀거든요."

- 그럼 앞으로 김형욱 실종 사건을 어떻게 풀어야 한다고 보십니까?

"문제는 현재 위원회의 위상이나 권한이나 능력, 제반 능력으로 봐서 현재까지 조사 결과도 성과라고 평가받고 싶겠지만, 앞으로도 계속 이 문제를 떠메고 나갈 것이냐는 걸 제기합니다. 결과적으로 공신력이나 대국민 설득력에 한계도 있고, 국가기관으로서의 행위로서 인정을 받을 만한 권한 있는 유책자가 한 것으로 인정하기 힘든 상황입니다. 지금이라도 늦지 않으니까 정보기관 국정원 자체가 책임지고 이 사건 하나라도 책임 있는 보고를 국민에게 해야 합니다. 이미 뚜껑은 열렸고 여기서 엉거주춤하고 위원회에 책임을 떠 넘겨서도 안 되기 때문입니다."(오마이뉴스, 2005.5.31).

국가보안법 어미법의 정체와 그 반민주 실체
일제 악법 '치안유지법'의 잔재는 무엇이 잘못돼 있나?

| 일제 치안유지법이 지켜내려 한 '봉건 관료국가'의 반민주성

일제의 치안유지법은 1925년 제정된 일제 최고의 악법이다. 왜 일제 최고의 악법이냐면 그것이 지켜내고자 한 국가의 정신과 구조는 왕을 신의 자손으로 신봉할 것을 강요하는 신권적 군주전제국이기 때문이다.

왜 그러한 시대착오 정치탄압의 악법이 나오게 되었는가? 그 배경을 보면 일본제국주의 명치헌법 체제 자체가 왕권 중심의 입헌주의 전근대성 때문에 당시에 이미 탄압에 반대하는 민중운동과 식민지 민중의 해방운동에 대해 지배층이 당황하여 그 대안 조치로 만들었다.

무엇보다 근본인 문제는 치안유지법이 지켜내려고 한 국가 이념과 가치는 결코 근대시민국가의 그것이 아니었다. 치안유지법의 최고 법익인 '국체'라는 군주제는 서구식 군주제가 아니다. 근대 권력체제는 중세의 국교제도에서 마녀사냥에 종지부를 찍고 난 후 탄생한 제도이다.

그런데 일본의 왕은 시민의 내심과 모든 가치의 최고심판자로서 권위를 독점한 절대 권력자로서 군림한다(명치헌법 제1조와 제4조의 왕권의 절대주권과 통치권의 총람자 및 왕권의 신성불가침성 규정).

　왕(이른바 천황)을 신의 자손으로 떠받드는 제정일치(祭政一致)의 봉건 신권(神權)제도이므로 사상 감독자가 된다. 시민법치국의 원리인 '중성국가(Eine Neutraler Staat)'와는 다르다. 시민국가의 중성은 내심과 가치는 개인의 불가침 성역으로 보장하는 것이다. 권력의 간섭영역이 아닌 것이다.
　일제 신권국가는 결국은 봉건시대의 이단 심문제도를 다시 끌어들였다. 일본제국의 '국체'가 만능의 최고법가치가 된 것이다. 이 점을 인식하지 못하면 친일파의 정치인식의 시대 착오성을 이해할 수 없다.
　해방 후 친일파가 자기의 입지를 고수하고자, 일제 악법제도를 1948년에 '국가보안법'이란 이름을 붙여 도입하며 그 시대착오 사상과 의식구조에 따른 제도 악을 함께 계승해 인권유린을 자행해 왔다.

| 일제 치안유지법의 국가관의 반민주적 인권 말살 체제의 모습

　(1) 권력자 숭배의 봉건성과 인간존엄 유린의 체제 : 일제 치안유지법이나 그것을 계승한 국가보안법은 국가권력자를 최고의 도의적 심판자인 천자로 받들어 모시고 그 권위에 모든 것을 예속시킨 노예 국가관에 입각하고 있다. 무슨 말인가 하면 시민국가는 권력을 필요악으로 봐서 그 제한과 한정을 제도화한 법치주의이다.
　그런데 보안법체제는 권력자나 그 대리인인 관리가 국민의 사상 도의 등 모든 사사로운 내면질서까지 규제한다. 시민국가에서 각자의 신조와 세계관 및 신앙은 불가침의 영역이다. 그래서 "사상은 벌 할 수 없다"고 한다. 그런데 국가보안법은 개인의 사상과 양심을 권력이 감독하겠다고 해서 중세 이단 심문의 마녀사냥과 마녀재판의 참극을 재현해 왔다.

사람의 사상과 신조 및 교리를 법정에서 재판하는 야만국가로 되는 비밀의 열쇠는 바로 그러한 봉건적이며 시대착오적인 사상 감독이란 관료지배 발상에서 비롯된 것이다.

(2) 표현자유를 압살하는 주문 : '국체'(國體)와 '사유재산제도' ⋯ 치안유지법은 국체의 변혁 금지라고 해서 신권적 군주제에 대한 비판은 물론 벌하고, '사유재산제도'의 변혁을 금한다고 하여 사회운동을 벌하며, 그러한 주장을 위한 모임 자체를 결사구성의 죄로 벌했다.

이러한 악법의 유산으로 우리에게 이어져 오는 것이 '반국가단체'나 '이적단체'구성이란 올가미이고 '이적표현죄'란 "귀에 걸면 귀걸이, 코에 걸면 코걸이 식" 법망이다. 친일파는 여기서 한술 더 떠서 '불고지죄'(不告知罪)란 것을 만들어 아비와 형제자매가 서로 밀고하게 해 이를 애국자라 했다.

(3) 사상을 심사하고 전향시키는 인간성 모멸의 제도 : 권력자가 사상 양심 신조를 감시 감독할 수 있다는 국가만능의 마녀사냥식 발상에서 결국은 권력자가 사상을 선도(?)해야 한다는 망령된 대응책이 나온다. 여기서 서적을 검열하는 금서제도와 전향제도, 사상의 일상 감독을 하는 보안관찰 제도가 나온다.

그것은 국민을 바보나 철없는 아이로 취급하는 인간모멸이며 문명을 거역하고 있다. 그러한 우민관(愚民觀)에 따라 학자의 학설을 처벌하고, 개인의 세계관을 모욕 징벌하며, 사사로운 신앙의 교리를 재판하여, 권력만능의 지옥을 만들어 낸다. 그러한 심판자가 될 만한 만능의 지식과 고매한 권위자임을 자처하는 관료만능의 코미디이다.

(4) 무죄추정과 일사부재리 원칙을 무시한 예방구금제도 : 일제 치안유지법을 그대로 본뜬 예방구금제도는 1970년대 사회안전법의 예방구금제도이다. 아무런 죄가 없는데도 죄를 지을까봐서 미리 가두어둔다는 것이다. 법치주의 기본 원칙인 무죄추정과 일사부재리 원칙을 깡그리 무시, 유린하는 야만스런 처사다. 지금도 보안관찰법 제도가 문제이다.

(5) '사상의 자유 시장' 원칙을 유린 파괴하는 소수 반대 이견탄압의 제도 : 민주제도는 반대자나 소수자 또는 이단자를 용납하는 제도이다. 내 주장의 자유가 소중하면 내 뜻에 반대하는 의견과 신조의 자유도 마찬가지로 소중한 것이다. 그런데 자기 것만이 유일하게 옳기 때문에 유아독존 하겠다는 것은 민주주의는 애당초 안하겠다고 작정한 것이다. 그런 자가 이제까지 무슨 짓을 해 왔는지 보라!

(6) 권력의 한계 규정이 법치의 기본인데 권력만능과 권력남용의 상습화 : 일제의 최대 악법을 치안유지법이라고 하는 이유는 권력은 반드시 법률에 근거하고 그 행사도 법률이 정한 정신과 절차를 따르라는 것인데 이 기본원칙을 깡그리 무시하고 유린해 왔기 때문이다. 권력만능 사고방식과 그 행실처럼 야만스런 것은 없다. 권력만능은 정글에서 사자가 제 멋대로 하겠다는 야만의 세계로 돌아가는 것이다.

바로 국가보안법을 떠받드는 매카시스트들은 자기 비위에 틀리는 이단자들에 대해선 제멋대로 빨갱이 낙인을 찍어 놓고 법률을 난폭하게 무시한 채 고문 학살을 자행해 왔다. 빨갱이는 법률의 보호를 받을 수 없다고 하는 예외의 무법지대를 따로 설정했다. 그리고 서는 온갖 불법과 범법을 자행하며 그것이 자유 민주주의의 수호라고 해왔다.

| 아직도 건재한 치안유지법 잔재의 관행과 제도

 ⑴ 고등경찰과 헌병의 감시를 본 뜬 정보부의 감시와 밀고제 : 이승만 시절에는 특무대와 경찰 사찰계가 정보기관의 대표였고, 군사정권하에선 중앙정보부와 경찰 정보과가 우리를 감시하고 밀고를 권장해 왔다. 밀고와 인간배신의 패륜아가 되기를 권장해서 불고지죄까지 만들어 아비와 형제를 밀고해야 안보를 지키는 애국자(?)가 된다고 어릴 때부터 교육해 왔다.
 ⑵ 이단자에 대한 리스트와 차별 : '위험인물' 또는 '요주의(要注意) 인물'의 명단을 만들어 국민 총감시하에서 이단자를 차별하고 연좌제를 시행해 왔다. 지금 이 악습이 없어졌나?
 ⑶ 예방구금제도인 보안관찰법의 구금요건과 자진신고 : 전향제도를 없애자니까 준법서약제도를 대치하려고 잔꾀를 부려 짜낸 것이 누구인가? 시민사회에서 시민 누구나 준법 책무가 있는데 왜 미운털 박힌 놈만 낙인을 찍는가? 준법서약제도에 대신해서 특정인을 정보기관에 정기로 만날 것을 강요하는 것은 아직도 살아있는 관행이다.
 ⑷ 고문과 가혹행위의 악습과 이근안의 후예들 : 고문과 가혹행위는 여성에 대한 성고문으로 극치에 달하고, 물고문으로 박종철을 비롯해 피의자로 끌려간 사람을 죽이고, 전기고문으로 멀쩡한 젊은이를 폐인으로 만들었다. 이 범죄의 주역이 아직도 명사이고 공직에 있는 유력인사이며 지도급 명사가 되어 있는 나라이다. 남의 나라 이야기가 아니다.
 ⑸ 조리돌리기(다라이마와시)와 별건 입건 : 법률로 정해진 구금기간이 10일인데, 그것을 빠져나가 더 가둬두려고 쓰는 편법이 있다. 일제시절에 고등경찰이 어느 경찰관내에서 석방해주고 즉시 다른 명목과 구실로 다른 관내

에서 체포 구금하는 탈법 방식이다.

이 일제식 악습을 교묘하게 응용해 별건체포로 얼마든지 계속해 잡아두는 묘수를 짜낸 것이 친일파 경찰이며 예전 일제상전의 충실한 추종자이다. 해방 후에도 그들은 공안과 검찰 사법계에서 목에 힘을 주는 실세로 자리를 차지해 왔다.

| 자유 민주주의를 위해 통곡할 일

일제잔재의 최고 악질 폐습이나 그 제도 청산은 저절로 되는 것이 아니라는 것을 지금 우리는 새삼 뼈저리게 느낀다. 50여 년 전 빨갱이 혐의만으로 30여만 명을 집단학살한 피눈물로 얼룩진 상처가 아직 아물지 않고 있다. 그런데 지금도 빨갱이 타령을 하면서 자기와 생각과 의견이 다른 자들에 대해선 잡아넣고 징역 보내라고 아우성을 치는 자가 날뛴다. 참으로 '자유 민주주의'를 위하여 백만 번도 더 통곡할 일이다.

이처럼 가는 길에 어려움이 가로막는다. 그러나 우리는 가야 한다. 시대착오의 찌꺼기를 폐기하고 갈 길을 가야만 인간으로 살 수 있기 때문이다 (2005.10.11).

삼가 조상(謹弔)함! '국가보안법'을
국가보안법 억압체제의 해체 현상

| "어째 이렇게 까지 되었나요?"

지금 서점가는 예전 같았으면 국가보안법 위반의 현행범으로 잡아 갈 증거물이 되어 온 마르크스의 《공산당선언》으로부터 일본 군국주의자들이 치를 떨며 두려워해 불법 참살한 아나키스트인 오스키 사카에(大杉榮)의 자서전과 러시아 10월 혁명의 기록 문학의 극치인 존 리드의 《세계를 뒤흔든 10일간》이 인기서적 진열대를 차지하고 있다.

어디 그뿐인가? '펭귄 고전총서'로 나온 영문판 마르크스의 《자본론》 제1권이 수입되어 진열된 지, 며칠 만에 동이 나서 추가주문을 하고 법석이다.

냉전시대에 매카시즘의 칼바람에 겁을 먹고 움추린 채 잔뼈가 굵은 50대 교수가 나에게 물어본다.

"선생님, 어째 이렇게까지 되었나요? 괜찮습니까? 혹시 빨간 세상이 온다고 걱정하는 '반공 세일즈맨'의 말이 그럴 듯한 것 아닙니까?"

나는 그의 말에 그저 덤덤하게 책 진열대를 다시 보았다. 박정희를 찬양하는 극우의 책도 함께 있다.

"여보게, 박정희란 친일파를 찬양하는 책도 함께 있는데……. 사상과 의견은 찬반으로 대결해 경쟁을 하는 게 정상인 것이 아니겠나? 우리 독서층이 아나키스트 책을 읽고 하루아침에 아나키스트가 될 정도로 무모한 수준도 아니고, 마르크스를 알고 싶다는 것을 징역 보낸다고 싫어질 것도 아닌데. 자네는 오스키 사카에(大杉榮)에 대해서나 유명한 《상호부조론》을 쓴 러시아의 아나키스트인 크로포토킨을 읽었나?"

"아나키스트의 책을 요?"

"물론 아나키스트의 서적이지. 그 밖에도 톨스토이도 아나키스트이고, 단재 신채호(丹齋 申采浩)선생도 아나키스트인 것을 모르나?"

여기서 그의 말문은 막힌다. 그가 지닌 정도의 상식을 가지고선 사회현상에 대한 탐구를 하는 학자가 되기는 어렵다 할까? 가슴이 답답하다.

| 사상은 사상으로 대결하라 …… 나치를 극복하는 독일의 사례

사상과 의견에 대한 대결은 매카시스트의 상투수단인 몽둥이와 주먹질 그리고 고문이 대안이 아니다. '말이 많으면 빨갱이 놈!'이라고 해서 자기 생각을 따르지 않는다고 징역 보내고 때려죽이고 그것도 모자라서 총살한 것이 친일파의 반공 애국이었다. 그러나 그것으로 일을 그릇치고 사람을 함부로 상하게 하고, 스스로도 살인의 자책감으로 잠 못 자는 병자로 만들었을 뿐이 아닌가?

나치의 폭정속의 학살, 특히 사상 양심에 대한 무지막지한 야만적 유린을 체험한 독일인들은 헌법에서 두 가지 제도를 정했다.

하나는 '세계관(世界觀)의 고백'의 자유이다. 누구이고 사람으로서 위엄을 누리고 마음 놓고 산다는 것은 사회적 주체인 인격으로서 생각과 양심에 따라 살아가는 것이다. 이것을 금지하는 권력은 그 권력 자체가 악이고 존립근거가 없음을 스스로 고백하는 것이다. 나치를 겪은 독일 사람은 이 자유의 소중함을 알게 된 것이다.

다음에는 독일헌법은 '양심적 병역거부'와 '집총거부'를 제도로 정해 보장했다. 사람이 믿음에 따라 국가 의무를 이행하는 방식과 수단을 달리할 수 있도록 하는 진정한 공존과 상생의 제도를 마련한 것이다. 위 두 가지 제도로 독일이 안보가 위태로워졌다는 말을 들어 보지 못했다.

| 돈키호테(Don Quixote)가 된 이념재판 – '보안법 위반 금서목록'

신군부시절부터 지금에 이르기까지 국보법 제7조의 이적표현물이란 유죄 증거물이 된 금서의 목록은 몇 년 전 정보공개 재판을 통해 알아낸 바에 의하면 대충 1,200여종이 넘는다.

이 목록에 실린 저자를 보면 마르크스, 엥겔스, 레닌, 모택동, 김일성뿐만이 아니라, 막스 베버와 에를리히 프롬 및 E. H. 카아 등이 눈에 띤다. 그들은 빨갛다고는 할 수 없는 우리가 잘 아는 학자들이다. 더욱 놀라운 것은 한국의 반공명사인 김창순과 김준엽의 5권짜리《한국 공산주의 운동사》를 본 학생도 빨간 책을 봤다고 해서 징역을 갔다.

하기는 100만부 이상이 팔린 인기소설인 조정래의《태백산맥》도 이적표현물 혐의를 벗은 지 얼마 안 된다. 사정이 이 모양이니 한국사회에서 얌전한 모범생은 훌륭한 학자가 되기는 틀렸다. 마르크스를 읽지 못하고 어떻게 사회과학을 할 수 있는가?

미국의 고교생이 읽어야 할 100권의 책에도 마르크스는 성경과 함께 들어 있다. 몇 년 전 영국 시사주간지 《이코노미스트》(2002.12.21)가 세계 최고의 사상가를 꼽은 것을 보면 마르크스가 제1로 꼽힌다.

올해에도 한국의 마르크스 학도는 작년에 이어서 마르크스학술대회를 했다. 그렇다고 그들이 보안법 위반으로 끌려갔다는 소리는 못 들었다. 서점에 펴놓은 마르크스 서적의 몰수소동이 없듯이.

그렇다면 우리는 그만큼 자유로워졌는가?

거기까지는 나가지 못했다. 지금도 마르크스 책을 소지하고, 독서하고, 인용하고, 토론하는 것 때문에 징역 가는 일이 아주 끝난 것은 아니기 때문이다. 거기다가 작년부터 수구를 대변하듯 대법원과 헌법재판소는 국가보안법을 비호하는 소리도 한다. 국회인사청문회에서 소신껏 보안법폐지를 말한 이가 없다.

그렇지만 작년 국가인권위원회는 보고서를 내고 국가보안법 폐지를 정식으로 건의했다. 누가 뭐래도 세상은 달라진다. 이 도도한 세태의 흐름 앞에서 매카시스트는 어쩔 바를 모르고 있다. 뭣부터 손을 대야 할지.

| 보안법과 함께 매카시즘을 역사박물관으로 보내라!

일본에 1980년대 초에 갔을 적에 일본의 어떤 법학교수와 함께 서점을 들렀다. 그는 나를 일본 오사카에 있는 임진왜란 당시 조선인 귀를 잘라 와서 묻었다는 귀무덤인가 하는 곳의 비석을 보여주었다. 이어서 이데올로기서적 전문점을 나의 부탁으로 안내했다.

여기서 그는 내가 금서로 한국에선 보안법위반이 된다는 서적을 사는 것을 걱정스럽게 보고 있었다. 나중에 자기가 한국에 갈 기회에 가져다 줄 터이니 자기에게 맡겨달라고 했다. 그의 입장에서 나를 볼 적에 한국에서 사회과학을 공부하는 사람이 딱하게 보였던 모양이다.

지금 우리는 세상에 더 이상 웃음거리를 제공치 말아야 한다. 우리 스스로가 지적 밀폐 속에 자기를 가두는 짓을 말아야 한다. 전파가 인터넷으로 국경장벽을 무시하고 넘나든다. 지식과 정보가 전파 미디어를 통해서 국경의 장벽을 이미 허물어 버렸다. 아무리 검열과 단속 그리고 처벌을 한다고 해도 약발이 안 듣는다. 독재 폭정의 권력이 존립하기 어려워지는 이유는 정보를 완전히 장악해서 통제하고 조정할 수 없게 된 시대 환경 때문이다.

나는 1970년대에 서적에 대한 세관검열과 전파 통제가 이미 복사기와 타자기 등 정보전달매체가 새롭게 나오기 시작하고 전파 미디어를 통해 정보와 지식이 국경장벽을 무시하고 넘나들어서 권력적 통제와 조작이 어렵게 되었다고 하는 점에 주의를 환기시키는 글을 법무부에서 발간하는 잡지에 썼다(한상범, "한국에 있어서 인권의 문제상황", 《法曹》 제23권 제3호 1974년 법무부). 검열이나 각종 사상통제가 벽에 부닥치게 되었음을 말한 것이다. 구시대의 매카시즘의 좋은 세월이 끝나 가는 것이다.

매카시즘을 위한 용도에 국한되어버린 국가보안법은 그 효용성이 다했다. 그 사용가치인 매카시즘이 바닥을 치고 있다. 더 이상 민주를 역류시키는 용도가 폐기단계에 이르렀다. 지금에는 그것을 역사박물관으로 보내는 일만이 남았다. 그와 함께 세상의 웃음거리가 된 이념 – 사상에 대한 처벌과 학자 사상가에 대한 모독의 무지막지한 야만의 폭거도 함께 보내라.

아직도 국가보안법이 없으면 안보가 흔들린다는 고집은 국민의 애착과 지지로 대한민국의 안보가 유지되고 있는 것을 모른다는 무지의 고백밖에 아무것도 아니다(2005.7.27).

사상은 벌할 수 없고, 학설은 재판의 대상이 아니다
수구언론 대중조작 60년 – 대중을 정신적 불구자로 만들어

| 현대판 노예: 쇠사슬 대신 '카스트'란 사회조작에 제물이 된 피해자

해방 후 가장 악독한 군사독재는 일제식의 '빨갱이 몰이'의 마녀사냥 이외에 여기에 덧붙여서 '특정지역인'을 '천민카스트'로 격하시켜서 지배했다.

그간에 세상이 달라졌어도 그 지배구조의 찌꺼기를 밑천으로 지금도 구기득권 부류는 표몰이에 재미를 들이고 있다. 여기에 족벌과 학벌로 철벽을 쌓고 재물과 권세를 대물림하며 세상을 제 것으로 하여 '떡 주무르듯' 해왔다. 그러한 지배구조의 벽을 허물지 않고선 우리에게 민주와 자유란 것은 말짱 헛소리고 속임수일 뿐이다.

지금 이 자칭 자유주의자는 '자유 민주'를 세일즈하며 실제로는 가장 자유민주를 배반하는 매카시즘을 생계수단으로 해 왔다. 그들의 우민화 대중조작을 담당하여 수구 기득권의 지배를 미화시키는 변장술로 열을 올려온 것이 일부 수구 미디어이다. 그 언론은 친일기득권에 의한 배려와 매카시즘의 위세의 비호를 받으면서 아직도 '안보상업주의'로 단단히 재미를 보고 있다.

| 조작의 기술자의 폭력을 폭로, 고발한 책

박경만의 《조작의 폭력》(개마고원, 2005)은 바로 그 미디어 조작을 다음과 같이 지적한다.

"…… 이 땅의 주류언론의 기사재료 선발, 제목 비틀기, 뉴스크기 조작, 억지해석, 사실날조, 왜곡 따위를 통한 여론조작은 여론의 상궤를 완전히 벗어난 지 오래다. 현재 한국사회의 혼돈과 좌절, 낭패감의 발신지는 바로 약삭빠른 정치적 계산만 빼고는 무지몽매에 가까운 자사이기주의와 계급적 이해에 눈먼 주류언론집단이라고 해도 지나치지 않을 정도이다."

이 수구언론들은 1950년대 말 이승만정권이 조봉암 진보당 당수를 사법살인으로 처형하는 재판극을 벌릴 때도 조봉암의 검찰소환 당시부터 조봉암의 인상을 나쁘게 심어주는데 크게 한몫 거들었다. 그러한 행실은 그 뒤에도 이어져 1980년 광주항쟁의 주역을 '폭도'로 부각시키는데 열을 올려서 신군부의 학살극을 지원했다. 그 이후 그러한 조작은 점점 심해져 지금은 파렴치의 절정에 달하고 있다.

| '3S정책'에서 단세포적 사고자인 우민화의 대중조작으로

우리는 '3S'란 말은 대개 안다. 스포츠, 스크린, 섹스 등으로 대중을 조종한다는 것이다. 무엇을 위한 조종이냐? 자본주의사회에선 물건 팔아먹는 장사를 위한 광고이다. 하긴 '약'광고까지 하고 '술'광고를 하는 판국이니 더할 말이 없다.

　문제는 여기서 그치는 것은 아니다. 상업광고 조작에 못지않게 지성과 판단력을 마비, 거세시키는 일상적 왜곡 과장 날조와 변조로 세상을 바로 보지 못하는 색맹을 만들어 놨다. 그들이 줄 창 불어대는 날조와 조작의 나팔의 피해가 엄청난 것이다. 그러한 분위기속에 살아오며 안목이 잘못된 사람은 '닭'을 '꿩'이라 하고 '개'를 '송아지'라고 우겨대는 지경까지 이르렀다.

　친일독재권력의 지배술은 대중조작을 통해 시민이 스스로 판단하고 선택하는 자유인이 설 자리를 없애 버렸다. "말이 많은 놈은 빨갱이"로 몰아 부치고, 그래도 말 안 들으면 집단학살로 까지 자행한 것이 어디 한두 번 인가?

| '빨간'색 노이로제 시대는 아직 안 끝나

　친일파가 반공주의로 면죄부를 따내 그 반공의 독점관리자가 되면서 무수한 일을 벌려 사람을 해쳐왔다. 주로 자기들의 기득권 유지에 걸림돌이 되는 사람들은 빨갱이로 몰아 싹쓸이해 왔다. 그들은 그것을 '반공'이라고 하고, '반공'이라면 무엇을 하던 치외법권을 누려왔다. 법률위에 군림하는 반공이고, 민주를 깔아뭉갠 반공정책이었다.

　어느 병원장은 빨갱이 노이로제 때문에 '적십자'란 세계 공통의 말도 쓰기에 겁을 집어먹은 나머지, 병원 간판을 '백십자 병원'으로 하려다가 주위의 만류로 결국은 '녹십자병원'으로 바꿔달았다. '붉을 적(赤)'이란 것을 대신해서 '푸를 록(綠)'으로 갈아 달은 것이다. 웃을 일이 아니다. 그는 멀쩡한 친구가 빨갱이로 몰려서 개죽임을 당하는 것을 두 눈으로 보았던 것이다.

| 자유와 민주가 무엇이냐?

자유 민주주의에선 사상, 양심, 신앙 및 세계관의 자유를 인정하고 내심의 자유를 어떤 권력도 침해할 수 없다. 이 기본원리를 포기하라는 것은 스스로 자유 민주주의를 부정하고 거부하라고 하는 것이다.

(1) 생각, 의견, 신조, 학설, 신앙을 처벌하는 자유민주주의는 없다. 이미 17세기 이래 "사상은 벌 할 수 없다"는 원칙이 확인되었고, 마녀사냥을 문명의 이름으로 추방해 왔다.

(2) 의견, 신조, 종교상의 교리, 학설을 재판에서 시비를 가리는 자유국가는 없다. 의견, 신조, 교리, 학설이 내란선동의 요건을 갖추자면 그것을 주창하는 사람의 악의가 입증되고, 그의 영향력이 커서 그 고창으로 인한 '명백하고 현존하는 위험'이 발생하여야 한다.

어떤 학자의 학설상 견해 때문에 대한민국의 안보가 뒤집힐 정도로 위험에 처하는 것은 아니다. 대한민국을 그렇게 우습게보지 말라!

(3) 미운 놈 혼내주고 삐딱하게 뻗대는 놈을 '괘씸죄'로 겁주는 보안법의 안보소동은 누구를 위해 벌이는 것이냐? 진정으로 그러한 소동으로 이제까지 자유 민주를 지켜 왔는가? 솔직하게 말해보라.

자유 민주를 박살낸 쿠데타를 찬양하고, 그 주범을 영웅시하는 하는 것이 자유 민주 수호는 아니다.

| 인간의 양심과 지성을 모독하는 무법자가 설 자리는 없다!

한국의 매카시즘이 반세기 이상 횡포를 부려오면서 결국 사람들이 세상을 보는 눈이나 판단의 잣대가 '흑백논리'만 보이는 외눈박이가 되어 '우물 안 개구리' 꼬락서니로 만들었다. 더욱 안타까운 일은 청소년이 사회와 인간의 복잡심오성을 알기도 전에 모든 일을 '반공'이 아니면 무조건 적으로 증오하는 사고방식으로 단순화시켜 일을 처리하는 단세포 동물로 전락시킨다는 점이다. 인류가 오랜 역사를 통해 쌓아 온 예지와 지성을 포기토록 한 것이다. 이성적으로 사고하는 여유와 아량을 거세해 버린 것이다.

흑백논리와 인간증오를 일상화한 풍토에서 잔뼈가 굵은 이는 정상적인 사회인이 될 수 없다. 더구나 그런 마음과 안목으로는 사회과학이나 철학을 할 수 없다. 그런 사고방식으로선 세계의 어느 지식사회에서도 설 자리가 없다 (2005.8.30).

'한총련 이적규정 철회 권고'는 당연한 결정
유엔 인권위 권고 환영

| '안보'의 법리를 웃음거리로 만들어 온 매카시스트 – 누가 진짜로 안보를 망가뜨리나?

막걸리 보안법으로 징역살아온 사람의 얘기에서 괘씸죄로 신세망친 비판자의 사연에 이르기까지 보안법이 국가안보가 아닌 정권안보나 친일기득권안보로 악용돼 온 사연은 지금에는 다들 알고 있는 상식이다. 여기에 '안보상업주의' 장사도 한 몫하고 있는 것도 알고 있다. 돈 많은 부류가 안보와 반공을 세일즈 하는 행사에 후견자이고 돈 잘 쓰는 고객이란 것도 다들 알고 있다. 일찍이 반공 안보를 내세운 수구 우익의 행사동원에 재정후원자는 전경련, 무역협회, 삼성재벌, 상공회의소 들이라고 하는 것이 2003년 10월호로 발간된 〈신동아〉 308쪽에 실려 있다. 그런 일은 이 때 한번만의 일은 아니라고 봐도 크게 어긋나진 않을 것이다.

그래서 결국은 국가안보란 주문이 맥을 못 쓰게 되고, 점차로 냉소와 실소를 자아내게 하고 있다. 그 책임은 전적으로 안보를 독점관리해서 그 세일즈로 이득을 보는 자들에게 있다.

한총련 이적단체론의 실상

결국 유엔 인권위이사회는 한국법원이 한총련을 이적단체로 불법화해서 각종 단속 탄압하는 것은 결사의 자유에 대한 침해라고 하며 그 시정을 촉구하기에 이르렀다(한겨레, 2005년 9월 3일 1면). 국보법이란 것을 둘러싼 내외의 비판은 1987년 6.10시민항쟁을 거쳐 당연히 폐지론이 나왔다. 그렇지만 당시 수구군정세력은 민주화의 열기를 식혀놓는 회유전법에 성공했다.

특히 군정당시에 보안법을 적용해 온갖 엉터리재판의 주역이 되어 온 공안기관과 사법 관료로서는 보안법 폐기가 무엇을 의미하는지 당장 발등에 떨어진 불똥이었다.

그러나 1997년 대선 당시에도 국제사면위가 대선후보에게 보안법폐기건의 서한을 냈고, 그 이전에는 미국무부까지도 보안법개폐를 제의할 정도였다.

그런데 지금 한총련 이적단체란 법원의 판결은 결국 신판 '연좌제'이고, 미국법리에 따른 표현을 하면 '결사가입에 의한 유죄(guilty by association)'로서 냉전유물이다. 그런데 지금도 한총련 회원이라고 해서 그 신분이 이적단체구성원으로 책임을 지운다. 그러면 이 단체에 수 만 명, 수 십 만 명까지 회원이 될 길을 방치한 것은 어떤 법리인가? 이적단체를 방치해 놓는 고의성이 있으니, 이적표현죄 공범이 되나?

결국 '미운 놈' 가려가며 징벌하는 법리는 무슨 놈의 법리인가? 대륙법식 표현을 해도 이것은 죄형법정주의 정신에 어긋나는 것이다. 미국법식으로 말하면 '적법절차(Due Process of Law)'의 보장에 당장 어긋나는 것 아닌가?

한총련 '이적 단죄'단정과 관련한 법리의 자유민주에 대한 위반 사항

(1) 연좌제로서 위헌성 … 우리는 과거에 매카시즘의 무지막지한 인간사냥에 대한 반발로 헌법에도 연좌제 금지 규정을 두었다(제13조 제3항). 근대 자유국가의 모든 형사법상 법적 책임의 원칙은 행위 주체인 개인이 책임을 진다. 타인의 행위에 대해선 일체 책임지지 않는다. 민사상 부부의 가사 관리에 대한 연대책임이 유일한 예외이다. 그런데 어떤 단체구성원의 문제성 때문에 그 단체구성원 전부가 무조건 책임을 진다는 것은 법리상으로 무리인 억지 아니가?

(2) 무죄추정의 원칙 위반 … 유죄가 확정되기 전까지는 무죄로 추정되어 불이익을 당하지 않는다. 그런데 결사구성원이라고 해서 재판도 받기 전에 이적단체의 구성원으로 추정되는 것은 무엇인가?

(3) 내심과 신조, 학설의 불가침 원칙 위반 … 권력도 개인의 내심과 양심을 침해 못한다. 국가권력도 사생활을 침해 못하고 내심, 신조, 신앙 및 세계관의 자유에 대한 침해를 못한다는 것은 자유제도의 핵심이다. 17세기에 영국 밀턴 사상의 자유론을 통해서 후세에 알려진 자유 이론은 '진리생존설'이라 부른다. 의견과 사상은 그 의견과 사상으로 경쟁케 하면 될 것이라는 논리이다.

(4) 막연하고 불명확인 법률의 사상표현침해는 위헌 … 일찍이 미국 연방최고재판소는 "막연하고 불명확한 법률"에 근거한 처벌을 금지하고 있다. 우리 대륙법식 표현에 따르면 죄형법정주의에 위반되어 무효라는 말이다.

(5) '명백하고 현존하는 위험의 원칙'에 대한 무지와 침해 … 어떤 표현행위

가 안보에 위협이 되는 표현으로서 처벌을 하려면, 일찍이 시켕크사건(1919년)에서 미국 연방대법원 판사인 O. W. 홈즈 판사가 명시했듯이, 그 표현으로 인한 명백하고 현존하는 위험이 있어야 한다. 우리 헌법재판소의 1990년대의 보안법 제7조의 '한정합헌'의 법리도 그것을 많이 참조한 것이 아닌가?

| 권력이 사상과 신조를 독점관리 하던 폭거는 중세 마녀사냥의 일이다

권력자가 사상, 신조 및 신앙으로 부터 심지어는 학설과 교리를 독점관리 하던 시대는 마녀재판이 역사에서 퇴장함으로써 끝장이 났었다. 적어도 서양에선. 유독 나치의 반유대주의와 광적인 반공주의 탄압이나 일본제국의 치안유지법의 사상규제와 전향강제제도만이 예외로 야만스런 잔혹의 극성을 떨었다.

우리가 매카시즘으로 얻은 것보다 잃고 손해를 본 것이 많다는 것은 무엇을 뜻하나? 결국 자유민주주의 알맹이를 말살한 쭉정이 자유민주로 전락시켰기 때문이다. 자유민주의 이름으로 '전향'을 강요하여 인권을 유린해왔다. 원래 자유는 강제하여서 누리는 것이 아닌데도 말이다.

지금도 마르크스를 읽는 학생을 징역 보내고, 마르크스의 학설에 공감을 표한 학설 지지를 빨갱이로 형사처벌 하는 나라가 세계 자유국가 중에 어디 있는가? 더도 말고 헌법과 법률에 있는 대로 법률을 적용하라고 말하는 것이다. 지금의 사법 관료의 실상으로 봐서 그 정도면 우선은 자유의 명맥은 유지된다.

사상과 학설을 이유로 고문하고, 감옥에 보내고, 교수대로 올려야 하는 국가권력은 자유민주주의가 아니다. 자유민주주의를 진실로 아낀다면 자유민주의 가장 소중한 인류공동의 유산인 개인의 이성과 양심의 자유와 세계관의 자유를 존중하라. 그래서 사람이 사회적 인격으로서 존립할 최소한의 기반을 허물지 말라(2005.9.6).

PART

2

정경유착과
부패구조

정경유착 부정축재의 뿌리를 왜 뽑지 못하는가?
침묵의 범죄, 방관자의 책임

- 이 사회의 부패구조의 실체를 방치해 온 자들이여!

정경유착 부패구조의 본 모습을 보고서도

1960년 4월 혁명은 우리 스스로 반민족 반민주 정권을 퇴진시킨 한국판 시민혁명이다. 이 혁명의 개혁 청사진은 비록 1961년 5.16 쿠데타로 좌절되었지만, 당시에 제기한 문제는 한국사회 부패구조의 실상을 그대로 드러내 보였다.

그래서 우리는 무엇이 잘못되고 그 모순구조위에 기생해 이득을 보아온 자는 누구인가를 확인해 보인 것이다. 역사에 교훈이 있다면 바로 그러한 모순구조의 해독을 알아차리고 그것을 방치하지 않는 것이다. 그러나 우리는 책임 있는 지배층에서 시작해 모두가 방관자로 이제까지 살아온다.

당시에 숙청대상인 친일파 반민족·반민주 부류와 그와 유착한 부정축재자에게 칼자루를 고스란히 돌려주었다.

그 하나의 사례로서 당시에 부정선거와 부정축재자로서 감옥에 있던 무리가 그 후에 오늘에 이르기 까지 어떻게 되어 왔는가를 보면 된다. 당시 부정축재자 기업과 그 인사명단에 실린 자들은 독재 권력과 야합해 더욱 승승장구해 졸부로 번영을 누리고 있다.

당시 민주 반역자로 감옥에 앉아 있던 명사란 자들의 면면을 보면 재벌과 감옥에서 사돈을 맺어 오늘 그 자손이 끝 간 데를 모르고 문제의 장본인이 되었다.

| 부정축재처리특별법(1961.4.15. 법률 제602호)이 정한 부정축재 수법

1961년 4월에 시행된 부정축재처리특별법 제2조가 정한 부정축재의 의미와 그 수법은 45년이 지났지만, 그 수법에 큰 변함이 없다. 이번에 삼성과 중앙일보 사주, 정치 브로커(정치인) 3각 트로이카 공생구조를 보면 더욱 그것을 실감한다.

여기서 그 자세한 예를 법률이 정한 내용에 따라 정리해 보자.

"부정축재"를 위 법률 제2조는 공직선거(대선)를 위하여 집권당에 자진하여 돈을 제공하거나 전달한 자나, 공직자(공무원과 정당인)로서 부정선거에 관련한 사실이 있는 자로서 국공유 재산 매각에서 이권취득자에게 특혜융자를 받은 자, 공공 공사에서 매매입찰 수의계약자, 외자구매특혜이득자로서 탈세자와 떼돈을 벌어들인 공직자나 재산해외도피자 등이라고 하였다.

제2조는 그 수법을 12개 항목으로 열거했다. 문제 핵심은 권력상층과 관권을 끼고 국고를 횡령 배임하고 그렇게 하도록 편의를 봐주도록 해 돈을 얻어먹은 브로커 행위 등을 말한다.

위의 제2조 열거사항에서 추가할 것이 있다면 지금은 (1) 부동산 투기와 증권조작을 통해 국민피해를 주고 이룩한 축재 (2) 건물임대업 등 불로소득으로 합법을 가장해 탈세로 떼돈을 벌어들인 자 (3) 독과점으로 시장독점을 통해 부당이득을 챙긴 것 등을 들 수 있다.

이처럼 뻔한 수법을 두고 눈을 멀건이 뜨고 수조원이 '분식회계'니 해외투자니 해서 재산을 빼돌린 것을 놔두고서 뒤늦게 법석을 떨기도 한다. '차떼기 돈 전달' 수법은 이미 세상이 다들 알고 있는 일이 되었다.

그리고 지금 '지하경제'란 사채시장에 숨겨진 검은 돈은 누구의 돈이냐? 몰라서 놔두고 있는가, 알고도 구린데가 있어서 손을 못 쓰나? 솔직하게 서민도 눈치가 아주 없는 멍텅구리라고 언제까지고 깔아 뭉길 것인가?

┃ 럿셀이 말한 '침묵의 범죄'에 대한 경고

럿셀은 1966년 월남전 전범재판개시 연설에서 '침묵의 범죄'를 저지르는 것에 대해 경고하였다. 나는 우리 사정에서 말하면 '방관자의 무책임' 이 이 사회의 부패구조를 끝 간 데 모르게 키워왔다고 말하고 싶다.

이번 사건에 대해서 여전히 수구언론은 일부 재벌과 언론사주가 정치인과 공모하여 거래한 국민배신과 민주주의에 대한 유린과 압살의 범죄에 대해선 슬쩍 비켜가며 정보기관의 도청만을 물고 늘어져서 시선을 딴 곳으로 몰고 가려는 인상을 주고 있다. 지금까지 그런 수법이 몇 번이고 통해 왔다.

│ 그러나 더 이상 안 된다

　정보 공안기관의 도청이 지금 새삼스러운 것이나 되는 듯이 떠들며, 자기가 선량한 최대 피해자이고 수난자인 양 호들갑을 떠는 것은 보기에 민망하다. 누구를 대변한 권력의 공안기관이 그동안 도청과 불법공작을 해 왔는데, 왜 아직도 그 청산에 대해 손을 놓고 있었는가?
　어느 나라 정보기관도 도청을 해오고 있다고 한다. 결코 좋은 일은 아니다. 불법을 방지하는 명목으로 불법이 통해선 안 된다는 것은 누구이고 할 말이다.
　그런데 독재정권의 최대수혜자인 그들이 유독 자기만이 도청피해자로 둔갑하는 것은 밝혀야 할 순서를 뒤집고 있다는 것은 누구나 알고 있다. 왜 그러는지도 우리는 알고 있다.

│ "도둑이 매를 든다(적반하장)"는 식으로 문제를 몰고 가지 말라

　이번 사건에 최대의 피해자는 국민이다. 도둑의 무리로 도청을 당한 자도 피해자이지만, 근본에서 국민배신과 민주배반의 부정을 발각당한 것이 국민이 당한 피해보다 못지않은 것이 아니다.
　그들은 피해자라고 죽는 소리를 하기 전에 먼저 진상을 솔직하게 공개해서 국민의 심판을 받아라. 구태여 피해자로 자처하려면 우선 검찰과 경찰 등 사직당국에 자수하여서 그 사건의 실상을 알려서 조사에 협조할 일이다.

PART 2 정경유착과 부패구조 159

| 정보기관이 성역인 시대가 왜 안 끝나고 있는가?

이번 사건을 당해서 도청 실상이 만천하에 공개되면 그 피해는 핵폭탄의 폭발 위력에 해당한다고 겁을 주고 있다. 누가 피해자인가? 도청을 통해서 일부 정경유착 실태가 드러나면 일부 부패 졸부와 정치 브로커와 밀거래가 폭로되는 것이 두렵다는 말인가?

그럴 수도 있다. 당연히 그렇게 될 것이다. 나쁜 짓을 한 범인도 인권은 보호받아야 한다. 그렇지만 피해자인 국민의 처지에서 알 권리도 당연히 보장받아야 하지 않겠는가? 이 사실은 공공 이익과 관련되는 것으로 폭로자체가 진실이면 면책을 받게 된다는 사실도 형법 제310조가 정하고 있는 것은 상식이 아닌가?

드러나게 될 추악한 사실은 일부 관련자의 명예와 권익이 제한당해도 백일하에 드러내서 국민이 그 실상을 알아야 한다. 그래서 그 잘못의 뿌리를 뽑도록 해야 한다. 이것이 사회부패구조의 모순을 바로잡아가는 순서가 아닐까?

| 기득권자를 너무나 보호해 병든 사회, 이 대로는 안돼

부패와 부정에 기생해 온 친일파를 비롯한 구 기득권자는 아직도 한 번도 반성, 사죄한 적이 없다. 그래도 뻔뻔스럽게 버텨나가는 이 사회가 이상하다고 할 정도이다. 어떤 친구가 나에게 묻길, "당신은 '기득권자'란 말을 하는데, 구체적으로 누구를 가리키나?" 고 했다.

나는 그에게 오래전에 서광선 교수가 쓴 칼럼 이야기를 했다. 서 교수의 말은 이렇다. 그가 쓴 칼럼을 일부 인용한다(한겨레신문, 1993년 11월 13일. 한겨레 논단 : '기득권자'에서 인용).

[기득권자]
1. 친일파 정치인, 지식인, 언론인
2. 이승만 정권시대의 반민주인사들
3. 5.16정치군인세력
4. 유신정권세력, 공화당, 유정회정치인들
5. 유신정권하 정보부 보안사 경찰 검찰요원들
6. 신군부세력
7. 신군부세력의 정권등장에 협조한 국보위 위원들
8. 6공 정치인들
9. 군사정권의 정권유지를 위해 정치 헌금한 경제인들
10. 민주인사·통일인사 등 순수한 학생 운동가들을 무차별 투옥 고문 감시한 치안책임자들
11. 부동산투기자들
12. 재산해외도피자들
13. 전교조탄압인사들
14. 권위주의정권시대의 어용교수 - 언론인들
15. 독재정권을 무비판으로 축복한 종교인들
16. 노동조합운동을 근본으로 반대하는 기업인들

위에 인용한 서광선 교수 말을 참조하여 오늘의 세태를 봐도 알만한 것은 뻔히 알 수 있다. 지금 사회 각 곳 공사의 전문직 엘리트가 부자의 시종 꾼이 된 세상에서 기득권자들이 쳐놓은 학연과 지연 및 혈연의 보호막 속에서 막강한 위력으로 법망을 예전에 한 수법대로 돌파한다고 보는 이도 상당수 있다. 바로 그 점이 잘못되어 온 것 이 아니냐고 물어 본다(2005.8.1).

"김우중은 정경유착·부정축재의 상징"
[인터뷰] 한상범 전 의문사위원장에게 듣는 김우중 사태 해법

• 이민우 기자 •

"사실 김우중 문제는 그 한사람의 문제가 아닙니다. 김우중이 무사해야 김우중 비슷하게 돈 벌어들인 자들이 마음 놓고 계속 그 수법을 써먹으며 해먹고, 재산을 보존한다는 문제가 뒤에 숨어 있는 겁니다."

지난(2005년 6월) 14일 전격 귀국한 전 대우그룹 회장 김우중씨(아래 김우중)에 대한 재평가 운운하는 일각의 목소리 뒤에 숨은 속사정을 꼬집으며 한상범 전 대통령소속 의문사진상규명위원회 위원장(동국대 명예교수: 헌법학)이 21일 오후에 한 말이다.

한상범 교수는 김우중을 대충 처벌한 뒤 사면한다면, "한국사회는 윤리고 정의고 깡그리 실종되고, 그야말로 개혁은 강 건너가고 박정희와 전두환 시대 못지않은 더럽고 치사한 세상이 될 것"이라고 말했다.

| "김우중은 박정희식 개발독재의 부산물인 정경유착과 부정축재의 상징"

김우중에 대해 한상범 교수는 "막대한 국고와 국민 돈을 사기, 횡령, 배임, 외환도피 등 갖은 수법으로 빼돌려 놓고서 도피했던 범인"이라 강조한 뒤, "김우중은 박정희식 개발독재의 필수적 부산물인 정경유착과 부정축재수법의 상징으로 볼 수 있다는 시각에서 평가해야 할 것"이라고 역설했다.

한상범 교수는 박정희 독재정권 시절부터 시작된 정권유착에 김우중 사태의 원인이 있음을 지적하면서 "앞으로 정치계의 개혁이 안 되고 부패구조가 만성적으로 존속되면 돈판 선거가 되므로 기업의 앞잡이 정치인이 대통령이 되는 것에서 한 단계 뛰어서 독과점기업 족벌 속에서 대통령하겠다는 사람이 나와서 성공할 수도 있다"고 우려의 뜻을 밝혔다.

"한국의 독점기업이나 재벌은 독재권력의 '종속적 파트너(동반자)'로서 독재자의 후견 혜택으로 큰 것이 개발독재시대의 일면 아닙니까. 그런데 전두환 집권 시절 이후에는 사정이 달라지거든요."

한상범 교수는 최근 자본의 힘과 관련해 '돈 쏟아 붓기 선거판'이 계속되고 자본이 강해지면서 결국 재벌은 정치인이나 정당에게 큰소리치게 되는 판국이 벌어졌다면서 "그야말로 재벌을 처음 만든 것은 독재권력인데, 지금 그 재벌은 자신을 만든 산모와 유모격인 권력도 어쩔 수 없게 힘이 강해진 독자적으로 노는 괴물"이라고 지적했다.

이어 한 교수는 김우중 문제의 해법으로 김우중의 사죄와 피해보상과 함께 김우중의 범죄와 관련된 공직자와 정치인의 양심선언과 수사협조가 이뤄져야 한다면서 정·관계의 김우중 범죄 관련자들에게 이렇게 경고했다.

"(그들이) 만약 김우중의 공범자로서 다른 빠져나갈 길이 있다고 생각해서 2중 3중으로 국민을 배신한다면, 그야말로 용서받을 수 없는 배신자로서 김우중의 공범으로 스스로를 몰아넣는 꼴이 될 것입니다."

21일 오후 서울 광화문에 있는 한 음식점에서 한상범 교수를 만나 과거청산의 일환이자 정권유착의 고리를 끊는 문제일 수 있는 김우중 사태의 해법에 대해 얘기를 나눴다.

| 아래는 한상범 교수와 나눈 대화의 전문

- 지난 14일 귀국한 전 대우그룹 회장 김우중씨가 구속 수감된 뒤 여러 가지 말이 많습니다. 사실 김우중은 박정희 정권의 그늘에서 생겨난 대기업 총수의 한사람으로 이른바 개발독재의 성공사례로서 꼽혀 온 모델이기도 합니다. 그래서 그의 문제는 단순한 횡령과 배임, 사기와 문서 위조(분식회계), 외환도피와 국적이탈을 통한 재산보존을 위한 술수 따위를 저지른 경제사범으로만 볼 정도로 간단치 않은 것 같습니다.
"좋은 지적입니다. 김우중은 박정희식 개발독재의 필수적 부산물인 정경유착과 부정축재수법의 상징으로 볼 수 있다는 시각에서 평가해야 할 것입니다. 그는 현재 한국인이 아닌 프랑스 국적을 가지고 한국 국고에서 뽑아낸 거금을 도피시키고 해서 몇 년간 인터폴 수배까지 받으며 해외를 전

전하면 도피중이다 돌아온 범죄인입니다. 한국인으로 그를 볼 적에는 막대한 국고와 국민 돈을 사기, 횡령, 배임, 외환도피 등 갖은 수법으로 빼돌려 놓고서 도피했던 범인이지요."

| **"정치계 부패구조 존속되면 독점 족벌 속에서 대통령 나올 수도"**

- 다양한 의견이 있겠지만 김우중이 기업가로 주목받기 시작한 뒤부터 도망치기까지 한 때는 우리사회에서 그래도 제법 화려한 각광을 받았던 '성공한 기업인'이었지 않습니까? 그랬던 사람이 파렴치한 범죄를 저지를 수밖에 없었던 이유는 어디에 있다고 보시는지요.

"김우중은 그의 아버지가 박정희와 연고가 있는 인연을 타고 1967년 5백만원으로 사업을 시작해서 박정희 정권, 다시 말해서 정치권력의 후원과 관료의 지원으로 승승장구하여 10년 전후에서 대독과점 기업의 총수로 부상하였고, 박정희 사망 후에도 여전히 그의 처가 '신 사임당상'을 받을 정도로 부부가 펄쩍거리며 돈과 명예를 한꺼번에 손아귀에 거머쥐려고 했습니다. 1989년에는 그의 입지전적 성공담인《세계는 넓고 할 일은 많다》라는 책을 내서 발간 3일 만에 2만부가 동이 나고 일주일 만에 재판 3만부가 품절이 되었다고 법석을 떨었죠. 나도 한국인 기업가로 재벌의 정체를 알아보려고 그 책을 읽어보고선 하도 말 같지 않아서 쓰레기통에 버렸습니다. 그의 책을 남들이 읽고 속아서 또 다른 피해자가 나올까봐 겁이 나서 누구를 주지도 않고 버렸습니다.

얼마 뒤 그 책을 논박하는 박노해(시인)의《우리들의 사상, 우리들의 분노》(노동문학사 1989년)란 책이 나와서 보았습니다. 이번에 찾아보니 그 책은 있더군요.

그 후에 김대중 정부시절입니다만, 우리가 환란파산으로 박정희 정권 이래의 정경유착으로 경제가 파산해서 한창 허덕이고 있을 때까지도 그는 교묘하게 시류를 타고 살아남아서 곡예를 하는 것을 보고 할 말이 없을 정도였습니다.

그러한 시류편승의 기막힌 재주를 부리는 비결은 예를 들면, 그가 대우학술재단을 만들어 학자들에게까지도 돈을 뿌려주었듯이 정계와 언론계에도 상당히 돈을 뿌려서 자기 이미지 관리와 자기편을 드는 팬을 만들어 나가는데 힘을 쏟고 공을 들인 데서도 볼 수 있습니다.

왜 이런 말을 하는가 하면 그는 한 때 정주영처럼 대통령이 되는 꿈을 가졌던 것 같아요. 그로서 자기를 돌아봐도 문서에 부실기재하는 등 사기수법으로 부정대출을 받은 돈의 뒷거래가 언젠가는 드러날 것이라는 것을 알았을 테니까요. 그러한 개인적 및 사업상의 파탄위기에서 벗어나는 길은 일부재벌처럼 계속해서 그러한 불법 부정대출을 연속적으로 이어가는 것이겠죠. 그래서 정치 권력자가 누가 되었던 그에게 돈을 제공해서 그와 한통속으로 되는 것입니다.

그보다 한수 위는 자기 권력까지 먹어치우는 것이 아닌가요. 대통령이 되면 모든 문제가 간단하게 해결된다고 속단할 수도 있죠. 나는 앞으로 정치계의 개혁이 안 되고 부패구조가 만성적으로 존속되면 돈판 선거가 되므로 기업의 앞잡이 정치인이 대통령이 되는 것에서 한 단계 뛰어서 독과점 기업 족벌 속에서 대통령하겠다는 사람이 나와서 성공할 수도 있다고 봅니다. 이미 독과점 족벌의 자녀가 지난번 대선에 뛰었지 않았습니까."

| "재벌은 자신을 만든 권력도 어쩔 수 없게 힘이 강해진 괴물"

- 박정희 독재정권 시절부터 시작된 정권유착의 검은 뿌리가 김우중 사태의 원인이란 말씀으로 이해하겠습니다. 하지만 우리 국민들의 정치의식도 많이 성숙했고 한데, 독점재벌 중에서 차기 대통령이 될 수도 있다는 선생님의 예상은 너무 비관적이고 또 비약이 좀 심하지 않느냐 하는 지적도 제기될 수 있을 것 같습니다.

"한국의 독점기업이나 재벌은 독재권력의 '종속적 파트너(동반자)'로서 독재자의 후견 혜택으로 큰 것이 개발독재시대의 일면 아닙니까. 그런데 전두환 집권시절 이후에는 사정이 달라지거든요.

선거에서 여야가 재벌 앞에서 손을 벌리게 되고 머리를 들 수 없게 되어 갑니다. 이미 12·12 쿠데타 이후 신군부 등장과정에서 재벌이나 재계의 보이지 않는 뒤에서의 후원이 있었던 것은 언젠가는 밝혀지고 드러날 것으로 봅니다만, 재벌을 권력이 만들어주던 박정희 시대와는 사정이 달라집니다.

재벌이 정권을 만드는 킹메이커의 시대가 한국에도 도래한 것이라고 표현하면 과장이랄지…. 알아서 현실을 직시하여야 합니다.

수구 구기득권 세력의 하나인 전두환 정권이 국민의 열화와 같은 항거에 직면하는 것이 1987년 시민항쟁입니다. 이 위기국면을 모면하려고 전두환과 노태우의 합작 공작으로 '6·29선언'이란 회유책을 써서 9차 개헌을 하면서 대통령선거와 국회의원선거, 지방의원선거와 자치단체장 선거를 모두 따로 하게끔 '토막 치기'를 해서 배수의 진을 친 것입니다. 그래서 대선에서 깨지면 총선에서 만회한다는 식으로요. 그래야 돈을 집중 투입하는

데도 효력이 있거든요. 그러한 위기관리 수법은 그들로서는 성공한 거라고 봐야겠죠.

그래서 지금 아무리 선거제도와 정당개혁을 해도 '돈 쏟아 붓기 선거판'을 당장에 쉽게 시정하긴 어렵게 되었습니다. 그래서 재벌은 정치인이나 정당에게 큰소리치게 되는 판국이 벌어진 것입니다. 그야말로 재벌을 처음 만든 것은 독재권력인데, 지금 그 재벌은 자신을 만든 산모와 유모격인 권력도 어쩔 수 없게 힘이 강해진 독자적으로 노는 괴물이 되어갔죠."

김우중 살리기 전술은 공로 내세운 뒤, 인간적 동정 불붙이는 식 될 것

- 이제 권력구도를 봤을 때 정치권력보다 자본의 힘이 더 우세하다는 지적이신데요. 그런 사정 때문인지 어쨌든 김우중씨가 국외로 출국해서 도피하는 데 별다른 어려움이 없었습니다.

"김우중이 1990년대 말에 사업차라든가, 무슨 이유를 대며 출국했을 때 미국 시사주간지《비지니스 위크》가 김우중은 사실상 망명한 것이라고 보도했던 기억이 납니다. 재산을 빼돌리기 시작한 것을 당시에 이미 내외의 언론계 정계 실업계에서는 다들 알고 있었으니까요. 그런데 이상한 것이 한국의 수사당국이나 행정당국 그리고 정계에서만 꿀 먹은 벙어리처럼 침묵 일변도로 일관해요. 그래서 나의 친구 한사람이 당신도 침묵 하는 편이냐고 나를 몰아세우며 바른 말을 하라고 해요. 나도 이 문제를 제기해보려고 내가 접촉하는 기자나 교수들하고 말을 해봤습니다만, 결국 불발로 끝났습니다."

- 김우중 씨가 귀국하기 전부터 정치권 일각에선 '공과 과를 분명히 해야 한다'느니, '재평가를 해야 한다'느니 하면서 바람을 잡았습니다. 이런 분위기와 함께 만일 김우중의 돈을 받은 정관계 인물이나 정당이 그 정체가 드러나면 일대 혼란이 온다는 식의 우려 섞인 목소리도 있습니다. 지적도 있습니다. 이런 현상에 대해서 어떻게 보십니까?

"김우중 살리기 전술의 수법을 예상해보면 다음과 같은 각본 같습니다. 우선 경제인으로서 김우중의 공로를 내세운 뒤, 인간적인 동정론을 불붙이고, 김우중의 개인플레이를 여기 적당히 꿰맞추고 시기적으로 김우중 정상참작론을 법률론으로 뒷받침하는 무대가 설정되면서 연극이 진행될 것입니다. 그 총연출자가 가족 중 부인이 되느냐 외부 측근이 맡는가, 법률고문단이 끌고 나가는가 하는 문제인데, 현재는 종합적인 거대연출이기 때문에 합동작품으로서 가족이 총감독을 하겠다고 봅니다만…."

- 일부에선 정치권에 미칠 파장이 워낙 어마어마하겠기에 이른바 '정계안정'을 위해 봉합을 서두르지는 못하겠지만 적당히 교묘하게 덮어버릴 것이란 예측도 나오고 있습니다. 재판을 받기 전부터 '사면' 얘기가 튀어나오기도 하는 형국인데요.

"이 사건은 이제까지 해왔듯이 오래 뜸을 들이려고 할 수도 있습니다만, 대충 덮어버리고 사면한다면 큰 일이 아닐 수 없습니다. 온갖 불법 부정을 저지르고도 김우중이 유력한 변호사와 정·관계 연줄과 재벌 동류의 감싸기만 있으면 괜찮다는 예전의 관례가 되풀이 되는 길을 더욱 넓게 터놓게 됩니다. 만일 그렇게 되면 한국사회는 윤리고 정의이고 깡그리 실종되고, 그야말로 개혁은 강 건너가고 박정희와 전두환 시대 못지않은 더럽고 치사한 세상이 될 것입니다. 누가 이중국적 또는 외국국적을 가지고 이 나라의 돈을 훔쳐가도 할 말이 없어지는 거거든요."

| "원래 개혁이란 수술은 아프고 고름은 짜내야 하는 것"

- 어쨌든 정·관계에 김우중이 뿌린 정치자금이랄까요, 속칭 '쥐약'먹은 세력이 드러난다면 정치권과 관료사회는 일대 홍역을 치룰 것으로 보입니다.
"바로 그러한 쥐약먹기 정치를 끝장내는 게 개혁 아닙니까? 지금 '차떼기'한 정당조차도 여론의 타격을 받지 않고 머리를 하늘 높은 줄 모르고 쳐들고 행세하는 것을 보고, 이런 식으로 개혁도 안통하면 우리사회는 어디로 가느냐고 한숨 쉬는 사람들도 있습니다. 원래 개혁이란 수술은 아프고 고름은 짜내야 하는 것이죠. 칼로 베이는 게 아프니까 그냥 놔둔다면 결코 저절로 치료가 되질 않습니다. 그냥 놓아두면 오히려 살이 썩지 않습니까?"

- 김우중의 이번 입국은 그가 빼돌려 숨겨둔 돈을 건지기 위한 마지막 카드이자, 물귀신작전으로 하면 결국 어영부영 빠져나갈 수 있으리란 기대에서 시도된 것이란 인상도 듭니다. 아까도 말씀드렸지만 입국 전부터 '재평가'니 하면서 상당히 치밀하게 계획된 것이란 분석도 나오고 있습니다. 이 문제를 어떻게 보시는지요?
"우선 보자면, 사실 김우중 문제는 그 한사람의 문제가 아닙니다. 김우중이 무사해야 김우중 비슷하게 돈 벌어들인 자들이 마음 놓고 계속 그 수법을 써먹으며 해먹고, 재산을 보존한다는 문제가 뒤에 숨어 있는 겁니다. 그래서 일부 재계에서 그에 대한 편들기가 나오는 것도 무리는 아니지요.

그 다음엔 김우중이 빼돌려 숨겨 놓은 돈을 둘러싼 이해관계자의 속셈과 공작이 당연히 있을 수 있습니다. 김우중 자신은 병자로서 오래 버티지 못할 사정이니 재산을 건져서 가족과 연고자나 살리겠다는 생각도 하리라고 하는 말도 돌고 있고요.

셋째 김우중 사건으로 개혁에 대한 김뽑기(빼기)에 역이용하려는 수구 부패기득권부류의 의도를 걱정하는 사람의 말도 들을 수 있습니다. '세상에 돈 버는 것이 그렇고 그런 것 아니냐. 너는 신선처럼 깨끗한지 한번 털어보자. 좋은 것이 좋은 것 아니냐? 개혁이라고? 웃기지 말라. 해방 후 60년간 친일파세상이고, 지금도 박정희 좋다고 하는데 왜 너희들이 쌍지팡이 짚고 나서냐?' 하는 식이죠.

우리에게 실망과 좌절감을 안겨 줘서 자포자기로 무릎을 꿇게 해 온 친일파가 일제시대부터 써먹어 오는 수법이 생각납니다. 친일 친독재 부류는 우리에게 '뛰어 봤자 별 수 없다'는 좌절감으로 포기하게 하는 절망의 철학을 안겨주어 이 땅의 양심을 뭉개버려 왔습니다.

지금도 이민가고 싶다는 말을 하는 일부사람의 심정을 이해할 수 있어야 합니다. 남의 일로 방관자가 되어서 '죽 쑤어 개 좋은 일 하기'를 일부 부패에 기생하는 무리는 기다리고 있습니다. 그러나 세상은 변하고 있습니다. 그리고 우리는 변하지 않으면 살수 없습니다."

| "돈 받아 먹은 공직자와 정치인은 스스로 양심선언하고 수사 협조해야"

- 강병국 변호사가 지난 4월 29일 대법원에서 확정된 전직 대우그룹 임원들에 대한 형사재판 과정에서 드러난 사실을 인용한 칼럼(〈한겨레〉, 2005년 6월 17일, 26쪽 – 시론: 강병국 〈대우사태 본질을 보자〉 참조)을 보면, 김우중은 1조원의 적자가 난 대우자동차에 1천억원 흑자인 것처럼 문서위조 해 이를 근거로 9조9천억원의 대출을 받았다고 합니다. 뿐만 아니라 대우는 수입서류조작으로 1997년부터 1999년까지 26억 달러를 빼돌리는 등 말로 다하기 힘든 파렴치한 범죄를 저질렀습니다. 이 정도라면 단군이래 최대의 도둑이라고 했던 전두환 보다 한수 위거든요. 김우중 문제를 어떻게 풀어야 한다고 보십니까?
"참여연대 경제개혁센터 김상조 소장은 "김 전회장이 먼저 진실을 고백하고, 수많은 대우임직원과 협력업체, 37만 명에 달하는 소액주주들에 대한 사과와 피해보상을 하는 것이 순서"라고 했습니다(〈한겨레〉, 6월 15일). 아주 좋은 제안입니다. 이와 함께 김우중으로부터 돈받아 먹고 그의 범법에 연관되는 공직자나 정치인은 우선 스스로 양심선언하고 김우중 수사에 협조해야 합니다. (그들이) 만약 김우중의 공범자로서 다른 빠져나갈 길이 있다고 생각해서 2중 3중으로 국민을 배신한다면, 그야말로 용서받을 수 없는 배신자로서 김우중의 공범으로 스스로를 몰아넣는 꼴이 될 것입니다."(2005.6.21).

'삼성족벌 군주국', 이대로 좋은가?
미국 군·산 복합체와 삼성의 '관·산 복합체' - 민주공화제의 파산

| 긴급경고 : 'X파일'로 드러난 실태를 봐라!

지금 세상을 떠들썩하게 하는 정보기관의 도청문제는 그 불법성이나 그것을 보도한 문화방송의 절차상의 실정법 위반의 문제에 초점을 모아가고 있다. 그런데 여기서 도청으로 드러난 핵심문제를 비켜가선 안된다.

삼성재벌이 중앙일보 사주를 통해 정치인과 사법관료에게 뭉칫돈을 뿌리며 관리해 온 사실! 이 엄청난 정-경, 관-경 유착구조를 놔두고선 결국 '삼성족벌 군주제'로 민주공화제를 거세하는 것이다. 문제의 근본은 이 사태를 방치해두면 결국 썩어 문드러진 부패구조에 기생하는 무리의 한 패가 되는 결과를 묵인하는 것이란 점이다. 여기서 정경유착 문제의 외국 사례를 참고하면서 문제 일부를 살펴보자.

| 미 대통령 아이젠하워의 경고 ; 군산복합체가 민주주의 파멸로!

1961년 1월 17일 대통령임기를 마치는 아이젠하워(1953~1961 재임)는 고

별연설에서 군장성이나 고급장교 출신이 군수산업체에 취업하거나 그 업체의 로비스트가 됨으로써 생기는 부작용이 위험수위에 이른 것을 경고하였다. '군산복합체'의 위험에 대해 말 한 것이다.

그는 다음과 같이 경고했다.

"…… 우리는 의회정치에서 원하든, 원하지 않던 간에 군산복합체(the Military - Industrial Complex)에 의한 부당한 영향력에 대항하여야 합니다. 잘 못된 세력(파워)의 파멸적인 발흥의 가능성은 현존하며, 또 앞으로도 계속해 있게 될 것입니다.……"

국가공직자가 퇴직 후에 그가 감독, 감시, 규제하던 업체의 시중꾼으로 되어 그 업체를 대변하게 되는 일은 결국 국가기관 자체가 결국은 특정업체의 꼭두각시가 된다는 것이다. 나아가서 국가라는 공적기구가 자본의 보조기구로 전락하여 공익을 대변할 수 없게 되는 것이다. 이런 말은 미국만의 이야기는 아니다.

삼성 족벌체제의 '관(官:고위 사법 및 행정관료 출신자) - 산(産 :삼성재벌) 복합체'

우리 실정은 이번 정보기관의 비밀녹음 테이프 문제를 계기로 드러난 삼성을 축으로 한 검은 네트워크가 이미 정-관-언(정계-관료계-언론계)을 장악한 실세임을 드러내 보이고 있다는 점이다.

삼성이 주는 단물에 재미를 보아온 부류가 그런 엄연한 사실을 흐려서 감추고, 물타기 하여 애매하게 하고, 시선을 엉뚱한 데로 돌리려고 할 것이다.

경우에 따라선 조만간에 '안보' 귀신까지 들먹이는 매카시즘의 도깨비 방망이를 휘두르려 할 것이다.

그러나 작금의 사정을 보면 그런 식으로 더 이상 국민을 겁주며 지나칠 순 없다. 참여연대측이 퇴임관료의 재벌 영입의 문제를 제기하고 있다. 그 기사에 의하면 삼성으로 간 사법관료나 행정관료 및 학계와 언론계의 면면 등의 실상이 드러나고 있다(한겨레, 2005.8.4, 1쪽 기사 참조).

한겨레 보도에 의하면 기업의 위법행위를 감시, 사찰, 감독하는 판검사 등과 금융감독기관 출신이 삼성영입 인사의 압도적 비중을 차지하고 있다. 참여연대가 행한 278명의 인사분석 결과를 보면 새삼 놀랄만하다.

삼성 등 재벌은 평소에도 유력한 '로펌'(법무법인)의 두터운 지원을 받아오고 있다. 지금 재벌은 어떤 제국의 방어기구 못지않게 탄탄한 무장을 갖추고 있다. 법률로만 무장한 것이 아니라, 언론과 연구두뇌와 명망가의 지원과 비호가 있다. 특히 한국사회의 보이지 않는 세력몰이의 고리인 '학연'과 지연 및 혈연의 그물로 빈틈없이 짜놓고 있다.

한겨레의 이번 보도가 있기 훨씬 이전부터 삼성을 비롯한 큰 손들 앞으로 유수한 정-관-언의 인물들이 줄을 대고 있는 것은 다들 안다. 그래서 도청보도로 드러난 정관계와의 유착문제를 비켜가지 않을까 신경을 곤두세우는 것이다. 이제까지 그렇고 그렇게(?) 해결해 왔기 때문에….

지금 삼성의 사태가 이 지경까지 오자 가장 초조해서 남모르는 고민에 쌓인 무리가 있다. 그들은 명망가나 유지로 행세하는 학계와 시민운동계의 일부 유력자들이다. 그들이야 말로 재벌로부터 교묘하게 합법으로 포장해 은밀히 대접을 받고 있다. 이번 사건을 계기로 일부라도 그러한 사이비 명망가들의 정체가 드러날 것으로 보인다.

| 한국사회의 병리 : 사회적 카스트로서 3대 연고(학연-지연-혈연)

한국사회에서 일찍이 일제지배 시절부터 지금까지 구기득권세력이 '분열지배'의 파편화 정책으로 대중을 지배해 온 수법과 도구는 파벌주의이다. 우리가 1997년 환란 위기로 경제파산이 되었을 때에 〈월 스트리트 저널〉 등 자본주의 사회의 시사잡지들은 한국 자본주의의 병폐로서 '패거리 자본주의(crony capitalism)'이란 말을 썼다. 족벌체제의 자본주의란 말이다.

사실 일본이나 한국은 태생적으로 관료의 특혜로 재벌이 조성되었고, 관료와의 유착으로 성장하며, 정경유착의 체제에서 그 존립을 보증 받아왔다. 그래서 서양식 의미의 자본주의는 해 본 적이 거의 없다. 흔히 '시장경제'라고 떠들지만, 한국이나 일본의 자본이 시장경제 체제란 관치 통제와 특혜경제이다. 한국의 대기업의 성장비결은 관권의 특혜 배려로 독점적 이득을 보증 받은 시장에 대한 독과점의 특혜에 기생해 온 것이 아닌가?

김대중 정부가 재벌개혁에 손을 대고 '부실' 은행에 대해 시정조치를 강구하려고 하자, 일부 재벌의 시중꾼인 사이비 학자와 수구언론은 '은행 사회주의'라고 당장에 상투적인 수법인 매카시즘의 칼날을 들고 나왔다. 한국은 이제까지 자유주의를 옳게 또는 실제로 해 본 적이 없다. 아무리 '경제적 자유주의'라고 해도 '재벌의 독과점의 자유'가 자유의 대명사는 아니다.

지금 우리사회는 일제시절이래 지배해 온 사회적 카스트제도인 학연-지연-혈연의 보이지 않는 '커넥션'(연줄)이 힘을 쓰는 일종의 '신분사회'이다. 사회세력구조의 정점의 핵은 족벌이기 때문에 상위지배 카스트는 혼인관계로 사돈을 맺고, 장인과 사위, 장모와 며느리의 혈연으로 얽고, 처남매부가 되고 하는 등 얽히고설켜서 돈과 권세 및 명망을 상호교류해 배타적으로 독점

한다(서울경제신문 편, 《재벌과 가벌 – 혼맥을 통해 본 한국상류사회》 1992년. 박대령, 《대한민국 사실은》 데일리 서프라이즈 참조). 그와 함께 학연과 지연으로 상하위의 카스트를 구성하여 서열과 지위가 규정된다.

이른바 'X파일'의 공개에 터부(금기)는 없다

지금 우리가 한국의 최대 최고의 사회적 모순구조의 고리인 연고(緣故)관계로 얽힌 관–산복합체의 문제를 눈앞에 두고 옥신각신하고 있다. 지금이야말로 그 실체를 백일하에 드러내서 우리 스스로의 모순구조의 실체를 허물어가는 작업에 착수해야 한다. 여기에는 어떠한 예외도 인정치 않는 원칙고수를 통해서만 그 철벽을 뚫을 수 있다.

이번에 도청이란 사건으로 불거진 문제의 진상을 있는 그대로 밝혀야 한다. 그래서 그에 대한 도의적 정치적 심판을 먼저 국민이 해야 한다. 그와 별도로 범법에 대한 구성요건 해당성과 시효문제를 법률적으로 따지게 될 것이다.

물론 그간의 행적으로 보아서 정보기관의 도청문제는 정보기관 자체나 검찰의 조사로 실마리를 풀어갈 순 없다. 제3의 기관으로서 국회의 국정조사나 국회특위의 조사나 그것도 당파적 제약으로 안 되면 별도의 기관을 특별법으로 설치해야 한다. 여기서 특검제는 사법관료나 법조계의 실상으로 봐서 이번 사건에선 피하고 법조인을 포함한 다른 주체가 참여하는 기관이 조사주역이 될 수밖에 없다.

불법적 정치놀이에 돈 쏟아 부은 비행을 조사하는데 대해서 '안보'라는 구실로 보호를 요청할 기관은 없길 바란다.

다음에 개인의 명예나 프라이버시 보호문제도 공공의 이익에 관련된 사항은 공개를 우선하여야 하는 것이 법의 정신이고 원칙이다(형법 제310조). 그리고 무엇보다 국민은 정치와 같은 공공사항에 관련되는 문제에 대해선 주권자로서 알권리가 있다. 그것이 아무리 추악한 치부라도, 아니 추악한 괴물일수록 국민과 국가에 끼친 해독과 손해가 엄청 크기 때문에 국민이 알 수 있도록 더욱 엄정하게 예외 없이 드러내야 한다(2005.8.9).

"재벌 봐주기인가, 감싸주기인가?"
여전히 헛바퀴 도는 재벌개혁…"과거 답습한 두산 일가 사법처리"

| 이번에도 '재벌 봐주기, 감싸주기'인가?

두산 일가의 비리와 불법 및 범죄는 재벌 문제 빙산의 일각이다. 그동안 검찰과 법원의 손아귀에 잡힌 재벌이 큰 상처 없이 "경제에 기여하신" 수고를 참작해 실뱀장어처럼 법망을 거뜬히 빠져 나왔다.

그럼으로써 그들 재벌은 자기 몸통으로 한국의 법문화란 것이 봉건문화와 일제 잔재가 주된 요소가 되어 아직도 군사폭정 시대의 연장선상에서 못 벗어나고 있다는 것을 스스로 증명해 주고 있다.

이번 검찰의 두산 봐주고 감싸주기는 새삼스러운 일은 아니다. 다만 그것이 이 시점에서 "이번 결정은 두산 보다 삼성을 의식(?)한 것"이 아니냐 하는데 관심이 모아지고 있다는데 특징이 있을 뿐이다(한겨레, 2005.11.12, 19쪽 김인형 칼럼 참조).

'까마귀 날자, 배 떨어진다.'고 두산 일가 처리가 재벌 봐주기 모양새를 갖추자, 기다렸다는 듯이 홍석현이 귀국했다. 물론 홍석현이란 문제 인물에 대해 그렇게 색안경을 끼고 보지 말라는 말이 나올 법도 하지만, 재벌사건에 대한 사례 때문에 하는 말이다.

그 동안의 재벌의 행적을 돌아보면

1960년 3.15부정선거에 가담한 범법주체의 하나가 재벌로서 4.19혁명 이후 부정축재환수법이 제정되고 재벌총수가 감옥에 갇혔었다. 그 이후에 그들 2세나 후계가 지금도 재벌의 주역임은 말할 것도 없다. 그리고 그 당시의 정경유착과 특혜 독점의 수법도 아직도 그대로 이어오고 있다. '재벌천하'가 세상에 따로 없다! 바로 이 땅 대한민국이다!

1961년 박정희 일당의 쿠데타가 있자, 동경에 있던 삼성의 이병철은 6월에 그의 전재산을 국가에 바치겠다고 했다. 물론 그 말 이후에 그는 한 푼도 바치지 않았고 그것을 따지는 사람도 없었다. 애당초 그 말을 믿지도 않았다. 그의 눈치보고 시간벌기와 여론 피하기의 장난이 시작된 것을 알았으니까.

1966년에 이병철은 한국비료의 사카린 밀수 문제가 터지자, 한국비료를 국가에 헌납하겠다고 했다. 이번에는 어물쩍 지나가기가 워낙 분위기가 좋지 않았던지, 1967년 한국비료주식 51% 운영권을 정부에 바쳤다고 한다. 그 후에 어떻게 되었는지 아는 이가 별로 없다. 위에 든 사실은 이만열이 쓴 《한국사 연감》(학민사 간행, 318쪽, 328쪽 및 330쪽)에 실린 것을 참조했다.

경제학자가 재벌문제를 정면에서 거론하려는 의지와 기백이 조금이나마 남아 있던 1960년대 당시에는 삼성의 '삼분폭리' 보도 논쟁을 비롯해서 '매판자본'이냐 외국자본에의 예속문제가 무엇이냐 하는 정도의 활발한 논쟁도 있었다.

그러나 요즘에는 재벌 등 삼성문제에 대한 논의를 한 언론보도나 논평을 보면 김빠지고 언저리에서만 맴돌고 있다. 정곡을 찌르길 교묘한 말장난과 기교로 피하는 듯 한 인상을 받아서 뒤끝이 께름칙하다. 나의 소견으론《역사비평》2005년 겨울호에 실린 한 두 편의 글이 눈에 들어온다. 만일 나의 소견 좁은 무지를 깨우쳐 줄 이가 있으면 쌍수로 환영하고 감사드리겠다.

군정이 시세가 기울고 율곡사업이란 엄청난 비리부정사건이 법정에 올랐을 때에 재벌총수가 법정에서 유죄판결을 받았지만, 어느 누구도 몸 하나 다치거나 재산에 큰 흠집을 내지 않고 끝이 났다. 참으로 어이없는 재판 놀이였다. 서민 몇 십 만원 탈세면 야단야단 맞아 혼이 나고, 배가 고파서 실수를 한 가난뱅이가 법정에서 동정 받았다는 말 못 들었다. 그렇지만, 몇 십억 몇 백억 몇 천억이 문제되는 큰 도둑은 경제 기여가 참작된다. 이것이 우리 사법의 실상이다. 거의 매일 당하다시피 하는 꼬락서니지만, 당할 때마다 우리의 '법치주의'란 무슨 괴물인가 곰곰이 생각한다.

| '미래의 고객'을 의식한 사법관료의 '개혁' 헛바퀴 돌리기냐?

가난한 서민은 몇 만원, 몇 십 만원 정도로 감옥에 간다. 그러나 이번 두산 일가를 보면 326억 원을 "꿀꺽" 소리 내 잡수시고도, '봐주기' 수사 소추로 봐주기의 보살핌을 누린다. 여기서 김우중 대우재벌 총수나 '삼성장학회' 이사장인 이건희의 수사나 재판이 어떻게 될 것인가를 궁금해 하는 것 자체가 무의미한 것은 아닌지 모르겠다.

두산일가의 사례는 미래예측의 리트머스 시험지랄까? 여기서 두산 일가가 잡수신 326억원의 빼먹기 내역을 보자.

> 〈두산 일가 326억 빼먹고 갈라먹기 내역〉
>
> 이자대납 - 139억원
>
> 가족생활비 - 107억원
>
> 세금 등 가족 공통경비 37억원
>
> 회장단 잡비 - 3억원
>
> *추가 참고 : 넵스(40억원)비자금은 박용성 그룹회장이 횡령.
> (위 사실은 한겨레, 2005.11.11. 4쪽 해설기사를 참조했으니, 근거 없다고 잡아떼고 트집 잡지 말 것을 통보함).

　박용성 그가 누구인가? 상공회의소 회장을 역임한 유지 명사로서 매춘의 필요성을 대학에 가서 당당히 역설하였고, 특정교수의 학설을 이유로 그 강의를 들은 학생취업을 배척한다는 매카시즘의 칼바람을 주저 없이 휘두른 장본인이 아닌가? 그러나 대학의 석학 교수나 기개 있는 학생 어느 누구도 그 앞에서 이의나 항의 한마디 못했다. 이것이 우리 현실의 실상인가?

　이래도 되는가? 김영삼정권 당시에 사법개혁이란 형식적이고 가식적인 행사를 할 때에 '전관예우'의 폐습을 없앤다고 야단법석을 떨었다. 대전 변호사 비리 사건이 세상을 떠들썩하게 했다. 그 후에 그 당사자는 무죄이고 보도한 언론은 상까지 받았으나 법률의 망에 걸려 '주인과 손님이 바뀌는' 기막힌 꼴을 지켜봐야 했다.

　여기서 나는 우리가 그런 일을 더 이상 '강 건너 불구경'처럼 놔두고 봐줄 수만은 없는 막바지에 이른 것이 아닌가 묻고 싶다.

자본제 사회의 법률제도와 법적 정의

우리는 '법 앞에 평등'을 믿으려하고 있고, 사실 솔직하게 말해서 믿고 싶다. 그러나 안타깝게도 현실은 우리에게 그것이 실현 불가능한 '가설'이고 구름위에 떠돌며 속이는 '허상'이고 실현될 수 없는 '환상'임을 안다.

아무리 형식적인 법률논리의 가정으로 모든 사람이 당사자로서 대등하다고 해도 돈이 있는 자와 없는 자, 권세와 배경이 있는 자와 보잘 것 없는 빈털 털이, 관권과 줄이 닿는 자와 별 볼일 없는 맹건달은 실질적으로 다르다. 우선 돈을 주어야 법률의 도움을 받을 수 있다. 이 사실은 누구나 다 안다.

물론 유능하고 이름 있고 배경과 연줄이 단단한 변호사는 재벌이 그의 고객이 된다. 로펌도 그의 단골인 가난한 고객에겐 관심이 없다. 그래서 우리는 법률을 돈 주고 사는 세상에 살고 있음을 실감한다.

다만 법률가의 윤리 제1조는 사회정의라고 하는 실오라기 같은 원리와 원칙을 추구하는 정신이 남아있기 때문에 자본제 법률사회의 정의는 유지 된다.

그러나 현실을 돌아보면 우리의 해방 60년은 친일법조의 지배와 독재하에서 법률기술자의 전성시대를 이어오게 해서 정의가 실종된 과거를 안고 살아 오고 있음을 부인할 수 없다. 문제는 여기서부터 발단이 되어 왔다. 이 점을 절실하게 실감하지 못하는 것은 사법관료 뿐만이 아니다. 법조인 전반의 문제의식의 빈곤이 문제이다.

사법개혁은 법률로 말미암은 피해자가 나선 '정의' 찾기로부터

사법개혁은 법률피해자의 억울함을 회복해서 서민이 법과 정의가 있다고 희망을 갖게 하는 전기 마련에서 실마리를 풀어야 한다. 결국 투쟁의 문제다. 루돌프 폰 예링(Rudolf von Jhering)이 가르쳐 오듯이 '권리를 위한 투쟁'을 통해서 가는 길이다.

여기서 나는 호소하고 주장한다. 먼저 법률로 인한 피해자의 문제부터 제기하라! 독재폭정 하에서 법률기술자 노릇을 한 죄 많은 부류는 개혁의 대상은 될 수 있으나, 개혁의 주역을 자처하기보다 개혁의 협조자가 되어야 한다. 이 점을 의식하고 실천하지 못하는 개혁은 '문민정부'와 '국민의 정부'의 사법개혁의 뺑뺑이 돌리기의 되풀이를 면할 수 없고, 결국은 '사이비 개혁'이 될 수밖에 없다. 아직까지 '쪽지재판'과 엉터리 정치재판을 한 죄 많은 사법관료가 법률의 정의를 떠드는 연극은 그만 집어 쳐라!

우리가 들어보고 싶은 소리는 진실이고 정의의 목소리다. 이 목소리는 감나무에서 감 떨어지길 기다리는 바보가 되어선 들어볼 수 없다. 감나무에 올라가서 감을 흔들고 따내야 한다. 법학도에게 제일 먼저 가르치는 것이 "권리 위에 잠자는 자는 보호받지 못한다."는 것이 아닌가? 이 진리를 실천해야 한다(2005.11.16).

PART 3

사법살인의
시대를 넘어

사법살인의 시대를 끝내라
독재시대 정치탄압의 엉터리재판 피해자들에 대하여

'법비(法匪)' 또는 법률을 악용해 도적질하는 무리란 말은 원래 일제가 중국 대륙을 침략할 당시에 중국 사람들이 일본 사람에게 붙인 이름이다.

당시 일본 사람은 관리나 민간인 할 것 없이 법률의 규정을 교묘하게 악용해 재물과 권익을 빼앗고 온갖 나쁜 짓을 하고도 법규의 허점을 악용해 합법을 강변하거나 법망을 빠져나갔다.

심지어 일제는 국제법의 준수 의무를 회피하기 위하여 국가(정부)차원에서도 그런 짓을 했다. 1931년의 만주침략전쟁이나 1937년의 중일전쟁조차도 만주'사변'과 일지(日支)'사변'이라고 이름을 붙였다.

전쟁이 아닌 사건으로, 중국 측을 하나의 폭도로 취급해 전시국제법을 적용하지 않고서 멋대로 하겠다는 속셈이었다.

일본 사람이 조선에 들어와 일찍부터 그런 짓을 해왔다. 예컨대 일본인 고리대금업자는 조선 사람의 땅을 담보로 잡아 돈을 빌려주고 돈을 갚을 시간에는 자리를 피하거나, 심지어 시계를 몇 시간 앞당겨 놓고 기한이 지났다고 해서 조선 사람의 땅을 빼앗았다. 일본제국의 식민지 당국은 조선에서 토지소유권 등기제도를 근대화하면서 대대적으로 토지약탈에 법률을 써먹는 재주를 부려 조선농민을 알거지로 만들었다. 어디 그것으로 그쳤는가? 일본의 경찰은 조선 사람을 사상범으로 계속해서 잡아가두고 싶으면 구금기간이 지나서 석방한다고 내주곤 즉시 다른 사건으로 구속했다. 이른바 '별건체포'에 의한 구금이다. '별건'이 없으면 다른 경찰관할지역에서 석방하고서는 즉시 체포해서 다른 경찰서에 구금했다. 그러한 조리돌리기를 일본말로 '다라이마와시'라고 했다.

그런데 놀라지 말라. 일제식 법비의 수법과 기술은 일제 상전을 받들던 졸개인 친일파가 고스란히 이어받았다. 그들은 그것을 독재자를 위해서 써먹으며 민주화를 가로막았다. 이 점은 과거청산을 못한 우리가 당하게 된 최대의 불행이고 비운이었다.

일제하에서 일제 검찰청과 재판소의 서기나 임시직원 또는 통역생(일본말 통역)으로 있던 무리가 일제패망 후 미군정하에서 벼락출세하여 판사와 검사가 되었다.

그들이 일제식 법비의 수법과 기술을 그대로 전수해 독재권력의 법기술자로 온갖 나쁜 짓을 다했다. 그중에도 독재권력의 법기술자로서 사법살인으로 생사람을 잡아 죽이는 일에 실력을 한껏 발휘했다.

| 박정희정권의 사법살인으로 인혁당사건

독재정권이 자행하는 합법을 위장한 간교한 살인수법이 '사법살인(司法殺人)'이다. 사건을 날조해 생사람을 잡아가두고 고문해서 억지증거를 꾸며 엉터리 재판으로 사형을 선고해 처형하는 것이다.

박정희 정권하에서 대법원이 인혁당 상고심 사건을 1975년 4월 8일 판결했다. 그런데 이튿날인 4월 9일에 8명의 피고인을 처형했다. 이 사건에 대해 스위스에 본부를 둔 국제법률가협회는 '재판 역사에서 최고의 치욕의 날'로 기억될 것이라고 했다.

이 사건으로 인한 희생자는 8명의 사형당한 분들로 집약되지만, 우리가 지나쳐 버려선 안 될 희생자가 또 있다. 그 8명과 함께 유죄판결을 받은 15명은 모두가 징역 15년에서 무기징역을 선고받았다.

그들의 피눈물 나는 사정은 사건의 유족 및 가족들의 원통함과 슬픔을 자아내고 무수한 가정을 파탄으로 몰아가 사람들 가슴에 못을 박아 놨다.

며칠 전 신문에서 '인혁당사건 희생자 30주기 추모제'라는 광고를 본 분이 있을 것이다. 그 밖에도 언론매체가 이 사건을 다루었다. 1975년 4월 지금부터 30년 전에 대학생의 반독재시위를 배후조종한 집단이란 누명을 씌워, 있지도 않은 '인혁당'이란 단체의 명의로 국가전복의 범죄를 시도했다고 해서 군사재판의 1심과 2심에서 사형을 선고했다.

대법원에서는 이 사건판결에 대한 상고심에서 하급심을 그대로 확인하는 판결을 했고, 그 법무부는 이튿날 8명의 피고인에 대해 재심청구의 기회도 주지 않고 전격적으로 처형했다. 당초부터 이 사건은 공안 검사들조차도 중앙정보부의 고문수사의 문제와 증거불충분에 항의하여 사표를 내며 기소를 거부했던 사건이다.

| 유신 쿠데타로 영구집권을 시도해 '법률로 위장한 학살극'

박정희 정권이 왜 그토록 극악무도하게 탄압에 발 벗고 나섰나? 박정희는 1971년 선거운동 중 장충단 공원유세에서 유권자들에게 "이번 한번만 저에

게 찍어주십시오."하며 애걸복걸 호소했다. 투표결과는 김대중 후보에게 근소한 차이로 간신히 승리한 것으로 공표됐다. 그러나 실제론 박정희의 패배이고 김대중의 승리였다. 다들 말은 못하지만 아는 일이었다.

그는 그 후에 국민의 직선으로 당선될 수 없다는 것을 알고 딴 짓을 꾸민 것이다. 그것도 다음에 애당초 국민이 대통령을 뽑는 제도를 없애버리기로 작정했던 것이다.

그래서 그가 꾸며낸 것은 1972년 '10월 유신'이란 쿠데타였다. 직선제 국민투표를 해선 승산이 없으니, 통대(통일주체국민회의)라는 기관에서 뽑는 제도를 도입한 것이다. 장개석을 종신토록 총통으로 뽑는 대만의 국민대회의 제도를 표절한 것이다. 이것이 1972년 비상계엄령을 선포하고 총칼로 위협해 만든 유신헌법이다.

이 '유신'헌법의 '유신'(維新)이란 말은 박정희 딴에는 일본의 명치유신(1867년)에서 따온 것이다. 원래 유신이란 말은 중국고전 시경(詩經)에 나오는 말인데, "모든 것을 바꾸어 새롭게 한다"는 뜻이긴 하지만, 우리말의 그런 뜻은 '혁신'이나 '개혁'이다.

박정희는 일본제국의 명치유신 숭배자이기 때문에 그런 말에서 따왔지만, 한편으론 그럴듯한 말 바꾸기로 대중을 속이자는 의도도 있었다.

이처럼 헌법을 총칼로 뒤엎기까지 해서 새 단장을 했는데 독재에 대항한 반대운동은 겁도 없이 솟아나오고 있었다. 그에 대한 박정희 정권의 대책은 군대의 총칼을 동원하는 긴급조치로부터 정보공안기관을 총동원한 온갖 협박과 탄압을 한 것이다. 인혁당 피고인 8명의 '법살(法殺)' 전후 시기의 살벌한 분위기를 보자.

- 1974년 – 긴급조치를 1호에서 4호까지 남발하며 민주운동 탄압. 민청학련사건 날조해 학생무더기 검거투옥 고문. 육영수 광복절 식장에서 피살.
- 1975년 – 인혁당피고인 4월 8일 대법원에서 사형선고 후 4월 9일 전격처형. 긴급조치 9호까지 남발하며 헌법개정 청원까지도 사형으로 금지함. 장준하 선생 약사봉에서 의문의 죽음을 당함.
  스위스에 본부를 둔 국제법률가협회 인혁당 피고처형을 재판역사에서 최고의 암흑(치욕)으로 규정 비판 규탄.
- 1976년 – 재야인사 민주구국선언. 워싱턴 포스트, 박정희를 대변한 재미 정치브로커 박동선의 로비 스캔들 폭로.

| 사형판결에 도장 찍은 판사는 무엇하는 사람인가?

여기서 그 당시에 사형판결에 도장을 찍은 대법원 판사들의 행태를 보면 더욱 기가 막힌다. 인혁당 사건은 정보기관의 고문으로 날조된 것이 드러나서 공안검사까지도 사표를 내며 기소를 거부했다. 당시의 대법원 판사정도면 그런 일은 다들 알 수 있다. 특히 당시의 중앙정보부가 무슨 일을 했느냐 하는 것은 알고도 남을 일. 그들은 도장 찍는 것으로 일을 끝내고 돌아섰다. 그들의 직책이 그런 요식행위를 하면 그만이란 고급월급쟁이인가?

| 무법의 폭정 앞에 침묵으로 일관해 온 사법 관료의 책임

당시 대법원 판사들은 그 사건이 있고서 30년을 침묵해왔다. 지금 이 사건의 희생자에 대한 추모식을 앞두고 당시의 법관에게 인터뷰한 신문기사를

보고 나는 다시 한 번 분노한다. 어찌하여 최고법원의 판사를 한 사람들이 지금까지도 그렇게 철 심장으로 무심하고 비겁하게 진실 앞에 겸허하지 못하는가?

오로지 이일규 판사만이 2심의 군사법원 재판에서 서면심리로 끝내고 피고인의 진술기회도 주지 않은 것은 문제가 있었다고 했다. 그런 분이 한 분이나마 있으니 다행이랄까?

그 이외엔 어느 한 사람도 군사법원의 재판에 문제가 있었다고 한 이는 없었다. 지금 몇 사람 생존자인 당시 판사에게 기자가 인터뷰한 것을 보면 그 대답은 한결같이 "기억이 없다"거나 "말할 수 없다"는 것이다.

어느 한 사람은 이민을 가서 인터뷰조차 못하고 있다. 사람을 죽이는 문서에 잘못 도장을 찍어놓고서 하는 말이 이 정도일 수 있나?

사람의 생명은 지구보다 중하게 여기고 있다는 대법원 판결이 무색하다. 대법원은 군내에서 상사의 모욕과 학대에 못 이겨 상사를 살해한 죄 아무개 일병의 사형합헌판결에서 일본최고재판소의 사형합헌판결문 머리글부터 그대로 베낀 판결에서 "생명은 잃으면 영원히 회복할 수 없는 이 세상에서 무엇과도 바꿀 수 없는 절대적 존재이며 한 사람의 생명은 전지구보다 무겁고 귀중하고 엄숙한 것이며 존엄한 인간 존재의 근원"이라고 했다(대법원 1963년 2월 28일 판결).

이 판결 이유는 일본 최고재판소 판결(1948년 3월 22일 판결) 이유의 "인간의 생명은 존엄하다. 한 사람의 생명은 전지구보다 중하다. 사형은 모든 형벌 중에서도 가장 냉엄한 형벌이고 또 아주 부득이한 궁극의 형벌"이란 것으로부터 그 구체적 이유까지도 베끼고 있다. 물론 잘못 베낀 것이 있어서 문제지만 말이다.

그렇게 생명존중의 정신을 따르는 법원의 판사들께서 8명의 피고인에 대한 하급심의 심리의 엉성함에 대해 지나치고 또 판결 이튿날 전격 처형한 불법, 부당한 처사에 대해서 한마디 말도 없이 침묵으로 일관해왔다. 그러한 처사는 결국 대법원 판사로서 인권과 정의를 지킨다는 직무를 유기한 것이다. 그렇게 자기 일신의 안일무사에의 길을 택해 30년을 침묵으로 일관해왔다.

나는 그러한 사람들에게 법치주의와 인권보장의 최후의 보루를 지키는 직책을 맡겨서 세금을 내 먹여 살린 국민이 불쌍하다고 한탄한다. 특히 이들 판사 중에 가장 연장자인 민 아무개로 말하면 군사독재 하에서 법무부장관과 대법원장을 두루 역임하면서 화려한 출세가도를 달려 온 친일법조인이다. 법무장관시절에는 국회에서 김두한 의원의 똥물세례를 받는 수모를 겪으면서도 까딱없이 높은 자리를 지켰다.

그 뿐인가? 일제시절부터 출세 길을 거침없이 달려가며 남들이 독립운동을 한다고 잡혀죽고 집안이 쑥대밭이 되며 망할 때에 부귀영화를 누려왔다. 딱한 것은 그러한 법조인이 우리 법조의 모범이 되고 원로로 대우받고 명사가 되어 있는 일이다.

| 군사독재시절의 엉터리 재판과 사법살인의 문제

왜 한국의 법률가나 법학자는 군정독재시절의 정치재판과 오판의 자료를 체계적으로 정리하고 그 역사를 연구하지 않는지 답답하다. 어느 자리에서 정치적으로 문제가 된 재판을 한국처럼 연구, 정리해 놓지 않은 사회도 드물다고 했다. 나의 이런 제언에 반응은 그저 씁쓸하게 소리 없이 웃을 뿐이었다.

우리의 재판 역사에도 판사가 정면으로 외압을 거부했다 볼만한 사례가 상당히 있다. 인혁당에서 기소거부를 해 사표를 쓴 검사도 있었다.

이승만 시대의 예로 기억되는 것은 1950년대 이승만에 대립한 야당정치인 서민호에게 사형 등 중벌을 선고하길 거부해 재임에서 탈락한 안윤출 판사의 사건이다.

유병진 판사는 조봉암 진보당 당수의 평화통일주장을 중벌로 몰지 않았다는 이유로 '용공판사'라고해서 법원사무실로 이른바 반공청년들이 난입해 소동을 벌였다. 그도 결국 재임에서 탈락했다. 그러나 대쪽 같은 청렴으로 인품이 소문난 김병로 대법원장은 이승만의 탈법성 행실에 침묵으로 일관한 채 임기를 끝냈다. 안타까운 일이다.

군정시대는 이승만 시대와는 권력의 사법에 압력의 분위기가 달라지고 있었다. 정보부의 공작이 힘을 쓰는 시대가 되었다.

군사정권의 사건 날조와 사법살인의 수법은 당초부터 정보기관에서 빨갱이로 만들어서 재판도 군사법원에서 해치워버리는 간략하고 단순한 시스템을 개발했다. 박정희의 쿠데타 직후 민족일보사장 조용수는 군사법원 재판에서 사형을 선고받아 집행했다. 엉터리 사법살인 재판의 시작을 알리는 군정재판이었다.

그리고 판사나 검사도 정보공안기관의 보이지 않는 감시와 압력에 의해 재판에 알게 모르게 작용했다. 이범열 판사의 경우처럼 그러한 약발이 안 먹히면 출장 중 외박에서 섹스 스캔들로 발가벗겨 망신을 시켜서 쫓아내는 것이 한 방법으로 이용됐다. 이범열 판사는 1970년대에 학생데모를 한 피의자를 적부심에서 풀어주어서 박정희 정권의 미움을 샀다. 그래서 결국 정보공작의 덫에 스스로 걸려드는 격이 되었다. 그는 처음에는 그러한 '섹스' 제공 등이 관행이라고도 했으나, 나는 그런 변명은 안 된다고 어느 잡지에 썼다. 그 후 그는 공적 자리에서 나를 만나서는 섭섭해 했다.

나로서도 그의 처지를 모르는 것은 아니었지만, 군사독재의 마수에 떳떳이 대결하려면 돈과 섹스의 약점이 없어야 했기 때문에 쓴 소리를 했던 것이다. 그는 그 후에 분을 참지 못해 독한 술로 폭음을 하다가 일찍 세상을 떠났다. 참으로 좋은 법조인을 시세의 물결이 쓸고 간 것이다.

여기서 나는 무사안일하게 적당하게 출세하면서 중견이나 원로 노릇을 하는 법조인은 반성하고 그 관록에 상응하는 대가를 치러야 한다고 생각한다. 우선 지금 우리는 법률제도를 이대로 놓아둬선 안 된다. 이른바 '사법개혁'이라는 김영삼 정부 이래의 연례행사 같은 개혁시도로는 부족하다.

다음에 군사독재하의 사법살인 또는 날조된 사건의 피해자나 정치탄압의 엉터리 재판으로 희생된 이들의 억울함을 풀어줘야 한다. 은혜를 베풀라는 것이 아니라, 정의를 세워야 한다. 무고한 자에게 명예를 회복시키는 일이 당연히 입법조치로 해결되어야 한다. 독일이 2차대전이후의 악법피해자를 구제한 선례를 알고 있을 것이다.

다음으로 그러한 악법집행이나 사법살인 또는 정치탄압의 재판에 직·간접의 도의적 및 법률적 책임에 대한 규명이 있고, 그에 따른 책임소재를 분명하게 해야 한다. 합법을 위장한 불법이 용인될 수 없다는 것을 보여준 독일의 과거청산의 사례를 배워야 한다.

'악법도 법'이라는 법리가 통할 수 없다는 것을 관철시켜야만 한다. 성공한 쿠데타는 쿠데타가 아니라는 법가치를 스스로 말살하는 '법가치 허무주의(法價値 虛無主義)'는 용납될 수 없다.

여기서 반드시 집고 넘어갈 것이 있다. 2차 대전 후 나치 범죄자를 재판한 뉘른베르그 재판에서 확인한 '상관의 명령에 의한 행위도 불법이면 책임져야 한다'는 원칙이다. 상관의 명령불복종이 치명적 불이익을 초래해도 그 행위는 정당화될 수 없다는 것이다. 악법의 제정자가 그 집행자와 마찬가지로 책임을 면할 수 없다는 법리와 함께 겸허하게 받아들여야 할 교훈이다.

| 유치한 변명이 아닌 당당한 과거 청산의 길로

독재시절의 정치탄압의 희생물인 된 법비의 피해자로서 현행법을 통해 구제된 유일한 사례는 광주항쟁 당시의 '김대중내란음모사건'이다. 현행법상 재심의 절차를 뚫을 수 있는 관문은 바늘구멍 같다.
그야말로 성경에서 말하는 "부자가 천국에 들어가기보다는 낙타가 바늘구멍에 들어가기가 쉽다"는 말처럼 재심으로 무죄가 된 날조사건이 있는가 할 정도로 어려운 일이다.
인혁당사건도 재심요건에 해당 여부가 문제가 되고 있다. 민족일보 조용수 사장 사건은 현행법상 재심청구조차 안하고 있다. 결과는 몇 년을 '서류돌림뱅이' 짓으로 허송하고 그 결과도 미지수이기 때문이다.
이래도 좋은가? 국가기관으로 인혁당 재판에서 고문수사와 재판에서의 심리부실을 드러낸 것은 의문사진상규명위원회의 조사를 통해서이다. 지금 이 조사결과조차도 애써서 묵살하고 지나려는 무리가 있다.
법률, 특히 엉터리재판에 의한 피해자의 구제는 법조인 스스로가 문제를 제기해야 한다. 특히 책임을 져야할 당사자들이 말해야 한다. 과거 청산을 위한 사죄나 참회의 길은 어느 다른 곳에 있는 것이 아니다(데일리서프라이즈 2005.4.21).

보통사람이 사법관료 믿을 수 없는 까닭
[공개서한] 한상범 전 의문사위원장 – 진정한 사법개혁을 위해

사회 전 영역에서 개혁이 진행되고 있는 것에 발맞추어 국가권력의 한 축인 법조계 개혁을 위한 사법개혁위원회가 가동되고 있습니다. 하지만 이에 대한 여론이 분분한 상태입니다. 이에 한상범 전 의문사위원장이 진정한 사법개혁을 위한 의견을 보내와 전재합니다. (편집자 주)

| "감옥과 재판소는 안 가는 것이 상팔자"

간첩누명을 뒤집어쓰고 22년을 지옥 같은 삶 속에서 살다가 해어난 사람 이야기가 신문 일면을 장식합니다(경향신문, 2005년 7월 16일 1면). 여기서 다시 이근안 고문기술자가 등장하는 군요. 고문과 온갖 탄압에 의한 희생물이 돼 죄를 뒤집어쓴 사람이 함주명이란 사람뿐이겠습니까?

고문기술자는 '물고문' 애용자로부터 '성고문' 자행자나 '전기고문' 기술자까지 왜 그리 줄줄이 이어져 고구마줄기 달리듯 많습니까? 이들을 만들어 키우고 조종한 자는 아직도 편한 잠을 자고, 자기가 애국자(?)라고 눈에 핏발을 세우고 고함치고 있으니…. 그래서 우리는 법을 믿기엔 우리 처지가 법에

속고 피본 것이 더 많았다고 하는 것이 아닙니까?

'법(法)'이란 말이 독일어로는 '정의(正義)'나 '권리(權利)'란 뜻을 가지고 있습니다. '재판(裁判)이란 영어도 '정의'란 뜻을 가지고 있습니다. 바로 법이 정의나 개인의 권리를 지켜준다는 뜻을 가지고서 서민의 의식에 뿌리를 박은 점에서 서양의 근대법률제도에서 배울 점이 있다고 하는 것이지요.

그런데 우리가 법이라고 하면 '강권'과 '처벌', '규제'와 '부담'만을 연상하게 됩니다. 그 사연은 실제 서민이 법으로 당해 온 것이 권력에 의한 강제와 처벌 그리고 권리에 대한 제한과 박탈로 통해 왔기 때문이죠. 왜 그렇게 돼 왔는지, 여기엔 사연이 있습니다.

우리는 근대적 법률제도를 우리의 권리와 자유를 지키려고 우리 손을 통해 세우질 못하고 외부로부터 강요당했기 때문이죠. 근대법제란 것이 식민지관료의 독점관리물이 되었고, 그들의 지배와 통치의 수단이 되었으며, 결국 권력에 기생하는 부자의 편이 되었습니다. 이 잘못된 더러운 폐습과 관례를 때려 부수지 못하고선 사법개혁이고 민주주의이고 법치주의는 뿌리내리기 어렵다는 뜻에서 쓴 소리를 하렵니다.

서민이 일제 식민시대 이래로 생활체험에서 익힌 법의 실정인 "감옥과 재판소는 안 가는 것이 상팔자"란 뜻이 무엇인지 말해 보렵니다.

| 재판에서 돈 없는 사람은 별 볼일 없기

자본주의의 황금만능을 사법계(법조계)만의 탓으로 돌리려는 것은 아닙니다. 사실 근대법에선 누구이고 돈으로 법을 살 수 있다고 하는 가정(가설)을 전제로 당사자주의(當事者主義)를 채택하고 있다는 것도 잘못된 것은 없습니

다. 그렇지만 그것 이상으로 우리 사정은 '재벌왕국'으로 가는 것이 온통 백일하에 드러나고 있습니다.

우리는 신문 표제(제목 글)에서 주먹만 한 활자로 "재벌에 한없이 관대한 판결, 재벌총수는 실형 무풍지대"란 말을 봅니다(한겨레, 2005.7.2, 4면에서 인용). 그렇다고 놀라지는 않습니다. 이제까지 4월혁명 후에 재벌총수가 감옥에 들어앉았던 이후에 언제 그들이 감옥식구가 되었었나요? 잠깐이면 풀리고 감옥안 식구는 배고픈 이들이 대개 채워온 것을 알고 있기 때문에 아직도 "유전무죄 무전유죄(有錢無罪 無錢有罪)"라고 하지 않습니까?

| 재판 - 검찰 관료가 권세 앞에 약한 이유와 배경을 보면

일제시대 이래로 법률기술자로 공인된 '법률가'라는 엘리트를 보면 그들의 상당수가 출세(?)와 부귀영화를 위해서 무슨 짓을 해온지 다들 아는 일이지요. 해방 후 그들이 일제 때 잘못을 뉘우치지 않고 그대로 다시 권세를 타고 앉아서 행세 해 온 것도 비밀이 아니죠. 이승만 정권의 핵심이 바로 그들이었고, 군사독재 하에서 가장 비겁한 시종꾼 노릇을 한 관료가 법기술자입니다. 그들의 명단을 만들면 한국사회의 '유명인사 방명록'이 될 것입니다.

요즈음 신문에도 눈에 확 띄게 "사법살인 참여자 줄줄이 권좌에"하는 말이 보입니다(한겨레, 2005.7.14, 3면에서 인용). 대법원장과 대법관이란 권좌에서 부귀영화를 누린 잘난 사람들 이야기입니다. 그래서 그들 일부는 "성공한 쿠데타는 쿠데타가 아니다"란 법가치로서 민주주의를 정면으로 거부해 유린하는 '사이비 법철학'을 뜯어먹고 살아온 것입니다. 이래선 법치는 "고양이에게 반찬가게 맡긴 격"이 아닐까요?

| 재판 – 검찰이 관청으로서 특권관료의 밀실세계란 벽을 허물라

어쩌다가 별 볼일 없는 서민이 법원이나 검찰 또는 경찰에 소환장이라도 받고 출두하면 첫 입구부터 기분이 섬뜩하고 그 딱딱하고 뻑뻑함에 기가 질립니다. 이승만이 지배한 자유당시절에 경찰은 "민중의 지팡이"란 구호가 있었죠. 그러나 우리는 경찰이 민중에게 휘둘러지는 '몽둥이'란 것을 잘 알고 있었죠. 아무도 경찰이 민중의 지팡이라거나 관료가 '공복(公僕 – 백성심부름꾼)'이란 말은 아무도 믿지 않았죠. 지금 사법관료가 얼마나 달라졌을 까요?

우리는 아직도 독재시절에 민권을 탄압하든 사법관료가 계속 출세하여 높은 벼슬자리를 차지하고 있는 것을 봅니다. 그들은 세상이 아무리 달라져도 끄떡도 안하는 불사조처럼 출세하고 호강하고 있습니다. 그들은 정치인도 되고, 전문직으로 이름 내고, 재벌의 파트너 겸 시종꾼으로 대접받으며, 사회의 유명인사로도 행세하니까 할 말이 없을 지경입니다.

| 친일파 노릇한 것이 뻔뻔하게 통하고, 독재시절 '엉터리 판결'이 효력이 있습니다

인혁당의 사법살인 판결에 대한 재심청구건이 1년 8개월 만에 심리를 재개했다고 신문에 난 것을 봅니다(한겨레, 2005.7.12, 10면 참조). 이래도 됩니까? 박정희가 칼부림하던 1970년대 초에 재판 선고 이튿날 전격적으로 교수대에서 8명을 목매어 죽인 합법을 가장한 국가범죄인 사법살인!

그 인혁당 사건은 수사초기부터 검찰일부의 반발이 있었던 의혹투성이 사건인 것은 법조인이 누구보다 잘 알지요. 그 야만적 살인의 처형이 있은 후에 국제여론의 지탄이 있었죠. 최근에는 국가기관의 조사에서 그 의문사의 문제점이 드러났습니다. 이것을 두고 재심사유가 되느니, 안되느니 하고 끌어 왔구요. 특히 독재시절 엉터리 판결을 요지부동의 기판력(既判力)으로 존중한다는 사법관료의 사고방식과 사법계의 분위기. 이래도 독재극복이고 과거청산이 됩니까?

하기는 사법계는 독재시절의 사법살인으로부터 오판 등 엉터리 재판에 대해 누구 한사람 사과, 사죄한 적이 없습니다.

그래서 문제를 바로 잡으려면 결국 사법권력을 독재에 악용한 범법자를 처벌하는 특별법이라도 만들지 않고서는 실마리를 풀 수 없는 상태를 사법관료 스스로가 만들어 내고 있습니다.

| 이제까지 무수하게 당해 온 법 = 사법(재판) 피해자를 구제하기 위한 조치는 없습니까?

결국 군사독재가 몇 십 년 동안에 만들어낸 법에 의한 피해자, 특히 재판에 의한 피해자를 구제하기 위한 특별한 조치나 그에 대응한 입법이 필요하다는 말이 나오게 됩니다. 나치하의 악법과 그에 따른 죄과에 대한 과거청산에서도 입법을 해서 풀어나간 예가 있습니다.

그런데 일부에선 딴죽 걸기를 "이미 지나간 것을 뭣 때문에 그러냐!"고 합니다. 그러나 법에 의한 피해자의 문제는 지금 진행 중인 현재의 문제입니다. 그리고 범죄가 이미 과거가 되었다고 그대로 슬쩍 지나갈 수 있다는 것은 어느 나라의 법이야기 입니까? 왜 엄연한 중대 사실을 구태여 외면하여야 합니까?

10여년을 두고 사법개혁을 한다고 하는데, 서민은 믿을 수 없습니다. 왜 믿지 못하느냐고요? 그 개혁행사는 김영삼 정부에서 시작해서 김대중 정부를 거쳐서 다시 노무현 정부까지 3대에 걸쳐서 되풀이 하고 있는 행사가 되었습니다. 그동안의 실적을 살펴보시오. 왜 개혁이 '개량'조차도 못되는 뺑뺑이 돌리기를 하고 있습니까?

그 사연을 서민이란 보통사람이 아주 모르는 것도 아니고, 할 말이 없어서 가만히 있는 것도 아닙니다. 그러나 여기서 확실한 것은 군정독재의 가해자나 그 한패에 속하는 이들에게 개혁을 맡기고 구제를 바라는 것은 어리석은 일이라는 것입니다. 문제의 원점은 바로 여기에 있습니다.

| 개혁의 대상과 주체가 누구인가?

개혁의 대상이 되는 사법관료가 개혁을 한다는 것은 출발부터 웃기는 일입니다. 개혁의 주체는 주권자인 국민이 되어야 합니다. 시민이 되고, 시민단체가 되어야 합니다. 그리고 국민대표가 제 구실을 여기서 해야 합니다.

물론 많은 개인과 단체대표가 개혁기구에 참여했습니다. 격식은 그럴듯하게 갖추었는데 왜 잘 가동이 안 됩니까?

좀 더 솔직합시다. 사법개혁을 한다고 국민의 사법과정에의 참여제도인 배심제도와 참심제도가 거론되지 않는 개혁안이 어디에 있습니까?

세계에서 가장 수구 보수적이고 기득권 편에 서 온 일본의 사법계를 두고 봐도 개혁청사진에는 시민의 재판참가를 외면할 수 없어서 배심제나 참심제까지는 못가도 '재판원제(裁判員制)'란 참심제의 변형제도를 채택하여 그 시행을 위해 준비 중입니다.

일본의 제도에 대한 말이 나왔으니 더 말을 합시다. 우리 법조계는 일제패망 이전의 일본제국의 사법제도와 관례는 충실하게 따르면서 패전(1945년)후에 민주화된 그들의 제도는 외면해 온 것을 봅니다.

일본은 1946년 신헌법에서 최고재판관에 대한 '국민신임투표제'를 채택했습니다. 비록 상징적이지만 그 상징성도 귀중합니다. 최고재판소 재판관구성에서도 직업적 법조인이외에 학식덕망자 수용을 가능케 했습니다. 한 예를 보면 1990년대 호소가와 내각은 노동부 부녀국장인 여성 노동전문가를 재판관으로 영입하였습니다. 여성문제와 노동문제의 중대성을 인식한 임명입니다.

세상은 변합니다.

형사소송법절차에서 검찰의 관할영역에 손을 댄다고 발끈하여 옥신각신하다가 타협(?)안으로 땜질이 됐습니다. 누가 누구를 위해 뭣을 타협하자는 것인가요? 검찰과 경찰이 수사권 관할로 삿대질을 합니다. 어느 편도 곱게 뵈진 않습니다. 법조양성기관으로 '미국식 로스쿨제'를 한다고 합니다.

법조양성입문을 특권층에 사실상 독점케 하는 일은 제발 안 되게 해 주시오. 법학교육을 시민교육수준으로 개선시키지 못하고 법을 전문가독점으로 만들어서 모든 시민을 '법률무식꾼'으로 만들어선 안 됩니다. 미국이 아무리 '변호사 만능'사회라고 해도 그 나라의 시민교육과 정치교육의 수준을 알고나 하는 일입니까?

변하지 않고 구기득권 체제를 고집하는 수구 보수는 역사에서 퇴출당하는 것을 우리는 보아오고 있습니다. 제발 법다운 법이 서는 세상을 위해서 우리는 우리 손으로 뭣인가 해야 합니다. 여기에 법조계도 함께 가야 합니다 (2005.7.21).

사법개혁과 뿌리 뽑아야 할 고문의 악습

| 1994년 이단심문 – 고문을 사죄한 로마교황

1994년 로마교황 바오로 2세는 교회가 범한 가공할 행위에 의해 인권을 침해한 종교재판을 비판하여 그 사실을 인정하는 서한을 전세계의 추기경에게 발송하였다(川端博 監修, 《拷問의 歷史》, 河出書房新社, 2001年, 201쪽).

교황의 위와 같은 과거사에 대한 사과는 교회로서 시인하기엔 부끄러운 사실이기 보다는, 새로운 각오와 개혁의 자세를 보여주는 성실한 모습이다.

마찬가지로 그 보다 이전인 1987년 미국과 캐나다 정부는 그 나라 대표와 의회가 일본과의 2차대전 발발 직후 일본계 시민을 '적성시민'이라 하여 황무지 무인황야에 추방해 강제수용소를 설치해 죽어가는 것을 방치했던 인도에 반하는 정책을 자행했던 사실을 시인, 반성하여 사죄했다. 물론 어느 나라 식으로 말잔치로 끝내는 것이 아니라 행동으로 했다. 미국은 레이건이 사과 사죄하고 국회 입법으로 모든 이의 명예회복과 보상금을 지급하였다. 물론 캐나다 정부도 같은 일을 했다.

우리가 개혁에서 독재 권력에 기생하면서 죄악을 자행한 반인륜범죄자를 비롯한 폭정책임자에게 요구하는 것은 위와 같은 구체적인 행동을 통한 사죄이다. 그리고 정부나 국회가 할 일은 피해자의 명예회복과 동시에 정의를 실현하는 입법조치와 그에 따른 행정조치이다. 이 점을 왜 모르느냐? 특히 고문 학살을 자행한 책임자와 그 실행주범들에게 요구하는 것은 바로 자기 죄과의 시인과 참회이다. 그렇지 않고 고문 학살을 정당한 것으로 우겨대면 응분의 정의의 징벌을 과하여야 한다. 만일 그렇지 못하면 고문의 악습은 결코 근절되지 않는다. 이 점을 똑바로 알아야 한다.

개혁한다면서 '독재정권하의 고문백서' 조차도 발간 못한 나라

나는 1970년대 박정희의 밀고감시와 고문 정치의 폭정이 일상화되면서 그에 대한 간접적 - 우회적 비판으로 '일제하의 고문실태 연구'란 것을 계획하여 자료를 수집하고 있었다. 그런데 1973년 국제사면위원회에서 《고문보고서》가 나왔다. 거기에는 서승·서준식 형제에 대한 박정희정권의 고문죄상까지도 수록되었다. 나는 이 고문보고서를 보고 일제하의 고문이 유치원 수준이라면 박정희 강압하의 정보 공안기관의 공공연한 고문과 고문치사는 그 이상으로 비교가 안 되는 무서운 일이란 것을 확인하고 암담한 심정이었다.

특히 놀란 것은 박정희정권 하의 고문에 종사한 전문기술자들은 일제강점기의 바로 친일파 그 자들이거나 그 자들의 제자뻘이 되는 계승자인 무리란 것을 다시 확인하고 서였다. 전혀 예상 안한 바는 아니지만 바로 이것이 중대 문제점의 하나이다.

일제잔재 청산의 하나로서 고문의 악습 근절은 일제잔재인 고문기술의 반인륜성의 뿌리와 그 인적 요소인 범죄주체의 폭로, 비판, 청산이 없이는 안 된다. 이 점을 지나치고선 인권은 설 자리가 없다.

프랑스 혁명의 인권선언이 발표된 이후(1789년) 근대 형사법의 체계에선 고문이나 자백 편중의 심문절차는 법률에서 자취를 감춘 것이 되고 있다. 그런데도 고문의 관례 관습은 여전히 살아남아 있다. 일제강점기 하의 형사법 체제에서 고문이 합법시 되진 안았다. 그러나 고문은 정치범과 사상범에겐 당연히 따르는 것으로 본심재판 이전의 예심절차에서 1년이고 그 이상을 가두고 자행되었다. 결국 때려죽이고 말려죽이고 굶겨 죽이는 악랄한 살인행위의 일상화였다. 그렇기 때문에 고문기술은 날로 발달했다.

그런데 해방이 되고 정부가 섰다는 나라에서 그대로 그 고문하던 일제 졸개와 그 후계자가 고문을 자행해 훈장타고, 포상받고, 승진되고, 승급되는 세상이 된 것이다. 항일운동하던 어느 애국자는 일제하 고등계출신 형사에게 며칠을 고문당해 반죽음이 되어 출옥한 후 며칠을 울다가 월북을 했다. 그 지경이 되자 "봐라! 아무개가 빨갱이가 아니냐?"하고 친일파는 손뼉을 쳤다. 빨갱이를 만든 것인지, 진짜 빨갱인지 당사자에게 물어봐도 잘 모를 것이다.

| "빨갱이는 고문해도 좋다!"는 문민정부의 아무개 장관

문민정부란 군사정권 아류에 속하는 정부시대에 야당시절엔 수난께나 당한 사람으로서 장관으로 경찰총수가 된 아무개는 월간 《말》이라는 잡지와의 인터뷰에서 빨갱이는 고문해도 괜찮다고 했다. 아마도 매카시스트 뿐이 아니고 대부분의 보통사람도 그렇게 생각해 왔을지 모른다. 세상이 바로 그랬으니까?

1950년 6·25전쟁 당시 빨갱이 혐의가 있어서 경찰서에 등록되었던 '국민보도연맹원'이란 사람들은 수원 이남에선 모두 집단학살당한 예가 있다. 그 밖에도 실례를 들자면 몇 권의 책이 된다(신경득, 《민간인학살》, 살림터, 2002년). 아울러 고문에 대한 문제로서 국가인권인위원회가 펴낸 조사보고서인 《국가보안법 적용상에 나타난 인권실태》(2004년 간행)도 참고가 될 것이다.

빨갱이에 대한 무법적 고문 학살에 대해 문제시한 것 자체를 두고 빨갱이라고 몰릴까봐 엉뚱한 사람이 고문으로 맞아죽어도 한마디 말도 못하고 수십 년을 살아온 사람이 얼마나 많은가? 그러한 고문세상의 지옥을 만들면서 '자유 민주주의'를 수호한다고 눈에 핏발을 세워서 소리소리 지르면서 애국자인 양 하고 행세하는 무리가 날뛰었다.

나의 이러한 묘사나 표현은 어느 누구를 기분 나쁘게 할지 모르지만, 사실이다. 이 잘못된 것을 바로잡기 위해 사법개혁을 올바르게 해야 한다는 것이다. 경찰과 검찰의 수사권 싸움에서 한 걸음 나가서 왜 고문이 있어왔고, 그 고문을 법률전문가인 법관과 검찰관이 막지 못했는지 그리고 변호사의 역할은 무엇이었는지 같은 문제를 두고 싸움질을 하면 좋겠다.

| 고문은 정적(政敵)에 대한 말살수단이고, 국민제압지배의 기술이 된 현대의 실정

국제사면위원회(AI)의 《고문보고서》(1973)를 보고 놀란 것은 고문기술의 발달과 의사의 고문가담 행위만이 아니다. 고문은 원래 범죄를 자백시키려는 수단이었다. 물론 독재정권하에서도 고문이 자백강요의 수단이고 그들에게는 자백은 '증거의 여왕'이란 중세 형사벌제도가 그대로 답습되었다. 문제는 정권에 대한 비판자나 반대파-정치적 반발자 등을 빨간칠을 해서 죽이는 수단으로 고문이 이용된 것이다. 나는 1980년 신군부집권 당시 정보공안기관에 끌려가서 전기고문을 당한 후유증으로 전화 벨소리만 들으면 발작을 하는 가엾은 어떤 학자를 만난 적이 있었다.

고문 후유증으로 시들어 병들고 서서히 죽어가는 사람들…. 특히 보기에 딱한 불상한 피해자는 고문의 공포 때문에 정신이상이 되어서 평생을 피해망상 공포증의 정신상태 하에서 서서히 죽어가는 사람들이 있다. 여기서 국제사면위원회 지적을 실감하게 된다.

국제사면위원회 고문보고서는 고문은 정적(政敵)을 말살 제압할 뿐만 아니라 일반 주변사람 모두를 공포감에 사로잡히게 하여 저항이나 반대 반발의 의지를 꺾어버린다고 하는 점이었다. 잘못 걸리면 나도 저 짝이 된다고 해서 비굴하게 침묵하는 대다수의 사람들….

노신(魯迅)은 일찍이 말했다. 폭군의 학정에 공포 속에 시달려 오는 백성은 잔혹하게 남이 처형당하는 것을 보고 동정하기보다 오히려 기뻐하고 희열까지 느낀다고 했다. 대역죄인을 능지처참한다고 하면 너도 나도 구경을 나서 그에게 돌을 던지고 그의 팔다리가 찢기며 그가 울부짖는 것에 웃음을 보낸다. 노예근성으로 일그러진 심정에는 자기는 저런 비참을 안 당하여 다행이란 심리가 도사리고 있다는 것이다. 그리고 누구이고 관청에서 나쁜 놈이라면 바로 나쁜 놈으로 보는 비판과 검증이 전혀 결여된 관료주의가 깃들인 색맹이 되어 있기 때문에 죄인이라면 모두가 나쁜 놈으로 단정해 버린다는 것이다. 이 말이 뜻하는 것이 얼마나 무서운 진실을 말하는가?

| 군사독재가 양육시킨 고문기술자와 그 관행을 뿌리 뽑자면

　군사독재는 폭정으로서도 일제잔재를 계승한 악질적인 억압 장치를 정보 공안기관을 중심으로 발전시켰다. '남산', '동빙고', '남영동 분실', '안가' 등 이런 것이 무엇을 의미하는지 지금 사람들은 잘 실감나지 않을 것이다.
　그렇지만 군사정권시절에는 남산이란 한마디가 중앙정보부를 뜻하는 말로서 모든 이에게 공포감을 불러일으켰다.
　그러면 지금은 세상이 좋아졌냐? 물론 달라지고 있다. 확 달라져야 한다. 그렇게 되기 위해서는 고문과 무법의 가학 학살행위가 생겨날 소지를 나쁜 독재유물인 제도와 법령, 관례와 관습에서 뿌리를 뽑아야 한다. 그러기 위해서 고문기술자와 그 고문을 지시한 주범들의 정체가 있던 그대로 드러나서 우리가 청산대상이 무엇인가를 똑바로 알아야 한다.
　말로만 반성을 떠들고 고문의 억울함을 말하는 것에서 한걸음 나아가서 고문피해실태에 대한 의학적 및 사회학적 실태파악과 그 조사 검진을 위한 신고와 고발창구를 마련하여야 한다. 그래서 피해자와 함께 고문 주역에 대한 정신 병리학적 연구까지도 행하여야 고문의 악습을 뿌리 뽑을 수 있다.
　물론 근본적인 제도상의 문제는 고문으로 유지되는 독재자나 독재정권의 뿌리를 뽑아야 하고 결국 철저한 친일 기득권 부류의 추악한 지배구조를 청소해야 한다. 그래서 사법개혁이란 차원에서 1) 고문악습 발생의 정치 사회적 배경과 병리발생의 원인을 비롯해 2) 군사독재의 요직을 차지한 일제 관료나 그 선례를 답습한 아류의 행태 등에 관한 조사와 3) 고문발생의 정치적 원인과 함께 4) 고문수법의 종별과 그 사용 죄과의 사례 등을 통해 사실을 밝혀야 한다. 5) 그리고 고문의 기술과 수법이 물고문으로부터 성고문이나 심리적 압박으로부터 인륜에 반하는 잔혹한 수법에 이른 것도 그 실상 실태가 밝혀져야 한다.

나는 영국의 저널리스트이고 작가인 안서니 그레이가 쓴 소설인 《사이공》을 보고 프랑스 식민당국이나 월남의 독재 권력이 자행한 고문의 실태 묘사를 보고 충격을 받았다. 비록 소설이란 픽션이지만 단순한 픽션이 아닌 논픽션이나 사실(史實)을 근거로 한 것이니 그럴 수 밖에 없었다. 그렇게 무자비하고 잔혹한 독재 권력도 무너져 버렸다. 다시는 인륜을 거역한 잔혹사가 되풀이 되지 않게 해야 한다는 것은 아무리 강조해도 지나치지 않을 것이다.

여기서 고문 피해자의 입장에서 생각해 보라. 자기의 누이와 딸, 아내에게 온갖 수치와 수모를 안겨주고 잔혹한 방법으로 협박을 하는 권력악을 어떻게 할까? 여인의 가슴에 실뱀을 쑤셔 넣고 국부를 불개미가 뜯게 하며, 손발을 묶어서 금수처럼 24시간을 가두게 하는 지옥의 섬 이야기는 베트남의 실화였다.

그러나 바다건너 남의 일만이 아니다. 얼마 전 이 땅에서 군사 독재 하에서 그에 못지않은 일이 자행되었다. 그 주범을 아직도 근대화의 위인으로 추켜세워서 자기의 기득권을 고수해 가려는 자들을 보면서 연민의 정 이전에 나는 분노한다. 우리는 이 고비를 증오만이 아닌 정의 회복이란 대의를 통해 이겨나가야 한다. 기억하기 싫은 과거사라고 해서 그대로 지나면 되풀이 되는 역사를 자초할 수 있다. 그래서 우리는 역사의 교훈을 힘주어 말하는 것이 아니냐? (2005.5.10).

퇴임 대법원장, 누구를 위한 눈물인가?
아직도 먼 법치의 길

| 공직자의 눈물 - 개인의 감상보다 공직자로서 자세, 책임윤리

공직은 어느 개인의 사사로운 사유물이 아니다. 민주사회의 공직은 공공봉사 직책으로 제공된 것이다. 따라서 그에 따른 책임과 의무가 부과된 봉사하는 자리다.

그런데 우리사회에서는 봉건 정서로서 공직사유관이 남아 있다. 그래서 공직을 입신양명 개인 영달의 자리로 착각해 처신해 오는 사람들 때문에 국민과 국가에 무수한 피해를 주어왔다. 특히 고위공직일수록 단순히 먹고 살며 돈 벌기 위한 직업이 아니다.

법치의 파수꾼 수장자리에서 복무하던 전 대법원장 최종영이 물러나면서 보도된 기사의 사진을 보면서 이상한 느낌이 든다. 그에 대해선 일부에서 사법개혁에 대한 공로자란 평도 있으나, 어려운 때에 사법부 수장으로서 우리에게 희망을 준 공직자로 남는 인상은 솔직하게 말해서 나에겐 없기 때문이다.

그가 퇴임하며 직원과 이별하는 자리에서 한 사람으로서 섭섭해 함은 이해할 수 있다. 그러나 소임을 다하고 임기를 마치는 공직자는 의연하고 당당함을 보여야 한다. 감상에 젖어 눈물을 질질 흘리는 것은 무엇을 의미하나?

누구를 위해 또는 무엇 때문에 흘리는 눈물인가? 민주사회에서 임기를 마치고 물러나는데 울어야 한다면 더 그 자리에 있지 못해서 슬퍼졌다고 하지 않는 한에서는 자기가 못 다한 일 또 잘못한 일 때문일 수 있다. 그러나 그의 퇴임사를 보면 반드시 그렇지만은 않은 것 같다.

| 전 대법원장 퇴임사의 사법관료주의 발언-아직도 먼 민주사법의 길

그는 시민과 시민단체의 재판비판이 못마땅하다는 것을 '재판의 존엄'을 들먹이며 밝히고 있다. 새삼스럽게 놀라운 일이다. 그는 "정당한 사법절차 이외 방법으로 재판에 영향을 미치는" 행태는 안 될 일이라고 나무라고 있다.

지금 우리는 일본제국주의시대의 나라님 재판소 아래서 살고 있는 것이 아니다. 민주 법치국가에서 살고 있다. 그래서 국민이 시민 개인으로 또는 단체를 통해 재판을 비판하는 것은 자유로운 국정참여의 한 형식이고 권리이다. 학자나 법조인의 판례비평이나 법정에서 재심이유를 대는 것도 중요하지만 그에 못지않게 잘못되었다고 보이는 재판을 문제 삼아 의론을 벌리고 재판의 실태를 비판하는 것은 자유이다.

왜 그러냐고? 재판은 권력자의 지배통치 수단이 아니라, 국민의 자유와 권리를 법과 질서를 통해 보장하는 법치의 제도이기 때문이다.

그리고 재판은 사람이 하는 것이므로 오판을 할 위험성은 항상 있기 때문에 공개해서 국민이 감시 비판을 하도록 헌법이 보장하고 있다. 재판 비판은 주권자인 국민 고유의 권리이다. 그런데 일본제국시대에나 들어 볼만한 소리를 퇴임하는 전 대법원장 입에서 듣게 되는 것은 서글픈 일이 아닐 수 없다.

그러한 재판에 대한 법의식을 지닌 그가 사법의 수장으로서 그동안 우리를 실망시켜 온 이유와 배경을 짐작해 알만하다.

| 민주주의 역사는 시민의 '재판 참여'와 '재판 비판'의 역사다

민주주의가 무엇인가? 나라를 국민이 직접 또는 간접으로 운영해 나가는 정치제도가 아닌가? 민주국가의 재판은 국민에게 위탁받은 국민의 법에 따른 재판이 아닌가?

그래서 재판에서도 국민 참여는 자연스럽게 보장·관철되어 온 것을 역사에서 본다. 고대 그리스의 민회 재판과 영국 13세기 초 마그나 카르타(대헌장, Magna Carta)에서 명시된 배심재판의 보장을 본다. 그 후 사정을 보면 시민참여의 재판은 본안 평결을 하는 소배심 뿐만 아니라, 기소여부를 결정하는 대배심까지도 시민이 참여하게 되어 왔다. 자치체로서 치안판사를 주민이 선거하는 것은 상식이고, 지금도 영미계에서는 주에 따라 판사와 검사를 선거한다.

그리고 재판에서 오판 방지, 정치 탄압에 이용되는 재판, 그 밖에 엉터리 재판 방지는 재판비판을 통한 시민 저항과 투쟁의 역사이기도 하다. 일본제국 관료사법의 지긋지긋한 치안유지법에 의한 엉터리 재판극이고 정치에 놀아난 재판의 잘못된 찌꺼기를 청산하지 못한 주요 원인과 배경이 다름이 아닌 관료사법의 존치인 것을 모르는가?

나는 미국의 사법제도를 신뢰하는 사법 관료에게 미국 연방대법원의 역사에 관한 책(Peter Irons, A People's History of The SUPREM COURT, penguin Books, 1999)을 소개하여 준 일이 있다. 여기서 사법의 불완전성과 시민참여를 통한 시정의 역사를 보라고 했다.

미국 연방대법원이 그동안 저질러 온 오판의 역사를 돌아보면 참고가 된다. 미국 최고재판소인 연방대법원 법정은 흑인을 인간이 아닌 상품으로서 소유물로 단정한 판결을 고집해 남북전쟁에 불을 붙이게 된 일은 너무나 유명하다(Dred Scott vs. Stanford사건, 1857년).

남북전쟁으로 흑인이 해방된 후에도 1954년 브라운사건 판결까지 흑백 인종을 차별 격리하는 것을 '분리하지만 평등하게' 처우한다는 궤변으로 유지했다. 20세기 뉴딜정책에 대해선 그 이전부터 재산권과 기득권 옹호판결로 시류를 거역해 온 재판소가 위헌판결로 방해했다.

루즈벨트 대통령이 이에 대해 시민에게 직접 사법부 개조를 호소하며 압력을 가해서 양보토록 했다. 지금 벌어지는 미국 최고법원의 판사 임명을 두고서 보수파와 자유파간의 논쟁을 보라. 그들 판사가 법의 천사만은 아니고 그들의 신조와 편견의 문제가 얼마나 심각한 것임을 있는 그대로 말하는 것이 아닌가?

독일도 나치시대 사법의 오판과 죄악을 털어버리는 자체 개혁을 사법부 스스로가 1960년대 감행해 참으로 사법의 본 자리를 찾게 된 것을 왜 모르는가? 알고도 모르는 체 하는가? 일본 재판역사에서 최대 정치재판인 마쓰가와 사건 재판의 오판을 법률가나 법학자가 아니라 법률과는 무관한 어느 문학평론가의 폭로 때문에 전원무죄 판결이 났다. 물론 전원무죄가 확정되기까지 15년이란 세월이 걸렸지만 결국 이루어 낸 것을 모르진 않을 것이다 (1949년 사건발생 ~ 1963년 9월 최고재판소 판결).

사법권위주의와 사법 관료주의 망령을 쫓아내는 새로운 전환점으로

물러나는 최종영에게는 시민단체의 비판과 규탄이 섭섭할지 모른다. 그러나 재판비판은 최 아무개 개인에 대한 문제가 아니다. 공인으로서 사법 수장의 자리에서 행적에 따른 책무에 대한 문제이다. 이 점을 이해해야만 우리 국민도 섭섭하지 않다.

시민단체는 이 날 8년 4개월을 끌어 오면서 재판으로 말라죽게까지 된 해고자구제 재판을 지탄하고, 아울러 그 동안 법원의 불공정 판결에 대한 사과도 요구했다. 아마도 이 정도는 예의를 갖춘 최소한의 요구일 것이다.

나는 지금도 다음의 점을 주장한다. 군사독재시절에 사법살인, 오판, 엉터리 재판, 정치에 끌려 다닌 사법의 책임 등 과거청산 관점에서 법원을 대표하는 책임자의 사과 사죄와 그에 따른 응분의 조치를 마련하여야 한다고.

아울러 지금 사법개혁 기회를 맞았으니, 좀 더 문을 열고 미래의 사법설계와 자체 청산의 최소한의 구실을 해내지 않으면 안 된다. 그저 지난날을 가지고 나무라기만 할 겨를도 없고 또 개인 감상에 빠져 눈물을 짜낼 겨를도 없다. 감상과 감정풀이는 안방에서 혼자하면 된다. 그 동안 억울한 재판으로 죽은 원혼과 그로 인해 울고 있는 유족의 가슴에 박힌 못을 생각이나 해봤는가? 공인은 공인으로서 쓰러질 때까지 책무를 다해야 한다는 것을 왜 모르느냐?(2005.9.27).

부자의 법, 가난이 죄?

| 독재는 법을 권력도구로 악용하고, 정치부패는 법을 부자의 시종 꾼으로 전락시킨다

1998년 '법의 날'에 대통령이 법률가들을 오찬에 초청했을 때의 일이다. 당시는 김대중 정부 출범 초이기 때문에 무엇인가 꼭 한마디 하고 싶었다. 그래서 원론적인 법치문제를 거론키로 했다.

물론 그런 의례적인 자리는 대개 발언할 사람과 발언 내용을 미리 조정하게 된다. 그런데 김대중 대통령은 파격적으로 자유롭게 발언토록 했다. 나는 우연히 대통령과 마주보고 앉았기 때문에 발언할 기회를 얻기가 편리했다.

나는 발언하겠다고 손을 들었다. 즉시 대통령이 승낙의 표시를 했다. 나는 다음과 같은 요지를 발언했다.

"우리가 무엇보다 법치를 확립해야 한다는 것은 당연합니다. 그런데 최근 국립대학 연구소 발간의 학술논문을 보아도 고위공직자나 재벌의 간부 총수 등은 형벌에서 실형을 받는 예는 거의 없다고 하는 것이 통계로 나옵니다.

유죄가 입증되어도 선고유예, 집행유예이고, 최악의 경우 실형이 집행되어도 형집행정지나 사면으로 빠져 나옵니다. 이래선 법에서 공평과 정의라는 것이 붕괴되며, 정부가 국민의 신뢰를 받을 수 없죠."

물론 대통령은 그 자리에 배석한 법무장관인 박상천에게 확인 조사를 지시하면서, 법률의 적용이 그렇게 편파적이어선 안 된다고 했다. 실제로 재판관의 판결이 부자에게 편들지라도 대통령이라고 해도 어쩔 순 없을 것이다. 만일 대통령이 판결에 대해 이견을 내면 당장에 '사법권 독립의 침해'라고 악을 쓸 것이다. 과거의 독재시절하고는 사정이 달라졌던 것이다.

독재정권하에서 법률이 독재권력의 흉기로 전락하는 일은 오래도록 몸으로 겪어왔다. 법률적용 집행이 부자에게 유리하게 기울어 온 것은 새삼스럽게 당해 오는 것도 아니다. 우리 서민은 일찍부터 '법은 멀고 주먹은 가깝다'는 세태와 가난뱅이로 세도와 연줄이 없는 처지에서 법의 위세 앞에서 그 초라함이 어떠하다는 것을 백 천 만 번 보고 겪고 살아온다.

내가 새삼 김대중 대통령에게 법치에 대해 말을 한 것은 김대중 정부의 집권은 그가 죽었다가 깨어나도 독재를 할 수 없게 된 국민의 정치적 성숙의 산물이었기 때문이다. 적어도 군사독재하의 친일파 법기술자의 '사이비 법치'는 아닌 세상이길 바랬기 때문이다. 나는 솔직히 말해서 예전과는 달라지길 바랐고 어느 정도 낙관하는 면에 미련도 두고 있었다.

그런데 오히려 김대중 정부가 집권 초부터 구기득권 부류에 대해 유화적으로 나왔기 때문에 독재정권하의 범죄자들이 만만하게 보고 기어오르기 시작한 것을 걱정할 지경이 되었다. 김대중이 국민지지로 승리하자, 구부패기득권 부류는 겁이 나서 숨을 죽이고 눈치를 보고 있었다. 그런데 김대중 정부가 유화적 정책으로 나오자 다시 용기를 내서 '도둑이 매를 든다'는 격으로 발악하기 시작했다.

그렇게 시세가 꼬인 배경에는 부자가 법률을 독점하는 만성적 부패로 인한 정치사회 전반의 부식현상이 진행되어간 잘못된 독재시대의 관행의 누적도 있었다. 권력을 가진 강자와 공범자였던 재물을 가진 사회적 강자인 부자에 의해 조성된 법률의 타락이 점차 국법질서를 문란하게 하는 위험이 한도를 넘기 시작했다.

| 법률의 이념인 정의(正義)가 실종된 위기가 뜻하는 것

독과점기업의 간부 등 부자의 범죄를 심판하는 공판정에서 경제에 기여한 것을 이유로 죄를 용서해 달라는 말이 언제부터인지 당당하게 면죄부로 통하게 되었다. 지금에 이르러선 용서와 사죄를 빌기보다는 부자의 오만에 찬 자기변명이 오히려 큰 소리를 치고 있다. 왜 이 꼬락서니까지 되었는가?

1960년에 이승만이 민중의 압력으로 쫓겨나고 그야말로 반만년 만에 민주화의 숨통을 텄던 당시를 기억하는가? 4·19혁명의 개혁입법은 그야말로 1894년 갑오농민 봉기 이래 처음으로 서민대중의 개혁의 요구가 실현되었다. 이 4·19의 개혁입법을 상기해 보라고 말하고 싶다. 아마도 대개 무엇을 말하는지 막연할 것이다.

뚜렷하게 문제의식을 갖고 그 개혁입법을 머리에 떠올리는 사람이 많지는 않을 것이다. 내가 들려는 입법은 다른 무엇보다 정경유착으로 인한 부패구조에 기생한 특혜기업, 이른바 나중에 재벌이 되는 벼락부자들에 대한 부정축재재산 환수입법을 상기해 보라는 것이다.

그때나 지금이나 부정축재의 비결인 정경유착 수법은 박정희 시대를 거쳐서 신군부를 거쳐 오늘에 이르기 까지 무엇 하나 달라진 것이 없다. 그 때에 감옥에 들어 앉아 있던 독과점기업의 간부가 박정희 시절 이후 '근대화 작업'의 파트너로서 졸부에의 길을 걸어 왔다. 그들은 박정희 이래 감옥에서 나와 독재권력과 그의 시중꾼인 관료와 한통속이 되어 작짜꿍 하면서 부귀영화를 누려온 것이 아닌가?

그 재계 총수 어떤 이는 쿠데타가 발발하자 자기 재산을 나라에 바친다고 했다. 그 후에는 사카린 밀수로 문제가 터지자 한국비료회사를 또다시 나라에 바친다고 했다. 그런데 그 이후 그가 또는 그의 독과점기업이 재물을 나라에 헌납했다는 소리는 들어보지 못했다. 하기는 그의 알맹이 재산은 그의 기업 중 대개 특혜융자와 차관으로 이루어진 자산이기 때문에 따져보면 그의 사유물도 아니다. 막상 자기 재물을 나라에 바치려고 해도 무엇을 어떻게 받치느냐 부터 간단치는 않을 것이다.

문제는 한국의 부자가 권력에 빌붙고 기대면서 기생하던 시절에서 권력을 조정하는 시절로 세상이 달라진 점이다. 신군부의 등장시기부터 재벌이라 불리는 독과점기업은 점차로 자기 입지를 방어하는 데서 수세의 전략 전술에서 '적극적 공세'로 전환을 해 나갔다.

현대그룹의 회장이던 정주영은 '5공 청문회'에서 신군부하에서 청와대에 들어갈 적마다 '돈궤 짝'을 가지고 들어가 바쳤다고 했다. 그는 그 후에 스스로가 청와대 주인이 되려고 대통령 후보로 나섰었다. 그래서 정당의 대표도 하고, 국회에 의석을 가진 당의 지도자 행세도 해 봤다. 그 후에 그의 아들이 대통령후보로 나섰었다.

돈을 독점적으로 장악한 부자가 대통령이 된다면?

하기는 미국의 록펠러가 고위공직에 오른 예도 있지 않은가 하고 따지는 재벌 옹호론자도 나설 수 있다. 그러나 나는 여기서 분명히 지적한다. 미국의 록펠러가 정경유착을 통해 부정축재를 한 기업인은 아니다. 그에게 한국 어느 부자처럼 졸부가 된 배경에 '태생적 원죄'같은 악연은 없다. 케네디와 존슨 두 대에 걸쳐 국방장관을 한 맥나마라는 제너럴 모터스사장 자리를 포기하고 돈을 벌려고 장관직을 따낸 것은 아니었다.

우리나라의 부자들의 돈 버는 방식과 돈줄 움켜쥐는 비결은 아직 떳떳치 못하다. 국민이 납득할 만한 여건이 조성되기 위하여 우선 자기 기업의 기본 틀부터 정상적으로 되돌려야 한다. 우리의 경우는 '재벌'이란 일본이나 한국 특유의 족벌체제와 정경유착구조란 고유의 특성의 딱지를 떼어버려야만 떳떳하게 국민 앞에 설 자격이 있다. 1960년대 김성두가 쓴 《재벌과 빈곤》(백경문화사, 1965)에서 문제된 돈벌이 방식과 매판자본이란 지탄 소리는 아주 과거의 유물로 경제학의 박물관으로 사라지지 않았다.

지금 우리에게 법치의 최대의 위기는 법이 '부자 편'에서 아양을 떨다가, 아주 '부자의 것'으로 먹혀 버린다는 점에 있다. 법치구조의 이러한 타락과 파탄은 결국 부자의 사회적 존립기반 자체도 결국은 붕괴시켜 버릴 수 있다는 점에서도 본다. 나라와 사회를 지탱한 경제구조가 부패로 인해서 해체와 붕괴 위기의 나락으로 굴러 떨어지게 된다는 점은 부자부터 정신 차리고 누구보다도 가장 걱정해야 할 일이 아닌가?

| 시민사회의 법구조의 가설이 통하는 세상을 무너뜨리는 자살골(?)

'법은 거미줄과 같아서 약한 곤충은 걸려들어도 힘센 박쥐는 뚫고 나간다'는 탄식의 소리가 있다. 그래도 우리는 법이 정의를 실현시켜준다는 희망이 있기 때문에 법질서가 그나마도 지탱한다.

그런데 '돈이 없어서 유죄가 되어 억울하다(無錢有罪 有錢無罪)'는 세태풍조가 만성화되어 버리면 결국에 가서는 법구조 자체가 무너지고 마지막에 가서는 돈 있는 놈도 살아남을 곳이 없어지고 결국 누구에겐가 먹혀버린다.

부자의 돈지갑은 법에서 공정성을 잃으면 도둑의 '장물'로 전락되어 보호받을 떳떳한 명분이 없어진다. 그렇게 되고도 돈지갑을 법으로 보호받자면 이민이라도 가서 다른 나라의 은행금고 속으로 도피해야 한다. 독재자가 스위스 은행 금고를 애용한 이유는 그들 자신이 도둑인 것을 알고 있었기 때문이 아닌가?

속담에 '남 잡이가 제 잡이'란 말이 있다. '돈만 있으면 모두가 된다'고 해서 그 위력을 휘두른 바보가 그도 결국 그 칼에 찍히는 것이다. 그보다 센 놈이 나오면 그는 끝장이다. 그리고 정글의 법칙은 아무리 센 놈도 결국 늙고 병들면, 사자라고 해도 생쥐가 갉아 먹는 치욕을 당한다. 그리고 잊지 말라! 강자도 뒤덜미를 찔리며, 그것을 투구도 막지 못하는 것이 정글의 법칙인 것이다.

지금 한국의 부자는 검찰관료 출신을 끌어들여 시종 호위 꾼으로 삼고 세계 일류의 '로펌'(변호사 사무실)에 돈줄을 들여대면서 법률을 독점 매점매석하여 방어의 철벽을 쌓으려고 한다. 4·19혁명으로 부정축재 처벌이란 법의 위력을 당해 봤고 신군부하에 '율곡사업'이라고 해서 군수산업의 단물을 빨아

먹다가 신군부 체제의 몰락으로 형벌의 뜨거운 맛을 볼 뻔했던 악몽을 잊지 않고 있다.

지금 삼성은 자기 비위에 맞지 않는다고 해서 경제규제입법의 위헌을 따지는 헌법소송에 나섰다. 물론 법이 보장한 권익을 행사한다고 하는 데는 할 말이 없다.

그러나 그런 원론적 정당화의 말매 꿈으로 그쳐서 될 일인가? 삼성의 '태생적 한계' 문제는 접어두고라도, 세계에서 유수한 기업으로 노동조합이 없는 기적(?)을 이룬 기업이라는 것만 보자. 그리고 그 기업 운영이 국민과 나라의 혜택을 받은 융자와 차관으로 이루어지고 있는 국민부담이란 빚을 지고 있는 기업이란 것은 아무리 어물쩍해도 그냥 봐줄 것은 아니지 않은가? 문제점을 여기서부터 살펴보는 차분함이 필요한 시점에 이른 것이다.

| 법치를 세우는 일은 정의를 유린하는 무법자를 제압하는 일

결국 법치주의나 법의 지배는 법이 지향하는 정의를 지켜가는 일이다. 독재자도 부정축재자도 모리배 사기꾼도 모두가 법률의 이념을 배신하고 유린하는 것으로 그 목적을 이루어 온 자들이다.

여기서 근대법의 원리를 다시 확인하며 우리의 실정을 따져보자.

(1) "권리위에 잠자는 자는 보호받지 못한다."는 가설이 통할 여건 : 이 근대법의 원리는 근대시민사회가 경쟁사회이기 때문에 누구이고 자기 권리를 챙겨야만 한다는 것이다. 각자가 이 거래관계에서 살아남고 공정한 거래관계

가 되기 위해서는 필수적인 규칙이다. 왜냐하면 모든 인격을 권리주체로 가정해서 법체제를 구성했기 때문이다.

그런데 유감스럽게도 우리는 봉건잔재에 오염되어서 아직도 순종과 복종의 미덕 아닌 악덕에 사로잡혀 있다. 권리를 각자 지켜나가기 보다는 자기 분수를 따지고 겸손해 양보를 하는 것을 미덕으로 하는 것이 몸에 배어 있다.

그래서 악덕업자와 범죄인만이 이 허점을 악용해서 이득을 보게 하고 있다. 여기에다 과거에 한국의 독재자는 '충효'란 복종형 인간육성의 수양을 까무러치도록 좋아해서 그리되도록 국정을 운영해왔다. 그 잔재가 아직도 징그럽게 많이 남아있다.

(2) '시장경제'란 신화 : 자유방임주의는 선진국인 영국의 하나의 정치 이데올로기로서 이용되어 왔다. 독일도 19세기 후진 자본주의 단계에선 리스트의 국민경제학 이론은 자유경쟁이란 시장질서의 예정조화(豫定調和)의 이론의 맹신(盲信)을 배척했다. 미국도 세계의 공장으로 발판을 잡기 전까지는 보호무역주의로 자기를 지켰다.

지금 '세계화'시대의 시장질서는 강자의 독판무대이다. 여기서 우리가 살아남을 수 있는 슬기를 짜내서 대책을 강구하기 위해 힘을 모아야 한다. 그런데 얼빠진 '정신적 미국시민'이 자기도 모르는 시장경제학의 마술에 사로잡혀서 경제를 망쳐 왔고 지금도 헛소리를 치고 있다. 그리고 그런 사정을 졸부들은 자유주의라고 덩달아 춤을 추며 제 잇속을 염치없이 챙기고 있다.

(3) 당사자주의(當事者主義)의 가설과 가난한 이의 처지 : 근대법은 자기 권리는 자기 스스로가 지켜야 한다는 전제에 바탕을 두어 운영되고 있다. 그렇

지 못한 사회적으로 미숙한 미성년자(未成年者)나 금치산자(禁治産者) 및 한정치산자(限定治産者)를 제외하고는 누구나 자기 행위에 책임을 지는 개인책임 원칙이 통용된다.

그런데 일대 일의 대등한 자(對等者)의 거래라는 당사자주의 사회는 실제로는 강자와 약자가 공존하는 정글이다. 여기서 우리는 법률체계가 구멍이 뚫려서 사회적 약자를 불리하게 하는 강자의 횡포를 제압하는 보완조치를 필요로 한다. 이 법률의 보완 제도 이외에도 시민운동이 필요한 것이다.

물론 국비를 쓰며 유지되는 법률구조단체(기관)도 있고, 사회에서 봉사활동 하는 각종 복지단체가 있다. 그러나 그것이 혜택을 주길 기다릴 순 없는 것이 우리의 딱한 실정이기도 하다.

국가기관원의 무법행위의 피해자, 법률의 피해자를 위한 자구대책을 결국 정부가 해주길 기다리고 있어서만은 안 된다. 정부가 나서서 하게끔 요구하고 그것이 되게끔 제도를 세워야 한다. 이점이 초점이다.

지금 우리는 "개혁을 하면 나아지겠지" 하고 안심하고 남에게 맡기고 기다릴 처지가 아니다. 개혁을 방해 저지하려는 강자의 횡포를 방치하고 무엇을 한단 말인가?

어떤 시대도 구기득권자가 부정부패한 것이라고 해서 스스로 양보한 적은 없다. 우리의 봉건사회의 속담에서도 "우는 아기 젖 준다."는 말이 있다. 주장하고 참여하고 드러내어 진상을 밝혀야 한다.

법의 지배나 법치주의는 법률이 있다고 해서 실시되는 것은 아니다. 법률이 규정한 제도는 그것을 이용하여 주장하고 활용할 수 있다는 조건을 제공한 것에 지나지 않는다. 그 조건을 충족 실현하는 문제는 그것을 통해서 권리를 보장받으려는 사람이 스스로 챙겨야 하는 일이다.

우리는 법률에 대한 잘못된 인식 때문에 법률이 정하면 그것으로 문제가 풀린 것으로 생각해 왔다. 문제는 그것은 첫 단추를 꿴 것이다. 권리보장의 조건을 충족 실현하는 일까지 나가도록 계속해서 다음 단추를 꿰 가야 한다.

물론 그런 일이 쉽사리 되지 않는다. 바로 그러한 허점을 악용하는 부자로부터 가난한 자를 보호하고 악인이 법률제도의 맹점을 악용하는 것을 방지하기 위해서 적극적으로 대응하여야 한다. 아직도 국민의 심부름꾼이라는 관리는 시키지 않으면 움직이지 않는다. 그를 부리는 것은 주권자가 주권자 행세를 할 때이다(2005.7.6).

"천 장관의 검찰 지휘권 행사 정당하다"
[인터뷰] 한상범 교수, 국가보안법 폐지 전기로 삼아야

• 이철우 기자 •

"강정구 교수건은 형사소송법상 인신구속 요건이 안 된다. 공안사건인 경우 그동안 매카시즘으로 정치경색국면을 만들기 위해 악용되어왔다. 천정배 법무장관의 이번 '불구속' 검찰 지휘권 행사는 정부수립 후 처음 있는 일로 당연하지만 중대하고 적절한 조치였다."

한상범 동국대 명예교수는 2005년 10월 17일 광화문에서 기자와 만난 자리에서 천정배 법무부장관의 검찰 지휘권 행사와 관련한 견해를 밝혔다.

| "공산주의를 신조로 삼아도 처벌할 수 없는 것"

한상범 교수는 "경찰청이 강정구 교수건에 대해 5명에게 감정의뢰를 통해 '구속 의견'이 나왔으나 이것은 의뢰 자체가 잘못"이라며 "학설과 가치판단의 문제, 종교 교리상의 문제는 자유국가에서 국가 권력이 심사할 수 없는 것이며 처벌대상이 될 수 없다"고 말했다.

한 교수는 이어 "공산주의를 신조로 삼는다고 해도 처벌할 수 없는 것"이라며 "객관적으로 표현되어 타인의 권리를 침해하고 국가질서를 어지럽힐 때에나 처벌이 가능하다"고 주장했다.

그는 이번 사건의 본질에 대해 "만경대 사건 이후로 수구세력에게 미움 받고 괘씸하게 보인 강 교수가 최근 맥아더 우상화와 신격화에 정면으로 문제 제기를 한 것에서 비롯되었다"며 "사문화된 국가보안법을 되살리기 위한 제물로 쓰고 있는 것"이라 말했다.

한 교수는 "일제 때부터 내려온 매카시즘 논리를 극복해야 할 때가 됐다"며 "60년간 인신자유 인간존엄을 무시해 왔던 과오를 반성하고, 나아가 보안법 폐지로 가는 전기로 삼아야 한다."고 강조했다.

| 검찰, 이의 제기 아닌 사과해야

한상범 교수는 또 "검찰청법이나 정부조직법상으로 봐도 최고의 검찰권 지휘권자에게 이의를 제기할 근거가 하나도 없다"며 "오히려 공안사건에서 형사소송법의 구속요건 적용이 안 되는데도 구속시켜 왔던 것을 국민 앞에 사과해야한다"고 지적했다.

그는 이어 "인식구속 사유를 엄격히 정한 것은 생명권을 비롯한 국민의 존엄을 지켜한다는 취지"라며 "대부분 공안사건은 군사정권의 포악한 정치 탄압사건이었는데 이런 것에 대한 사죄는 하나도 없다"고 비판했다.

법집행, 검찰의 권능이 아닌 국민이 위임한 것

한상범 교수는 검찰권 독립에 대해 "법집행을 검찰의 고유 권능이라고 착각하는 데 사실은 국민이 사법에 대한 권리를 위임한 것이지 검찰의 사유권이 아니다"며 "검찰총장은 과거지사에 대해 사죄하고 앞으로 공안사건에 대해서도 본래 형소법을 규정한 헌법 정신을 바르게 따르겠다고 했어야 옳다"고 강조했다.

한상범 교수는 "검찰권 독립이란 공정한 법의 수호자로서 위상을 지키는 것이며 헌법에 명시된 인권과 인간 존엄을 최고 가치로 여겨 법을 적용해야 한다."며 "검찰권의 재정립이나 검찰의 자세도 헌법정신에 따라 제정된 형소법의 올바른 정신이 무엇인지 깨닫고 구현해 나가야 한다."고 덧붙였다 (2005.10.19).

정치개혁, '정치 브로커' 청산부터
아직도 구체제의 잔재 만연한 정치판

| 아직도 판치는 정치 브로커 - 정치로 돈 버는 낡은 정치의 잔재

왜 정치인이 당당히 '정치가'로 불리지 못할까? 권력을 장악하거나 장악할 목적으로 정당 활동을 하는 사람을 '정치인'이란 직업으로 보자. 그런데 한국에서 어떤 직업보다 정직과 신뢰와는 인연이 없는 직업인이 그들이다.

여기서 먼저 정치인을 직업으로 분류하는데 개운치 못한 느낌이 드는 이도 있을 것이다. 그런데 정치와 같은 권력문제를 특권계급인 지배층이 독점하던 봉건적 신분사회가 아닌 시민사회는 정치도 만인에게 개방된 하나의 직업이다.

그래서 막스 베버는 정치후진국의 실정에서 독일시민의 정치를 향상시키려고 계몽 활동으로 청년학생을 대상으로 해 〈직업으로서 정치〉라는 주제의 강연을 했다(막스 베버는 1919년 자유학생연맹 초청으로 강연했다. 그 강연 원고는 1921년에 낸 그의 저서 《정치논문집》에 수록되었다). 시민사회가 요구하는 정치인의 조건(자격 요건)을 구명하려고 한 '정치가 모습'의 청사진이다. 물론 이상적인 정치가의 모습이다.

지금은 이 베버의 정치가론은 고전이고 사회과학도에겐 상식이 되었다. 그런데 지금 한국의 정치사정을 보고 있으면 아직도 시민사회 이전의 정치실태를 본다. 그래서 베버의 말이 생각나서 한마디 한 것이다. 문제는 우리가 아직도 '독재시대'의 수준을 벗어나지 못하고 있다는 말이다. 그것도 봉건잔재가 혼합된 독재시대의 폐습을 못 면하고 있다는 점이다.

먼저 지적 할 일은 정치가 만인에게 개방된 직업이지만, 그 직업을 발판으로 해서 졸부(벼락부자)가 되는 것은 금지사항인 것이다. 정치란 직업은 특수한 직업이다. 마치 학자가 진리를 탐구한다지만, 그 진리를 세일즈 해서 벼락부자가 되려고 진리탐구의 대의를 배반하면 이미 학자가 아니듯이, 정치라는 직업은 직업 중에서 나라를 위한 헌신적 봉사를 해야 한다는 특수한 직업이다. 이완용과 송병준처럼 정치를 한다고 나라를 팔아서 부귀영화를 누려도 좋다는 것은 아니다.

특히 이 직업은 기본적으로 나라의 정책문제를 다루는 것이기 때문에 '통찰력'이 있는 지도력을 갖춘 인물이 담당해야 한다. 민주주의에선 그러한 인물이 정당 활동과 선거과정을 통해 국민의 검증을 받아서 선거 과정(절차)에서 선발된다. 쿠데타나 독재자의 발탁으로 권력에 접근하는 것은 바른 길이 아니다.

그런데 우리의 실정은 어떤가? 군사독재시절에는 관료와 직업군인이 쿠데타권력에 의해 정치무대에 발탁되었다. 그밖에 세칭 명망가라고 시시한 이름이 팔린 유지, 교수, 언론인, 탤런트 등이 독재자의 시종노릇을 했다. 물론 지금도 돈을 뿌려서 정치인이 되는 뒷문으로 부정입학을 하는 이는 끊이지 않고 있다.

정치를 떼돈 버는 브로커의 직업으로 착각하고 몰려드는 정상배가 기웃거려 법석을 떨고 있다면 과장일까? 그 보다 꼴불견은 독재 권력에 기생하던 자들이 용케 살아남아서 감옥에 가지 않고 정가에서 행세하고 있는 꼴이다. 아직도 뭔가 제대로 되지 못하고 있는 것이다.

정치인으로 부적격자의 등장은 자기 부모의 후광이나, 지역연고나, 유명 직업이란 것을 밑천으로 정계에 뛰어드는데 성공한 '철새' 정치인이다. 그들이 입으로는 나라를 위한다고 떠들고 있다. 그러나 그들이 나라 자체가 무엇인지도 똑바로 모르는 자들이라는 것은 알만한 이들은 다들 안다.

과거부터 우리 국민에게 가장 피해를 안겨주는 사이비 정치인은 재벌의 권력유착이란 시세를 타고 재벌의 장사와 권력자의 구문 떼어먹기에 시종꾼이 되는 정치 브로커들이다. 아직도 그러한 류의 문제아가 있다. 그러나 지금은 그들을 정치에서 퇴출시키는 것이 정치의 당면 과제이고 국민의 책무이다.

| "정치를 경멸하는 국민은 경멸당할만한 정치를 가질 수밖에 없다."
– 나치에 항거한 독일 문호 토마스 만(Thomas Mann)의 말 –

시민혁명이 좌절되었던 과거의 독일에서 중산계급과 지식인은 정치를 기피하고 의도적으로 경멸함으로써 정치적 무책임을 합리화했다. 19세기 독일의 중산계급은 1848년 시민혁명에서 실패한 이래 구 귀족에게 정치역할을 내주고 말았다. 마찬가지로 독일의 지식인은 정치에서 실천이란 모험을 기피하고 형이상학적 관념세계(?)의 왕국으로 도피했다.

결국 시민계급의 정치적 취약점을 메운 구실은 누구에게 돌아갔는가? 구 귀족층 반동부류에게 맡겨버렸다. 봉건체제인 군주제의 잔당인 귀족과 군장교 및 구시대의 관료는 나치의 등장에 후원자란 악역을 함으로써 공화국을 배신해 파멸시켰다. 그래서 토마스 만은 정치기피를 규탄한 것이다.

그에 의하면 독일인은 나치의 굴레를 벗으려면 '자유'라는 말만 들어도 감격할 정도의 의식수준과 자유에의 의지가 있어야 한다고 했다.

나는 우리의 지식인의 무책임과 소심성 및 문제의식의 빈곤을 지적하고 싶다. 특히 그들이 군정독재의 직간접의 책임을 지면서 독재의 우민정책에 의해 세뇌되어 순치된 것을 보면 더욱 답답하다. 매카시즘의 참극을 누구보다 시정하려고 앞장서야 할 지식인이 그 동안에 안주해 온 기득권에 집착해서 수구 보수에서 발을 빼지 못하고 있다. 그 정도의 정치수준으로선 민주주의를 말하기엔 아직도 멀었다고 하는 걱정이 앞선다.

| 세상이 변했는데도 아직도 떠도는 구제도의 망령들

(1) 방관자의 노예적 근성 : 민주주의는 법률이 정했다고 해서 되는 것이 아니다 …… 민주주의는 민주반역과 민주역행에 대해 일상적으로 저항하고 투쟁함으로써 가능하다. 마루야마 마사오(丸山眞男)는 "저항권의 일상화"라고 표현했다. 그리고 "영구 혁명"이란 말로도 표현했다(마루야마, 《현대정치의 사상과 행동》, 한길사를 참조할 수 있다). 어느 말이나 수구 기득권부류의 비위를 거스르고 매카시스트가 트집 잡기 좋은 말들이다.

구태여 외국 학자를 들먹이지 않아도 민주주의는 얌전히 기다리고 있어서 되는 것은 아니다. 우리의 그간의 피범벅이 된 4.19혁명과 5.18광주항쟁을 기억하라. 그런데 우리는 이 점을 잊고 있지 않는가?

(2) 봉건시대의 처세와 출세관의 찌꺼기 : 18세 선거연령의 실현과 출세주의의 시대역행 극복 …… 헌법재판소가 선거연령을 18세로 낮추는 것은 불가하다는 결정이유로 대학입시 시험공부에 지장이 있다는 걱정을 내세웠다. 참으로 우리의 기득권인 학연과 출세주의와 정치 불감증의 무책임의 사회철학을 표현한 정치문화의 실패작이다.

18세 선거연령을 인정 안하는 나라는 일본과 우리이다. 또 다른 나라도 있을 수 있지만, 시민의 정치교육을 경시하는 정치후진의 표본국이다. 미국초등학생 숙제에 자기가 지지하는 대통령후보와 그 이유를 쓰라는 과제물이 있다. 헌법재판관은 초등학생에게 정치오염을 시키는 순수치 못한 교육이라고 펄쩍 뛸 것인가?

(3) 일제의 치안유지법시대의 정치운동 제한 제도의 잔재 … 호별방문 금지를 비롯한 선거운동기간의 제한과 선거운동 주체의 한정 등 국민의 선거운동을 범법시하는 일제시기 치안유지법시대에 마지못해 보통선거를 인정하면서 대중을 족쇄로 얽던 제도를 그대로 반세기 넘게 유지하고 있다. 세계의 일본 빼고 어느 나라에 그러한 제도가 있는가?

(4) 정치적 자유를 위험시하는 우민관(愚民觀) : 부패정치인에 대한 '낙천·낙선운동'은 어느 편을 드니 안 된다는 판결 …… 헌법재판소 결정에는 이상한 것이 상당히 있다. 그 중 하나로 기존법령에서 시민운동단체의 의원후보 예상자에 대한 낙천 낙선운동을 금지한 것이 위법 위헌이 아니라고 해서 기득권을 또 다시 보호하고 정치운동의 자유를 박탈한 것을 본다.

뉴욕타임즈 위클리 리뷰의 사설이 "닉슨은 대통령이 될 수 없다."는 논제의 글을 쓴 오래전 1970년대의 일이 기억난다. 부패무능한 정치인을 시민이 배제하는 공개적인 토의와 논쟁을 활발히 하는 것이 무엇이 못마땅한지 알다가도 모르겠다. 특히 국민의 표현의 자유를 원천봉쇄하는 억지가 딱하기만 하다.

 (5) 허풍떠는 가짜의 퇴출 : 거짓말 정치공약의 방지대책 …… 정치인이 대선이나 총선에서 공약을 하는 것은 수십 가지다. 어떤 약속도 정치적인 공약이라면 법률화되어야 하니까 입법요강을 먼저 마련하고 그 입법의 타당근거 이외에 재정 염출근거와 그 시행에 따른 결과에 대한 예측 등 최소한의 사항은 선관위에 등기해서 허위, 과장, 날조에 대해 검증하고 그 책임을 묻는 제도를 나는 1997년에 제안했다. 다시 이 점을 반복한다.

 (6) '토막 치기'식 격년제 선거 폐지와 '차떼기 정치' 거래 방지책 …… 일 년 걸러 대선-총선-지방의원선거-자치단체장 선거를 해서 결국 정당과 경제가 정치운동 비용의 과다소요로 부패 타락에 이르게 되고 있다. 각종 선거를 다른 나라의 예처럼 한시기에 몰아서 한꺼번에 하도록 해야 한다.
 토막 치기식 따로 하는 선거는 1987년 시민항쟁으로 궁지에 몰린 군정독재세력이 직선제 개헌을 하면서 짜낸 묘책이고 대비책이며 배수진이기도 했다. 현행법령의 테두리에서 고칠 것은 고쳐서 선거운동 탕진으로 망국이 되는 폐단을 막아야 한다. 결국 정당과 정치인이 돈줄에 매달리고, 돈 나온 곳에서 지령이 나오고, 그 세력과 거래하는 정치타락이야말로 구시대 유물이 아닌가?

(7) 부패토호 위세의 극복 : 주민소환제 채택의 필요 …… 지금 구멍 뚫린 지방자치가 파산에 가까운 혼돈을 극복하기 위해선 주민이 나서야하고 제도 면에선 지방단체장과 의원에 대한 주민소환제(파면 발의제)가 절실하게 필요 하다. 군정독재 30년간을 허송하고 부활된 지방자치의 혼돈은 이 상태를 두 고선 정상화되지 못한다.

정치인의 개헌논의와 헌법제도의 준수 문제

어느 시대, 어떠한 정치제도이고 불완전하고 결함이 있다. 그렇다고 해서 일일이 법률개정이 아니라 헌법개정을 들고 나오는 일도 신중치 못하다.

현행헌법은 1987년 대통령 간선제의 군정독재의 헌법제도를 고치자는 시민운동으로 개정된 것이다. 당시 집권세력은 쿠데타로 집권한 전두환 정권이었다. 그래서 지금 헌법(1987년 9차 개헌)은 군정의 마지못한 양보와 타협의 산물이기 때문에 문제점이 당연히 있다.

1987년 이래 이 헌법제도를 시행한 정권은 군정의 노태우정권과 군정아류인 김영삼 정권이고 그 이후 김대중 정권을 거쳐서 현재의 참여정부에 이르렀다.

그 간에 무슨 제도가 어떻게 문제가 있고, 그것에 대한 국민의 반응과 정치과정에서 현안문제가 무엇인가를 진지하게 검토하여서 적절한 시기에 공론화해 가야 할 것이다. 물론 이미 학계에서도 개헌문제가 본론적인 논의 단계에 이르렀다고 하겠으나(2005년 한국공법학회 정기총회 학술대회에서 논의), 그것은 국민의 여론과 관련해서 전문적 학술상의 검토의 한 과정으로 소화시켜야 한다.

현재의 제도가 대통령제이면서 부통령제가 없고, 대통령 유고시 권항대행자가 되는 총리를 선거되지 않은 자를 임명할 수 있게 한 것이나, 대통령의 사면권 행사에 대한 제한 규정이 없는 등 당장 지적할 것이 많다.

거기다가 내각제에 미련을 두는 구세력이나 재벌 등 일각의 조심스러운 눈치 보기도 있고 해서 개헌론 촉발의 불씨는 남아 있다.

그런데 불쑥 대통령이 현행제도의 틀을 벗어난 헌법운영의 의견을 제시하여 억측을 자아내게 하는 것은 바람직하지 않다. 문제는 먼저 현행제도의 장점을 최대한 살리려하고 현행법을 성실하게 준수하는 것이다. 정치적 결정은 국민여론과 그 반영으로서 선거를 통해 반영되는 요망을 참조하여서 하는 것이 순서이고 순리이다.

지금 우리 정치에서 필요한 긴급사항은 구시대의 돈벌이 부패정치인 '브로커 정치'판을 바로잡는 일이고, 현안의 개혁을 향해 가는 것이다. 악법개폐 문제만을 들어도 1987년 시민항쟁 당시에 개혁 제1호의 과제로 악법개폐로서 국가보안법 문제가 제기되었다. 지금은 이 문제조차 발목이 잡혀있지 않은가? 어쩌자는 것이냐?(2005.7.11).

〈정치지도자론〉 정치는 출세나 돈벌이 수단이 아니다
"조국과 민족에 대한 헌신적 사명감 있어야"

| 정치에 대한 불신과 정치에의 매력

정치인처럼 경멸 불신당하는 직업도 없다. 가장 믿을 수 없는 직업인으로서 범죄인에 가깝다. 그런데도 정치에 대한 매력은 아편과 같다. 이제까지 정치 지망의 인물은 고갈된 적이 없다.

정치는 권력에의 길이고, 권력은 황금과 영예를 장악할 수 있기 때문이다. 전제시대에 권좌는 곧 출세에의 관문이었다. 그 전통과 관례 때문에 아직도 소영웅주의자로부터 야심가나 출세주의자에 이르기까지 정치권력에 군침을 흘린다. 유교적 권위주의의 출세관은 입신양명 금의환향 부귀영화이다. 이 가족주의적 이기주의의 출세주의는 아직도 족벌 연고주의(crony capitalism)로서 시민정치를 좀먹어 온다. 아직도 우리는 시민정치 이전의 '나라님'시대의 의식과 관행 속에 살고 있기 때문이다.

| '정치'란 무엇인가? - 토마스 아퀴나스와 엘젠즈 벨거의 권력관

토마스 아퀴나스는 정부권력집단이 정의가 없으면 도적의 집단이라 했고,

독일시인 엘젠즈 벨거는 1950년대에 쓴 《정치와 범죄》란 책에서 정치는 살인으로부터 시작된다고 문제를 제기했다. 자유주의 권력관은 권력을 '필요악'으로 보는 것은 다시 말 할 것도 없다.

정치는 권력문제이다. 이 권력은 사람을 법률의 이름으로 죽일 수 있는 강권 장치의 행사다. 그러면 왜 그러한 폭력장치란 '필요악'이 필요한가? 사람은 욕구와 이기본위의 주체로서 이익을 둘러싼 갈등과 충돌은 선의만으로 해결될 수 없다. 개인적으로 이익을 탐해 살인에 이르고, 집단사이에 이익의 충돌이 분규가 되며, 나라 사이에는 전쟁이 되어 살육과 파괴에 이른다. 정치란 그러한 갈등과 충돌을 조정하는 폭력장치의 운영이다. 결코 아무나 해 볼 만한 신선놀음이 아니다.

시민사회에선 정치도 직업으로서 개방되었다. 그렇지만 그 정치에 입문할 수 있는 과정은 정당이나 사회단체 등 공공활동을 통해 봉사를 하는 차원에서 그 자질과 능력이 검증된 사람을 선거나 그 밖에 국민의 동의과정을 거쳐서 뽑히는 것이다.

| 누가 정치인이 되나 - 정치인 충원의 한국형 풀

요즈음 대선을 몇 년 앞두고 성급하게도 별의별 정치인으로서 당초부터 실격자인 죄 많은 부류로부터 능력과 자질이 부족한 '얼간이'에 이르기까지 너도 나도 날뛰어 눈살을 찌푸리게 하고 있다. 해방이후 계속해서 되풀이 되어 온 정치 연극에서 친일파부류 매국노들의 엉터리 정치극에 신물이 난 우리지만, 아직도 탈을 갈아 쓴 친일파를 비롯한 수구기득권부류의 독판무대처럼 되어 온 것이다.

여기서 우리는 그 동안에 누가 정치인으로서 표와 인기를 모아 왔는가, 또는 억지로라도 표몰이를 해 왔는가를 되돌아보자.

| 시대별 정치인 등장의 실태

해방 후 미군정기(1945-1948) : 해방 후 한 시기는 민족해방 투쟁의 경력이 정치인으로서의 인증 받는 훈장이었다. 그러나 외세와 명망가 간판이 통하는 혼전시대로 되면서 상황이 변한다.

정부수립 이후(1948-) : 지방 토호 유지, 친일자산층, 이승만 배경유지, 친일관료 등 1948년 제헌의원 선거에 이미 친일파가 실세로 등장하기 시작했다.

군사정변(쿠데타) 이후 (1961년-1992) : 쿠데타로 군부실권시대로 되면서 군장교 출신 등 대거등장, 군정에 영합한 어용 지식인, 특히 교수 언론인 방송매체종사자, 지역토호로 군정수혜자, 정당관계자(비서, 보좌관, 당 사무관료 출신) 등. 특히 검찰과 정보 공안기관 관계자가 군사정권 수구세력의 요인으로서 정치에서 실세가 되어 개혁이나 민주화에 반발의 역할을 은연중에 해 온다.

민주화운동 출신의 정치계 진출은 1987년 민권운동 이후에 점차 눈에 띠기 시작했다. 그러나 동시에 전문직 출신의 자산층이 재력과 명망을 업고 여-야당 양쪽에서 등장하기 시작했다.

| 정치인의 조건과 문제점

정치인으로서 어떤 능력을 갖추어야 적격인가? 19세기 서구 후진 독일에서는 귀족과 관료 및 군인이 정치인 충원의 풀이었다. 그러나 원래 정치인은 국가정책의 수립과 집행 등에 경륜과 식견을 갖춘 통찰력을 정치과정에서 쌓아서 검증을 통해 국민의 선거로 인정을 받아야 하는 것이 정상적이다.

독일의 실패는 천재적인 선동가의 자질을 가진 야심가인 히틀러가 정상에 오르는 기현상이 벌어진다. 그는 독일 패전으로 인한 피해와 좌절의 정신적 심리적 공백을 최대한으로 악용해 표밭을 누비며 권력에의 정상에 오르게 된 점을 주의해야 한다. 무솔리니도 대중의 갈채를 끌어내는 선동가로서 이탈리아의 낙후성과 중산층의 영웅 환상을 딛고 올라선 허풍장이었다.

그러나 후진국에선 그러한 정상적 과정을 거칠 수 없이 독립투쟁에서 실적이 인정된 투사나 군사조직을 관리한 엘리트 장교가 정치에 지도자로 나서게 된다. 박정희는 식견이나 통찰력으로 봐서 정치인으로서 낙제이며 결국 교활한 야심가로서 외세 속에서 친일정권을 세운 기회주의자였다.

그래서 정치인은 식견 통찰력과 함께 책임윤리가 있어야 하는데 그것은 무엇보다 조국과 민족에 대한 헌신 사명감이 있어야 한다. 한국 정치인으로 가장 중요한 이 같은 덕목은 김구 선생 작고 후에 이승만 시대에 그의 졸개에게선 전멸했고, 박정희 이후 군정독재의 부류는 애당초 그러한 덕목을 말할 수 없는 친일 반민주의 무리로서 외세 편승으로 일찍부터 조국을 버린 자들이었다.

우리는 어느 누구도 그가 걸어오며 행한 또 행하고 있는 행적을 통해서 그 정치인으로서의 자질과 능력의 실상을 심판해야 한다. 압력이나 금력이 작용하고 감정에 휩쓸리면 나라를 망친다. 그래서 우리는 정치의 주체로서 민중의 정치력을 따지게 된다.

| 아큐(阿Q)와 광인(狂人)의 시대를 극복해야

중국의 선각자인 작가 노신(魯迅)은 《아큐정전》(阿Q正傳)에서 '아큐'란 인물을 통해 무책임한 방관자와 자기 결함과 능력부족을 스스로 합리화시키는 '정신 승리법'에 의한 자아도취술로 사는 바보를 개탄했다.

특히 《광인일기(狂人日記)》에서는 유교의 봉건 이데올로기가 만들어 낸 인간형인 윗사람이 아랫사람을 밟고 서며, 부모가 자식을 예속물로 여겨 부리고, 남자가 여자를 노예화하는 사회구조를 통렬히 비판했다. 그는 사람이 사람을 잡아먹는 우민사회를 규탄했다.

노신은 전제폭군에게 길들여진 사람들의 모습을 다음과 같이 말한다.
……폭군 지배하에 있는 신민(臣民)은 대개는 폭군보다 더욱 포악하다……폭정이 다른 사람의 머리에 떨어지길 바라고 자기는 그것을 보고 좋아하며 잔혹함을 즐기고 다른 이의 괴로움을 감상하며(자기는 그러한 처지가 아니라고) 스스로 위안한다(폭군의 신민, 1919년 10월, 隨感錄 65).

놀라지 말라. 군사독재의 최대의 피해자인 서민이 쫓겨나거나 피살당한 독재자를 영웅시하고 그리워하기까지 하는 심리가 어디에 있는지. 폭정은 사람을 이토록 타락시킨다.

우리는 지금 우리 주변에서 벌어지는 '바보놀이 공화국'의 놀음을 그대로 보고 남의 일처럼 모른 체 하거나, 비웃거나, 또는 그 판에서 이득을 취하려고 해선 안 된다. 어느 편에 들어도 결국은 '자살 게임'이 된다는 것을 때가 늦기 전에 알아차려야 한다.

민주시민이 없이는 민주지도자가 설 토양이 없다. 그 사회의 지도자는 그 대중의 정치적 모습이고 얼굴이다. 그래서 토마스 만은 "정치를 경멸하는 국민은 경멸당할 만한 정치를 가질 수밖에 없다."고 한 것이 아닌가?

이승만이 몰락하고 경무대를 쫓겨날 때에 이승만을 심판하지 못하고 감상에 빠져 동정으로 뿌린 눈물은 결국 박정희의 쿠데타의 칼바람을 몰고 왔다. 박정희가 사살당한 의미를 알기보다 인간적 동정으로 이성적 판단의 틈새를 보인 대중의 정치적 태만은 전두환 신군부 쿠데타로 광주 피바다를 몰고 왔다. 1987년 노태우의 6.29선언으로 속은 민주세력은 결국 신군부정권 연장의 궤도를 깔아주었다.

| 우리가 스스로가 만들어가야 하는 지도자 모습

민주주의의 본질이 무엇이냐? 켈젠은 오래 전에 '다스리는 사람(치자)'과 '다스림을 받는 사람(피치자)'이 동일하다고 했다. 우리 속에서 지도자가 나오는 것이다. 정감록의 정도령을 기다리는 봉건적 치국관은 털어버리자. 우리가 만들어가야 한다. 지도자는 하늘에서 떨어진 인물이 아니라 우리 속에 있다.

노신의 말을 다시 참고하자.
…… 역사에서 보면 모든 개혁은 항상 각성한 지식인의 임무이다. 그런데 그들 지식인은 반드시 연구와 사색 및 결단력이 있고 불굴의 정신력이 있어야 한다. 그는 자기가 가진 힘을 다하지만, 사람을 속이지 않는다. 그는 스스로 앞장서 나가면서도 영합하는 일이 없다. 그는 남들 앞에서 스스로를 비하하지 않고 사람들을 존중하며 겸손하다. 그는 오로지 대중속의 한 사람이다.

나는 그런 자세가 되어야만 비로소 대중의 과업을 이루어 갈 수 있다고 본다.……('대중은 인텔리가 생각하듯이 결코 바보는 아니다' 1934년 8월 雜文에서)

우리가 대중의 각성에 끝까지 미련을 두어 집착함은 대중이 미래이고 대중의 객체가 아닌 '주체'이어야 하기 때문이다(2005.12.6).

코스타리카 최고법원, 이라크 침공지지 '위헌'

｜ 근대 시민혁명의 헌법과 평화주의의 의의

1791년 프랑스 혁명헌법은 타국민에 대한 정복을 목적으로 하는 전쟁을 금지하고 있다. 평화주의를 일찍이 주창한 위대한 사상가 철인으론 우선 칸트를 들 수 있다. 그는 〈항구평화론〉에서 평화에 대한 전략으로서 무엇보다 군주나 전제권력자의 야심이 전쟁을 도발시키는 원인이 된다는 점을 유의해 나라의 정치를 국민이 이끄는 공화국이 된다면 국민 스스로 자기나 자기 아들을 전장으로 보내는 평화파괴 행위는 안할 것이므로 공화국에 비중을 둔 발상을 제기했다. 그리고 타국민과의 교류를 통한 이해증진이 평화 목적에 이바지 한다고 보았다.

그런데 프랑스 혁명의 평화주의 침략전쟁 금지규정을 둔 헌법의 사상은 다음과 같은 점에서 중요하다. 우선 자기나라 국민의 인권을 존중하면 다른 나라 국민의 인권도 보장해야 한다는 것. 다음에는 인권 보장의 제도는 평화라는 조건에서서만 가능하다는 것 등이다. 실제로 전쟁이나 그에 준하는 비상사태의 발생은 계엄령상태로 되어 헌정 상태가 비정상적으로 중단되게 된다. 그래서 인권은 엄중한 제한을 받게 된다. 이 점에서 평화주의 규정은 훌륭한 발상이다.

| 일본국헌법(1946년)의 평화조항을 폐지시키려는 일본 극우와 우익

일본 자민당 등 집권 보수층은 지금 전쟁국가체제를 정비하고자 착착 법령정비를 완수했다. 헌법 제9조의 전쟁금지와 군대를 갖지 않는다는 조항만 없애면 된다는 전망이다.

일본의 평화헌법은 일본국민 3백만을 죽이고 국토를 초토화시켰으며 아시아 민중 3천만의 생명을 앗아간 대가로 얻은 귀중한 유산이다. 그런데 그것을 강요된 헌법제도라고 생트집을 잡아서 순진한 국민대중을 군국망상으로 몰아가 개악하려는 것이다.

| 코스타리카 최고법원, 이라크 침공 지지 한 정부에 대해 위헌 판결

코스타리카 최고법원은 2004년 10월 8일 코스타리카 정부가 미국정부의 이라크침공을 지지한 것은 위헌이란 판결을 내렸다.

〈판결요지〉
헌법과 국제연합헌장 및 코스타리카가 승인한 국제인권규약에 반하기 때문에 2003년 3월 19일 행정부(정부)가 이라크전쟁 및 그에 부수하는 모든 행위에 대하여 한 행위(처분)에 관한 합의를 무효로 한다.

| 코스타리카란 나라는 어떤 나라인가?

코스타리카는 북으로 니카라과와 남으로는 파나마와 국경을 접한 카리브해안을 낀 중미의 작은 나라이다. 인구도 4백여만, 국가제도는 공화국이고 18세 이상의 남녀가 선거권을 행사하고 있다. 1821년 스페인으로부터 독립 현행헌법(1949.11.7)을 만들었으며 국민직선의 정부통령제이고 국회는 57석의 의원으로 구성된다. 최고법원은 국회에서 8년 임기로 선임된 22명의 판사로 구성되어 있다. 이 판사들에게는 미국 최고법원과 같은 사법심사권이 있다. 이 권한에 따라 정부행위에 대해 위헌 판결하여 미국지원의 행위를 즉시 철회할 것을 명령했다.

그런데 이 헌법쟁송을 한 것은 대학생인 로벨토 사모라라는 젊은이이다.

나는 우리 신문에 나지 않는 중요기사를 주의해 검색해 오면서 일본의 월간지 《세계》(이와나미서점 발행, 2005년 창간 60주년 6월호)에서 그에 관한 소스를 얻었다. 바로 문제의 주인공 대학생이 일본에 와서 잡지에 대담기사가 실린 것이다.

| 한국 헌법의 침략전쟁 금지 규정

한국헌법도 총강에 대한민국은 모든 침략전쟁을 부인한다고 규정했다. 나는 일찍이 1965년 박정희가 월남전쟁에 한국군을 파견한다고 국회의 의결로 강행 돌파의 방식으로 받아냈을 때에 이 조항에 따른 문제 제기를 하려다가 기회를 놓쳤다. 내가 접촉한 기자들은 당시에 '감히 무슨 문제를 가지고 불구덩이에 뛰어들려하느냐' 하는 투로 상대를 하려고 하지 않았다.

그러나 헌법의 규정으로 봐서 월남 참전이 합헌으로 합리화하기는 무리가 가고 무엇보다 우리 젊은이를 죽음으로 몰아넣는 행위에 대해 용납할 학자적 양심의 근거가 있느냐 하는 문제로 두고두고 고민하며 살아왔다.

특히 동작동 국군묘지에는 5천여 명의 월남참전 전사자의 묘가 있다. 그 앞에 설적마다 학자로서의 태만과 직무유기라는 자책감으로 가슴이 찢어지는 듯해 남모르는 회한의 눈물도 흘렸다. 지금도 동작동 묘지를 지날 적마다 가슴이 아프다. 그러나 그런 것으로 나의 태만과 직무유기란 도덕적 죄악이 씻겨져 과거로 흘러 버릴 수는 없다는 것을 나는 알고 있다.

월남파병으로부터 다시 40년 만에 다시 한국군의 해외파병이 이루어졌다. 이번에는 각기 여러 관점에서 이라크 파병문제에 대한 이의제기도 있었고 있어오고 있다. 40년 전과는 다르지만, 여전히 개운치 않다.

문득 코스타리카의 최고법원의 판결을 보며 가슴에 왈칵 와 닿는 것이 있었다. 그래서 이 정도의 보잘 것 없는 감상문을 쓴다. 현명한 네티즌이여 더 이상 변명할 말이 없다(2005.5.18).

6 · 15 공동선언의 정치역학과 국제관계

| 평화 통일을 반대해 온 장본인은 누구인가?

김구 선생의 암살로부터 조봉암과 조용수의 사법살인을 거쳐 오늘에 이른 길

　남북분단의 발단 배경을 돌아보면 일본제국주의 조선강점과 그에 따른 일제에 의한 2차대전시 방위체제로서 만주관동군과 일본 본국군대의 관할구역 분할에서 비롯된다. 일제는 당시에 38선을 기점으로 북쪽은 관동군 관할로 했고, 남쪽은 본국 군대의 방위 구역으로 했다. 그래서 미-소는 만주점령을 하는 소련군이 38선 이북지역의 일본군의 무장해제를 담당하고, 미군은 그 이남을 담당토록 한 것이었다.
　원래 전쟁도발책임이 있는 패전국가인 일본이 연합국 군대에 의하여 분할 점령되어야 했다. 그런데 일본의 경우에는 소련이 대일전에 뒤늦게 참전했고, 뿐만 아니라 소련은 일본과 불가침조약이 체결당사국이었던 사연도 있고 해서 결국 일본 점령이 미국단독 점령이 되었다.
　어쨌든 한국 민족으로선 일제 항복이전부터 강대국 국제관계의 이해 거래

속에서 흥정대상이 되어왔다. 오스트리아가 미-소-영 등 연합국 공동분할 점령에서 분단국가를 면한 선례도 있지만, 우리 민족의 정치역량은 당시엔 거기까지 미치진 못했다. 오히려 분단의 역사는 통일운동가의 암살과 처형으로 이어져 왔다.

1949년 통일운동에 앞장선 김구 선생이 친일파의 손에 암살당했다. 조봉암도 평화통일론으로 이승만의 미움을 받아 간첩누명을 쓰고 처형되었다. 4·19이후 통일운동은 박정희 정권에 의해 모조리 용공, 좌익, 이적, 빨갱이로 몰려서 처벌당했다. 조용수 민족일보 사장은 사형에 처해진 사례였다. 그 이후 독재 권력은 통일을 주장하는 것을 이적행위와 용공으로 몰아왔다.

▎1953년 정전협정과 한반도 무력통일시대의 종언

1950년 발발한 한국전쟁에서 어느 쪽도 무력통일을 할 수 없다는 것이 증명되었다. 미국은 한반도 포기를 절대로 하지 않는다는 것을 에치슨의 방위선에서 한반도를 제외했었음에도 행동으로 보여주었다. 중국과 소련은 자기 주변 국경에 적대적 정권이 위협적으로 존립하는 걸 좌시하지 않는 다는 것을 또한 행동으로 보여주었다. 미국이 원자탄을 가지고 무력과 경제력이 우위에 있었지만, 중국과 소련을 상대로 전면전을 할 각오를 하지 않는 한 북진통일을 위해 무력행사를 할 수는 없었다. 그로 인한 결과는 미국조차 예측할 수 없기 때문이었다.

그래서 휴전 이후 외신은 정전협정의 체결은 한국의 '영구적 분할'을 뜻한다고 보았다. 무력에 의한 통일시도의 시대가 사실상 끝난 것이다. 여기서 우리는 국제관계의 냉혹함 속에서 우리의 운명을 보게 된다.

결국 민족의 운명은 우리 스스로의 문제로 돌아 온 것이다. 어느 나라도 자기의 이익을 포기하거나 희생하고 우리민족을 봐줄 일은 없다는 아주 기본적인 상식이 확인된 것이다.

그러나 이 명백한 사실을 감추고 딴 짓을 하는 정치권력의 정책이 그 이후 우리 민족에게 자멸적인 남과 북의 소모전에 불을 붙이게 된다.

| 이승만의 '북진통일론'과 박정희식 '안보절대주의'의 실체

이승만이 정전(휴전)반대를 관제(官製)데모를 조작해서 초중등학생을 동원해 거리를 메운 것은 1953년 정전협정 전후의 일이다. 당시 총알 하나 자력으로 만들지 못하고 그 동안의 작전을 외국군대에 맡겨 온 처지에 한국군대가 단독으로 북진을 한다고 큰 소리를 친 것은 6·25전쟁 전에 '무력북진통일'을 외친 것이나 마찬가지로 헛소리였다.

그러나 그에 이의를 제기하면 매국노나 빨갱이라고 해 얻어 터졌다. 이승만의 왕년의 부하였던 조병옥이 이승만의 북진론을 비판하였다가 테러를 당하기도 했다.

물론 이승만이 조봉암을 죽이게 되는 사연으로부터도 알 수 있듯이 이승만의 통일 연극에 재를 뿌리면 '괘씸죄'로 살아남지 못했다.

박정희도 쿠데타의 명분이 반공을 국시 제1호로 내세운 간접침략의 분쇄였다. 안보절대주의 나팔 앞에서 다른 목소리가 용납되지 않았다.

그런데 박정희의 안보 세일즈는 1972년 닉슨 미국대통령이 중국을 방문해 모택동 주석과 악수하고, 일본 다나카 수상이 마찬가지로 중국을 방문해 주은래 총리와 친선을 다짐함으로써 무색해 졌다.

1950년 6·25전쟁 이래 어린이들은 학교에서 "무찌르자 중공 오랑캐, 몇 백만이냐…"하며 중공 오랑캐를 저주해 왔다. 그런데 그 중공 오랑캐 괴수를 닉슨 미국대통령이 직접 찾아가서 만나 악수를 하고, 중국공산정권과 친선과 공존, 수교와 교류를 다짐하는 것을 어떻게 설명하여야 하는가? 반공정신으로 무장해야 한다고 온통 교과서와 벽보를 반공구호로 뒤덮어 놨는데 말이다.

미국은 중국과 국교이전 10여 년 전부터 국회청문회에서 중국문제를 공개적으로 다루어서 국민에게 미-중 국교에 따른 사전준비를 위한 충분한 예비공작을 해왔다. 일본도 중국과의 민간차원의 문화교류를 통해서 중국과의 국교는 준비해왔다. 사실 공식적 국교가 없는 전쟁 중에도 나라사이에는 무역과 문화교류가 공식이건 비공식이건 간에 있다.

한국전쟁 중에 의약품을 해상루트나 밀무역 및 제삼국루트로 미국이 중국에 팔아먹어 온 것은 이상한 일도 아니다. 우리만 이상하게 생각하는 심리구조를 갖고 있어 왔다. 그것도 법률로써 쇄국의 울타리를 처서 바늘구멍 하나도 들어갈 수 없게 국민의 눈과 입, 귀를 모두 틀어막아 바보로 만들어 놨었다.

결국 세계에 유래가 없는 폐쇄체제의 남과 북의 정권임을 보게 된다. 남과 북, 어느 정부이고 대원군시대의 폐쇄적인 쇄국정책이 무색할 정도로 남북의 문을 꽉 꽉 잠가 온채 수십 년을 지내 왔다.

세계역사에 어떤 나라에서 가족 친족 친지 사이의 혈육상봉교류를 범죄로 하여 반백년 이상을 금지시켜 왔던 사례가 있는가? 그렇게 무지막지하고 비인도적 체제가 어디 있었는가? 여기서 동서독의 예를 들것도 없다.

남북의 서신왕래도 범죄로 정했고 방문도 잠입탈출죄가 되었고, 어쩌다가 고기잡이배를 타고 월북하는 실수를 했다가도 집안이 쫄딱 망하는 신세가 되었다. 이렇게 수십 년을 우리는 말 한마디 못하고 살아왔다.

그런데 그러한 억지가 통할 수 없는 사태가 당장 들이닥친 것이다.

| 남·북 정권의 대응과 7·4공동성명의 사연

박정희는 1972년에 내외정세 변화에 대응해 안보절대주의만으로 약발이 듣지 않게 되었음을 알았다. 그 안보절대주의를 '절대'의 '절대'로 극한까지 몰고 간 것과 함께 평화통일의 명분을 선취하기로 북측과 양해하는 극적인 공작을 꾸몄다.

'비상사태선언'이란 것으로 국민에게 겁을 주는 것으로도 안되어서, '유신'이란 일제의 명치유신을 연상케 하는 친위쿠데타로 안보절대주의를 둔갑 변조시켜 '총통제' 헌법체제를 만들어 스스로가 자살골로 몰아갔다.

북한도 주석제 헌법으로 체제 변형을 통해서 대처하면서 평화통일의 명분을 내세웠다. 물론 남과 북, 양대 정권의 그러한 조치는 '내부용'인 것이었다. 외부의 객관적 정세는 그 후 계속해 급변하면서 다가오고 있었다.

특히 박정희 정권이 항구집권 전략은 군대식 명령방식의 일제 전시체제방식 경제로 몰고 가면 될 것으로 보았다. 그래서 국민에게 '빵과 서커스'를 제공하면 된다고 보고 그이상의 요구는 빨간칠을 해서 억압해 왔다. 그런데 그것이 재벌위주의 편파 파행적이며 부패하고 퇴폐적인 체제였기 때문에 자체 붕괴의 막바지 길로 달려갔다.

결국 박정희 최후의 운명을 예고하는 와이 에이치(YH)여성노동자 파업과 박정희정권 주변의 섹스 스캔들 사건의 상징인 '정인숙 여인' 피살사건은 박정희 체제의 몰락의 예고편이었다. 대학가에서 박정희정권 섹스 스캔들을 야유 풍자해서 유행가 가사 바꾸기 노래로 "사랑이 무어냐고 물으신다면 눈물의 씨앗이라고…" 어쩌구 저쩌구 하는 노래가 유행했다. 그러자 유행가조차 금지곡으로 지정해서 "왜 불러 …" 어쩌구 하는 노래도 안되니 되니 하는 해프닝이 있어서 다시 실소를 하게 만들었다.

배가 터지도록 일부 특권층에 의한 독점 독식은 퇴폐와 타락으로 치달아서 난잡한 섹스 놀이와 배부른 보석잔치에서 더 발전해서 '서로 잡아먹기' 불잔치로 끝나는 역사과정을 밟아가게 되었다고 할까?

| 박정희와 신군부의 미국 인식과 미국의 실체

박정희나 신군부는 미국의 충직한 맹우를 자처해 왔다. 사실 미국의 지원 없이는 정권을 지속할 수 없다고 해도 지나친 말은 아니다.

그렇지만 정상적인 위정자라면 국민에게 책임을 지고 자기 개인으로서도 최소한 양식은 가지고 있어야 한다. 특히 국가 경륜의 가나다 상식쯤은 있어야 한다.

여기서 나는 미국의 동북아시아 전문가인 미국 정치학자 찰머스 교수의 몇 가지 논문을 소재로 말하고자 한다. 여기선 찰머스의 논문집 모음인 《A COLLECTION WORKS》 by CHALMERS JOHNSON 을 일역으로 꾸며 낸 책인 《帝國 아메리카와 日本武力依存의 構造》(集英社, 2004年 刊行)을 참고하였다. 찰머스 교수의 책으로 번역된 다른 책을 든다면 《제국의 슬픔》(삼우만, 2004년)이 있다.

여기서 찰머스의 논문집 모음을 참고로 몇 가지 사항을 다음과 같이 정리한다. 미국은 소련이 붕괴 해체되어 냉전시대가 끝나 10년 이상 된 이후에도 외국에 800여개의 군사기지를 유지하고 있다(찰머슨의 위에 든 책, 22쪽). 왜냐면 미국은 세계인구 4%의 비율을 차지하는 처지에서 세계자원 40%를 소비하는 나라로서 체제를 유지해야 하기 때문이다.

2000년 현재 세계군사비 7980억불 중에 미국이 차지하는 비율은 37%였고, 미국은 세계에서 최대의 무기수출국으로 행세한다(찰머스의 위의 책, 38쪽. 이하 인용에선 '위에 든 책'으로 약칭).

1945년 미국은 유엔을 만든 승전국가였다. 그런데 지금은 유엔과 관계가 미묘하다. 이라크 침공은 유엔 헌장에 정면 위반해 총회승인 없이 감행되었다. 미국은 이미 1999년 탄도탄 요격미사일(ABM)제한 조약과 유엔 아동권리조약의 서명을 반대 거부하고 있으며, 반인도적 전범처벌의 국제형사재판소 창설을 반대해 왔고, 지뢰사용금지국제조약에 서명을 거부하며(위에 든 책, 64쪽), 교토의정서에 서명을 역시 거부해서 환경오염방지에 협조하지 않고 있다. 강대국의 횡포랄까?

한국에 대해선 찰머스 교수가 지적하듯이 1945년 일찍이 친일파 편이 되어 그들을 두둔해 왔고(위에 든 책, 75쪽), "… 한국은 북한보다 훨씬 군사비지출이 많고 인구는 두 배이며, 적어도 북한보다 25배 이상의 부자로서 방위를 위하여 미국의 힘을 필요로 하지 않는다고 본다. 한반도에 미군을 배치하는 것은 실제로는 중국에 대하여 미국은 동아시아 제국내의 영토를 지킨다는 의지가 있음을 경고하기 위한 것이다"라고 지적한다(위에 든 책, 80-81쪽에서 인용).

여기서 한국의 위상이 어떠한가, 그리고 앞으로 문제가 무엇인가 하는 점을 찰머스는 솔직하고 대담하게 서술하고 있다.

김대중 대통령의 2000년 6·15 남북공동성명은 김대중 개인으로 보아서도 자기 운명을 걸고 한 결단이고, 그로 인한 평화에의 전기는 높이 평가될 수 있다. 이 점은 남의 입을 통해서 말할 필요는 없다.

| 왜 아직도 19세기식 친미외교의 감각에서 벗어나지 못하는가?

우리는 19세기 일제 침략을 당할 적에 미국과는 일제 다음으로 수교를 한 나라가 되었다. 그래서 미국이 1905년 일본과 밀약을 해서, 한국의 일본 식민지화를 부추길 당시에도 한국조정은 미국에 대해 호의를 가지고 기대하며 의지하려고 했다가 그것이 허망한 일로 되었다.

이승만은 일제에 대항한 독립운동에서 미국과의 외교에 매달려 독립을 하려고 평생을 보냈다. 그래서 그는 자주적 입장에서 민족의 운명을 보기 보다는 미국과의 의존관계에서 모든 것을 풀어나간다는 자세였다. 그런데 그의 본심, 아니 야심과 방략은 자기가 이씨왕조 가문의 출신으로서 '나라님'이 되려고 한 것이었다. 이승만은 그가 거의 평생을 보낸 미국의 민주주의에선 별로 배운 것이 없었다. 그 결과 한국의 지배자로 되었을 때 그는 독선과 아집 덩어리였고, 공화국의 대통령이라기보다는 왕손으로서 우민을 다스리는 봉건왕조의 전제군주로서 행세하여서 친일파 같은 부류를 체질적으로 선호하게 되었다.

지금 우리에겐 '사대주의'나 이승만식 '친미'나 박정희식 '친일'이 우리 생존의 전략이 되어선 안 된다. 그렇다고 무조건 반미, 반일 일변도가 대안이라는 것도 아니다. 매카시스트는 그렇지 않아도 친미가 아니면 빨간칠을 한다.

원래 국제관계에서는 봉건적 조공관계의 의리와 명분은 통하지 않는다. 냉혹한 이해관계의 선택과 대결의 관계라는 것은 다들 알고 있지 않을까?

나는 김대중 대통령의 6·15공동성명을 헐뜯는 어느 극우인사가 사담으로 김대중이 의심되는 좌경인물이기 때문에 김정일과 무엇을 했는지 믿을 수 없다고 말하는 것을 듣고는 깜짝 놀랐다. 이래선 안 된다. 지금 우리 처지는 서로가 빨간칠이나 까만칠을 하고 있을 시점은 아니다. 나를 바로 세우는 데서 살길을 찾아야 한다(2005.6.14).

'미국 바로 알기' 우리 시대 지식의 첫 걸음
〈불의 기억〉... 라틴 아메리카의 역사를 통해 본 미제국의 본성

우리는 우리주변에서 우리를 기다리는 유익한 지식을 너무 박대하거나 지나쳐버려 왔다. 시시한 3류에 도색을 깃들인 광고수준 정도인 책이 깜짝 쇼로 팔리고, 더욱 구역질나는 것은 이미 퇴장하거나 감옥에 갈 정치를 오염시킨 무리가 대필시킨 책이 서점가를 어지럽히고 있다. 그런 쓰레기가 아닌, 책다운 가치가 있는 책이 우리 주변에 있는데도 버려지듯 박대를 당하고 있다.

| "등잔 밑이 어둡다"

예를 들면 세계 최고의 지성으로 평가된 미국의 양심인 노암 촘스키의 책들, 눈에 띄는 번역판만 해도 당장 《세상의 권력을 말한다》(시대의 창), 《불량국가》(두레), 《미국이 진정으로 원하는 것》(한울), 《실패한 교육과 거짓말》(아침이슬), 《프로파간다와 여론》(아침이슬) 들은 아주 오래전에 나온 책이다.

하워드 진의 《마르크스 뉴욕에 가다》(당대)는 요즘 서점가에 선을 보이고 있다. 그는 백만 부 이상 팔린 《미국 민중의 역사》의 저자다. 이 책은 이미 1986년에 일월서각에서 《미국민중 저항사》란 제목으로 나왔다. 그의 《오만한 제국》(원제목: 미국 독립선언 - 당대, 2004년)은 꾸준히 독자를 끄는 책이다.

무엇보다 미국의 국제관계에서 지위와 문제점을 제기한 동북아시아 전문인 찰머스 존슨의 역작 《제국의 슬픔》(삼우반)이란 역작은 이미 번역 출간되어 선을 보인지 오래다. 그의 논설집 《제국 아메리카와 일본 – 무력의존의 구조》(일본역 集英社新書 2004년)은 우리가 처한 1997년 경제파탄 외환위기를 다음과 같이 말한다.

　"1997년 태국과 한국, 인도네시아에서 시작되어 아시아에 번진 경제위기는 경제에 관한 미국의 조언과 압력에 따르는 것의 위험성을 알려주었다."(위에 든 책, 76쪽).

　찰머스 존슨은 위의 책 한국어판 서문에서 "(2002년 6월 13일 미군장갑차 여중생 압사사고에 대한 무성의하고 불공정한 대응에 대해 말하길) 이처럼 불가피하게 발생하는 사건들은 주한미군에 관한 주둔군지위협정이 불평등한 조약이고, 이는 두 주권국가간의 관계라기보다는 제국과 식민지간의 관계에서 전형으로 나타나는 것임을 여실히 보여 준다."고 지적하고 있다.

　하나만 더 들어 보자. 윌리엄 블룸은 미국무부 관리를 하다가 퇴임한 연구자이다. 그는 《불량국가》란 책에서 미국의 중앙정보부의 흑막과 그 불법 문제성을 폭로하고 있다. 그의 책으로 우리에게 소개된 《미국과 CIA의 잊혀진 역사》(녹두)가 있다. 이 책에선 미국중앙정보부의 외국지도자 암살 리스트에 1호로 김구 선생이 올라 있다(위에 든 책, 396쪽).

| 왜 우리는 아직도 미국을 바로 보지 못하는가?

　우리는 해방 후 60년 동안 한쪽 눈으로만 미국을 보아 왔기 때문이다. '숭미(미국숭배)'와 '미국추종'이란 비정상 자세로 살아오고 있다. 그것은 냉전시

대의 우민정책의 산물이기도 하다.

해방 이전에 친일파는 일제침략전쟁의 앞잡이가 되어 일제의 전쟁 구호 '미영격멸(米英擊滅)'이란 구호를 목청껏 외쳐 댔다. 우리 한글로 표현하면 "미국과 영국 적국을 무찌르자"는 내용이었다.

일제패망 후에는 친미파로 변신, '미국숭배'와 '미국추종' 일변도로 새 단장을 하고 나섰다. 그것이 그의 면죄부인 반공 매카시즘으로 입문하는 입장권이 되었다.

친일수구에게는 미국 비판도 지금까지 용공 좌경 빨갱이로 몰리게 된다. 친일파는 이미 조국과 민족을 배반한 자이기 때문에 그들의 마음에 원래의 조국은 없고, 그들이 섬기는 상전이나 그들 상전의 나라가 친일배의 조국으로 들어앉은 것이다.

우리가 미국에 대해서 민족 입장이나 국익을 주장하면 친일외세의존으로 뼈가 굳은 친미를 자청하는 자들은 일본수구와 함께 그것을 반미이고 친북이며 용공 좌경이라고 몰아세운다. 지금 이러한 '빨강 칠하기 캠페인'은 그들의 마지막 활로를 트는 유일한 대안이 되고 있다.

| 미국 바로 알기, 이 시대에 살아남기 위한 지식의 첫걸음

미국뿐만이 아니라 어느 나라에 대해서도 그 정책이나 문화를 바로 안다는 것이 왜 잘못된 것일까? 이러한 억지가 통하는 것부터 잘못된 것이다. 여기서 우리는 60년 동안 '미국병'인 숭미와 미국맹종으로 찌들은 잘못된 시각을 바로잡아야 한다.

이미 너무 때가 늦은 감도 있지만, 바른 자리를 찾아야 한다. 여기서 미국이란 정치세력의 집단을 두고 볼 때에 나는 라틴 아메리카와 미국 식민지 반백년을 겪은 필리핀을 보면 미국 실체의 일부를 바로 알 수 있다고 본다.

우선 나는 갈레아노의 걸작 《불의 기억》(1)(2)(3)(따님)을 읽은 소감을 말한다. 나는 이 책의 저자를 범우사가 오래전에 펴낸《수탈된 대지》란 책을 통해 알게 되었다. 그런데 이 책《불의 기억》은 더욱 심금을 울려서 산 역사를 느끼게 해줬다.

나는 이 책의 3권인 20세기 편부터 읽었다. 미국의 해병대와 정보기관이 미국의 청과물회사나 기름장사 등을 위해서 어떻게 남미 군부와 수구를 조정하고 공작하며 암살과 쿠데타로 개입해 온 역사를 현장기록 보듯이 눈앞에 전개된다. 19세기 초 이래 미국의 대외정책을 있는 그대로 본다. 이 사실을 어째서 우리만 모르고 멍텅구리가 되어야 하나?

지금 패권국가로서 9.11사태 이후 미국의 유엔헌장 무시와 국제형사재판소 거부 등을 비롯해 포로 학대와 고문을 비롯한 각종 파괴와 살육을 미국이 하니까 따라야만 하는 것이 우리의 올바른 자세는 아닐 것이다.

| 아직도 덜 깬 바보의 꿈 -1876년, 1905년, 1919년, 1945년-

나는 결코 미국 민중이나 미국의 시민문화유산이나 미국의 기술문명에 기여를 부정하려는 것은 아니다. 그렇게 할 필요도 없고 오히려 바르게 이해하여야 한다. 나는 법학자로서 미국 판례법의 법리와 법 기술이 법문화에 기여한 바를 누구 못지않게 존중한다.

문제는 미국의 국제관계와 이익추구에서 우리와 입장이 다른 관계를 바로 보자는 것이다.

1876년 19세기 후반 일본이 명치유신 후 일본제국으로서 군함 운양호를 몰고 우리 왕조에게 함포외교로 협박을 해서 불평등조약 체결을 강요할 때 일본을 배후에서 지원한 것은 미국정부였다. 일본에 대해 미국의 페리함대가 자행한 1853년 함포외교 수법과 기술을 지원해 힘을 실어주었다.

1905년 미국이 러일전쟁에서 영국과 함께 일본제국주의를 지원하여 포츠마스 강화조약을 주선하고 미국은 일본과 '카츠라−태프트 밀약'을 맺어 한국 식민지화에 동의했다. 한국에서 일제가 강요한 을사조약을 인정해 가장 먼저 외교공관을 철수한 것이 미국공관이다.

1919년의 윌슨 대통령의 민족자결주의를 믿고 우리가 3.1독립운동을 했으나, 윌슨은 아시아민족의 자결과 해방을 말한 것이 아니었다.

1945년 일제가 항복할 당시까지 미국은 대한민국 임시정부를 승인하지 않았다. 해방 후에 임정해체를 강권해서 남북조선 한국인의 자주정부를 없앤 것은 누구인가? 미군정만이 유일한 권력으로 군림해 친일파를 실세로 복고시켜준 것은 미국 군정이었다.

물론 여기서 국제관계에서 감정으로 미국을 원망하는 것은 아니다. 그것은 미국 맹종에 못지않게 금물이다. 있는 그대로 실체를 알자.

원래 국제관계의 논리는 냉혹한 이기주의의 기준만을 따른다는 것을 19세기 이래 우리의 지배층이나 지도층이 잘 알지 못했기 때문에 나라를 망치고 겨레에게 비극을 안겨주었다. 이 잘못을 되풀이 하지는 말아야 한다.

| 갈레아노에게서 무엇을 보는가?

나는 갈레아노의 라틴 아메리카 역사를 보고 다시 확인한다. 19세기 초부터 미국이 라틴 아메리카에서 그들의 국익을 위해서 자행해 온 일은 미국의 해병대와 CIA의 정략으로 나타났고 그것을 현지에서 대행하는 주역은 파나마의 미국군전략학교를 수료한 라틴 아메리카 군부 장군들이었다.

여기서 참고로 아시아에서 반백년 미국식민지로 있다 독립한 필리핀을 보자. 이 나라는 1940년대, 한 때는 '미국 민주주의의 쇼윈도'라고 했다. 지금은 가장 부패하고 소수 족벌과 그에 기생하는 정상배와 모리배만이 살찌고 있으면서 대다수 민중은 알거지가 되어 있다.

필리핀의 역사가로서 필리핀 유엔 대표를 역임한 콘스탄티노 교수는 미국의 식민지 지배 반세기는 탈정치-우민화와 소비-낭비의 극대화 생활구조, 그리고 미국독점자본에 경제예속화의 사회구조를 만들어 놓았다고 개탄한다.

그의 논설집(Renato Constantino, The Filipino in the Philippines & other essay)에선 필리핀 민중의 '탈정치' 우매화를 촉진시켜 온 소비극대와 쾌락추구의 미국식 생활양식 속의 정신 백치화 과정 속에서의 정치의 빈곤을 묘사하고 있다. 남의 일만으로 돌릴 것은 아닌 사례이다(2005.11.29).

PART

4

과거청산과
개혁과제

돈 버는 정치가 나라 망친다
[2006년 과거청산과 개혁과제 1] 한국의 부끄러운 민주주의 자화상

<참말로>는 법학자이면서 민족문제연구소장과 대통령 소속 의문사진상규명위원장을 역임하며 올바른 과거청산을 위해 노력해온, 한상범 교수의 한국정치와 사법계의 고질적 병폐를 해부하고 시대에 맞는 개혁 방도를 제시한 <정계와 법조계의 과거청산>을 6회에 걸쳐 연재한다(편집자).

민주주의를 올바르게 한다는 나라치고 정치인이 돈을 버는 나라는 없다. 만일 있다면 그런 나라는 사이비(似而非), 가짜 민주주의이거나 썩어빠진 껍데기 민주주의를 하는 것이다.

그런 나라를 든다면 예전 중국 본토에서 장개석 정권하에서 썩은 고기 먹자판의 족벌정치로 망한 사례가 있고, 2차 대전 후 월남에서 고딘 디엠정권으로부터 쿠데타정권이 망할 때까지의 정치놀이가 있었다. 필리핀의 마르코스의 염치없는 부정부패를 보면 박정희와 닮은 데가 너무나 많았다. 중남미 나라의 쿠데타가 군부집단의 상습적 관행이 되었던 예전의 남미사례는 들어보기도 역겹다.

우리 사회에서 친일파가 일제패망 이후에 미군정의 품속으로 뛰어 들어 득세한 이래 구부패기득권이 유지되는 모순구조 속에서 결국 정치인이 모리배나 독점기업가를 대변하는 브로커가 되고, 정경유착이 재벌되는 발판이 되어 오면서 난장판이 되었다. 그 부패의 악순환의 정치가 안보와 반공을 내세워서 반백년을 넘게 지속되었다.

더욱 한심한 꼴은 쿠데타로 나라를 통째로 강도질한 무리가 벼락부자가 되는 세상이 몇십년을 지속하면서는 '정의(正義)'란 말을 하는 이는 바보가 되었다. 정의란 이념을 믿고 따른 자는 감옥과 교수대로 가고 그 집안이 온통 패가망신한 것은 일제 때 독립운동한 사람과 같은 꼴이었다.

쿠데타로 탈취한 권력을 법률로 수식, 분식해주는 법률기술자(율사)가 일제시기이래 변함없이 호경기를 누려오면서 이 나라 감옥에는 "돈이 없어서 죄가 되어 벌 받았고, 돈이 있으면 무죄가 된다."라는 말, 이를 한자로 약해서 '무전유죄 유전무죄(無錢有罪 有錢無罪)'란 탄식이 아직도 끊이지 않고 있다. 아직도 법률을 살 돈이 없거나 권세가 없거나 한 빈털털이는 법률의 보호를 받지 못한다는 것은 공공연한 비밀이 아닌가?

그 동안 개혁이나 과거청산을 위해서 입법도 있었고 각종 기구도 생겨났다. 그렇지만 수구 기득권세력으로부터의 그에 대한 반발과 반격이 거세어져서 개혁은 헛바퀴만 돌려왔다.

김영삼 정부 시절에 개혁의 시동이 걸리는 듯 하면서 법석을 떨었지만, 사법부 개혁에서 김덕주 대법원장이 부동산투기 문제로 물러난 것과 변호사 전관예우를 시정한다고 수다를 떨다가 만 것이 전부처럼 되어버려서 서민대중은 다시 허탈상태에 빠졌다. '전관예우 문제'는 정작 문제가 된 법조인도 모두 무죄가 되어서 말 뗀 놈만이 무색해졌다. 대개의 사정이 여기서 크게 달라진 것이 없을 지경이다.

개혁 또는 과거청산의 문제 제기는 좀 더 서민대중, 다시 말해서 피해대중을 위해서 과거 친일파 독재의 세상이 된 이래 잘못된 잔재를 털어내자는 것이다. 그래서 정치인이나 관료가 검은 돈을 좇아서 그것을 편드는 국민배신의 속임수를 한 것으로 인한 피해문제의 속사정을 드러내서 다루어야 하는 것이다.

그러한 일은 아무도 함부로 입에 올리려고 않는다. 그들이 누구인가? 지금도 실세로 그들의 위세와 위력은 아직도 시퍼렇게 살아 있지 않은가? 그런 짓을 하다가 빨갱이로 몰려서 무수한 사람이 죽고, 병신 되고, 집안 망한 것을 못 봤는가? 물론 지금도 보고 있다. 그렇지만 이 일은 우리가 해내어야만 황금과 권세의 노예란 치욕을 면할 수 있다.

여러분 나는 감히 외친다. 과거청산을 하려고 불구덩이에 뛰어드는 바보를 지원하고 따르시오. 바보의 시대가 되어야 세상이 바로서는 것은 지금 세상이 도둑의 세상이기 때문이 아닌가? (2006.1.5.)

인적, 제도적, 이념적 일제잔재 청산해야
[2006년 과거청산과 개혁과제 2] 정치개혁 - 반민법과 5.16 쿠데타

| **정치개혁– 해방 이래 과거청산의 연속적 좌절과 현재의 문제 상황**

(1) 두 번의 기회의 상실, 친일파의 반격 – 1949년 반민법의 좌초와 1960년 4.19혁명에 대한 반혁명으로 5.16 쿠데타

1945년 일제는 8월 15일 그들의 국왕을 통해 정식으로 연합국에 항복했으나, 일본과 조선에 대한 연합군의 진주는 9월 이후에야 가능했다. 물론 만주와 조선 지역으로 진입한 소련군은 조선의 38선 이남 지역 개성까지도 밀고 들어왔으나 38선을 경계로 북쪽으론 소련이 주둔하고, 그 이남은 추후에 미군이 점령했다. 미군과 소련은 이미 서로가 대결하는 냉전으로 돌입한 터여서 그 점령정책이 근본적으로 달랐다.

38선 이남의 미군은 친일파계 조선인 관리와 기독교계 일부 친미파를 중심으로 군정을 펴나가면서 일제세력을 숙청하지 않고 키웠다. 그 이후 조선 안에 정치적 기반이 없는 이승만은 친일관리와 친일파 자산층 유지의 지원을 받아서 미군정의 후원으로 실질적 지배층으로 부상하게 되었다.

사정이 이와 같았기 때문에 해방 후 38선 이남지역에서 일제잔재청산은 중단 또는 포기상태였다. 아니 친일세력이 다시 복고하게 되었다.

1948년 정부수립 후에 일제잔재 청산은 제헌헌법(1948년) 제101조에서 친일파숙청을 위한 반민법 제정 근거를 마련했다. 그래서 '반민족행위처벌특별법'을 마련하였으나, 1949년 이승만의 비호를 받은 친일경찰 등이 결국 반민특위를 물리적 테러로 와해시켰다. 그 사건을 계기로 친일파숙청의 시도는 끝이 났다.

그에 더하여 헌법 제100조에 의한 일제법령과 미군정법령의 존속규정으로 일제하의 제도와 법령체계가 그대로 유지되었고, 그러한 일제통치하의 친일

파가 그대로 지배세력으로 주요 직책을 장악했다. 그것은 일제관리의 미군정 복무자들의 신분을 보장하는 헌법 제103조에 의하여 자연스럽게 이루어져서 완전히 친일파세상을 완성했다.

친일파의 실세는 미군정 아래서나 이승만 정권하에서나 반공과 행정경험과 교육받은 계층이라는 점을 내세운 명분과 현실로 당연한 것처럼 강요되었다. 여기에 그들은 자기들의 생존전략과 전술로서 반공을 내세운 매카시즘을 통해 정치적 비판세력과 반대파를 말살시키는 행위로 보답했다.

결국 친일파의 반공을 내세운 매카시즘은 끝 간 데를 모르게 남용 확장되어 민족진영으로 부터 중간파 민족주의자들까지 모조리 좌파로 몰아서 고문투옥 박해를 비롯해 집단학살까지 자행하였다. 그러한 사정 속에서 친일파의 비행을 비판하는 세력은 거의 모두 좌익으로 몰려 박해 당했다. 한국전쟁 당시에 용공 혐의로 수십만이 피살당했다(국민보도연맹원의 전쟁발발 직후 처형).

그들은 친일파가 낙인찍었듯이 빨갱이라기보다는 세상이 좋아지길 바라고 행동한 피해자들이었다. 무슨 주의나 사상의 신념이나 세계관을 가질 정도의 직업혁명가가 될 사람은 아마도 찾아보려고 해도 거의 없었고, 대개는 부화뇌동하거나 호기심에 끌려간 정도의 사람들이 많았다.

결국 4.19혁명은 친일파정권인 이승만정부의 폭정에 분노한 피해대중의 항거를 대변한 학생과 지식인들이 불을 붙인 반독재 민족 민주혁명이었다.

이 4월혁명에서 반민주행위자처벌과 함께 과거에 학살만행의 진상규명을 통한 자유민권의 회복운동과 함께 통일운동이 들불처럼 번져갔다. 그에 대해 위기의식을 느껴 당황한 친일파세력의 반혁명 쿠데타가 5.16 군사반란이었다. 이 5.16쿠데타로 그 후에 30여년에 이르는 군사정권의 독재의 암흑시대가 열리게 된 것이다.

그간에 이승만의 폭정하의 개헌강행과 통일운동탄압 등 매카시즘에 의한 사법살인을 비롯해 박정희의 악독한 정보공작과 계엄에 의한 철권정치 속에서 유신 쿠데타가 자행되었다. 박정희 피살 후에는 전두환의 광주학살에 이르기까지 엄청난 탄압의 시대가 전개되어 민주와 인권을 압살했다.

그러한 과정에서 독재 폭정하의 무법적 권력을 수식해 온 잘못된 제도와 관행, 이데올로기와 우민정책 등으로 망그러진 나라와 사회의 파행적 기형화 상태를 바로 잡는 개혁의 과제는 어디로부터 손을 대어야 할지 모를 지경이었다.

(2) 과거 청산의 문제로서 일제잔재의 실상과 청산의 과제 : 제도와 이데올로기 및 인적 요소

정치 경제 사회 문화 전반에 일제잔재의 청산이 요구된다고 할 때에 구체적으로 청산대상인 일제잔재의 실상을 어떻게 정리할 것인가?

먼저 일본의 근대화를 위한 개혁인 명치유신(明治維新)은 봉건잔재를 청산하는 시민혁명을 이루어 내지 못한 채 봉건잔재를 존치한 왕권신성불가침이란 신권천황제(神權天皇制)를 이념의 축으로 한 체제변혁이었기 때문에 권위주의와 관료주의를 내재한 채 군국주의와 파시즘으로 발전했다.

결국은 밑으로부터의 민중의지에 의한 국력의 결집이 못되고 봉건유교의 충효를 이념으로 해서 정치통합과 통제를 해 나갔다. 그러한 일본제국의 이데올로기가 우리에게 알게 모르게 오염되었다. 우리는 봉건왕조의 모순을 정신혁명을 통해 청산하는 시민적 계몽기를 거치지 못했다.

일제잔재로는 식민지 법령과 관료제도를 승계한 것으로부터 그 각종 폐습과 악습, 봉건 이데올로기와 절대주의적 왕권신성화의 신화와 시민의식의 결

여, 국민통제로서 경찰국가적인 관헌국가화(官憲國家化)체제 속에서 지배당했다. 일제는 3.1운동이 발발한 이후 조선인에 대한 회유책으로서 '문화정치'란 기만적 양보를 하기 이전에는 평상시에도 헌병이 경찰업무를 집행하는 계엄체제로 지배한 강권적 억압체제였다.

이승만 정권이 그러한 식민지배 방식을 친일관료의 지배를 통해서 자연스럽게 승계하여 일찍부터 지배구조가 '경찰국가'로 된 것이다. 미군정을 거쳐서 일제의 제도를 그대로 유지했기 때문에 친일파 관료가 그대로 일제법령을 시행하였으므로 사실상 일제지배체제에서 사람만 바꾼 그 연장이었다.

1949년 반민법의 시행 좌초는 친일파 민족반역자에 대한 숙청을 가로막고 그들의 지배구조를 그대로 굳히는 결과가 되었다. 이 친일파의 민족반역 행위에 대한 민족적 역사적 심판은 꼭 집고 넘어가야 할 과제였으나 실패했다. 그리하여 이 땅에 민족정기나 사회 윤리와 정의가 설 땅이 없게 되었다. 결국 친일파와 모리배인 강자의 횡포와 금전만능과 기회주의가 판을 치는 사회가 될 수밖에 없었던 것이다.

개혁입법으로서 친일진상규명법은 바로 민족정기와 정의를 회복하기 위한 최소한의 발판을 마련키 위한 법률적 작업인 것이다(2006.1.7).

개혁입법으로 총체적인 정치개혁 실현해야
[2006년 과거청산과 개혁과제 3] 정치개혁 – 선거법과 헌법 개정 필요

민주화를 위한 개혁의 당면 숙제들

(1) 법률을 통한 독재 잔재의 청산과 법해석 왜곡의 시정을 위한 입법조치 필요성

이미 2004년에 국가인권위원회는 국가보안법과 같은 매카시즘에 의해 악용된 악법의 폐기를 정부와 입법부에 정식으로 제안했다. '전향제도'는 그 보다 훨씬 이전에 김대중 정부하에서 폐기되었다. '삼청교육'이란 강제수용제도는 그 후유증의 청산이 일찍부터 문제되었고 피해실상에 대해선 의문사진상규명위원회가 이미 정식으로 조사하여 보고한 바 있다(의문사진상규명위원회 제1기보고서 참고). 신군부 쿠데타의 산물인 국보위의 작품인 사회보호법의 개폐는 보안관찰법과 함께 같은 차원에서 논구되어 왔다. 사회보호법은 2005년 6월 현재 법사위원회에서 폐기안의 의결이 있었다.

특히 독재권력에 의해 졸속 제정된 비상국무회의(1972년) 제정법령과 국가보위입법회의(1980년)제정 법령은 지금까지도 문제되어 있는 것은 다시 전면 검토되어야 한다. 결국 그 법령은 모두가 쿠데타권력이 불법 설치한 기관에서 급조한 법령이기 때문에 법리상으로 보아도 형식절차상의 흠이 있을 뿐만 아니라, 그 법률 내용의 악법성은 명백하다. 그러니 조속히 시정되어야 한다.

아울러 가장 독재권력의 모순구조로서 악법질서의 내용을 이루고 있는 것은 쿠데타 이후에 정치탄압의 엉터리 재판(사법처분)과 행정처분 등이다. 그에 대한 전면적 구제와 시정조치를 입법조치로써 조속히 이룩해야 한다. 그렇지 않고 재판에 대해선 재심을 하여야 하고, 행정처분에 대해선 행정소송을 제기해야만 구제 시정될 수 있는 현재의 법구조를 방치하는 것은 결국 쿠

데타 권력질서를 유지 존속시키는 것이다. 지금 우리는 그러한 자가당착적 모순을 그대로 안고 있는 것이 아닌가?

(2) 정당제도와 선거제도의 개혁에 대해

돈이 판을 치는 정치를 없애기 위해서 무엇을 어떻게 해야 하는가 하는 것이 초점이 되어 개혁해야 한다. 그리고 국민참여의 정치를 어떻게 올바르게 실현하느냐가 급선무로서 실현되도록 해야 한다.

먼저 정치자금을 양성화하고, 재벌의 돈줄에 매달리는 정치구조와 정당 폐습을 조성하는 여건을 타파해야 한다. 그래서 선거공영제도와 돈 뿌리는 정치운동방지책은 계속 현행제도를 살려나가며 구체적 조치가 강구되어야 한다.

그리고 가장 중요한 것은 선거연령을 18세로 낮추고, 정당후보나 정당의 공약은 그 입법요강과 시행을 위한 예산규모와 그 재정염출근거 등을 미리 밝혀서 등록하는 가칭 '공약등록제도'를 시행하여 거짓말 공약에 철퇴를 안겨야 한다(한상범, 「거짓말 정치와 후보의 공약등록제」, 월간 《오늘의 법률》1997년 10월호, 현암사 간행).

그리고 선거운동에서 운동기간의 제한과 시대착오적인 호별방문금지제도를 폐지해야 한다. 호별방문금지나 선거운동기간 제한이나 선거운동원으로 참여를 제한하는 제도는 일본제국주의 파쇼정권이 1925년 보통선거법을 시행하면서 마련했던 제도를 계승한 것이다.

서구에서 선거운동이라면 누구나 원칙으로 자기 의견을 수시로 표명하고, 호별방문이나 유권자와의 교류를 통해 정치의견을 알리는 일부터 시작하는 것이 아닌가? 지금 제도로 보면 호텔이나 골프장에서 만나고 룸살롱에서 거래하는 것은 상관이 없다는 이상한 제도이다.

그리고 1948년 선거 이래 아직도 통용되고 있는 문맹자용(文盲者用) 투표제도인 '기호'(記號)투표제도를 끝장내고 '기재'(記載)투표제를 시행하도록 법률을 고쳐야한다. 이는 글자를 읽고 쓰지 못하는 동남아시아 나라의 선거제도에서 기호 1번이나 1948년 선거 당시처럼 '작대기' 하나 또는 둘로 표시하는 기호표시에 따른 것이었다.

이 기호투표제는 후보자를 표시한 기호 밑에 붓뚜껑 도장을 찍는 제도이다. 기재투표는 투표자가 후보이름을 기재하는 것이다. 투표하는 이가 후보자의 이름을 써넣게 하는 투표방식을 따르는 것이 정상이다.

우리는 아직도 투표권자를 문맹인 바보 까막눈으로 보는 모욕적인 투표방식을 유지하고 있다. 이제는 투표용지의 과다한 낭비와 돈 들여 복잡한 투표도구를 구비하고, 검표에서 혼란 분쟁을 야기하는 기호투표제도는 역사의 유물로 박물관에 보내야한다. 문맹자용의 기호투표제는 끝내고, 기재투표제로 유권자의 책임 있는 선택의 자유를 보장토록 하야야 한다.

여기서 또한 억압적인 관권통제선거의 잔재로서 유권자인 국민을 벙어리로 만들고 비판을 사전 억제하는 언론억압의 선거운동규제를 폐기하여야 한다. 무슨 말인가 하면 시민운동의 자유로서 '낙천 낙선운동'의 자유를 보장해야 한다는 뜻이다.

유권자나 시민운동 단체가 후보자 적격성을 두고 미리 찬반의 의사표시를 하는 것을 금지하는 억압적인 제도가 있는 나라가 어디에 있는가? 닉슨이 대통령에 입후보했을 때에 '뉴욕 타임즈 위클리 리뷰'지의 사설은 "닉슨은 대통령이 되어선 안 된다"고 하는 제목으로 논설을 게재하여 낙선운동을 했다.

왜 우리만 민주주의를 한다면서 후보자의 적격성여부를 논하는 찬성과 반대의 정치적 표현의 자유를 제한해서 가로막나? 헌법재판소는 낙선운동을 금한 선거법의 규정이 합헌이라는 이유로서 낙천이나 낙선의 의사표시 자체 '경쟁자 운동'이기 때문이라고 했다(대한매일, 8월 31일).

경쟁자의 운동이 아닌 의사표시라면 그것이 무슨 소용이 있는가? 부패정치인 규탄운동에 제동을 걸려는 수구 기득권부류의 얄팍한 계산이 깔린 술책이 아닌가? 국민의 의사표현의 자유에 대한 제한을 부과하는 억지법리이다. 이러한 민주역행의 위헌 위법적인 판결을 반대하여 그 법리를 변경토록 해야 한다.

헌법재판소의 낙선운동금지 정당화의 이유는 아무리 좋게 해석해도 그 이유가 궁색하기 짝이 없다. 개인이나 단체가 후보에 대한 찬반 의사표시를 하는 일은 정치적 선택의 자유문제이다. 그런데 그것을 원천봉쇄해 놓고서 무슨 자유가 있단 말인가? 결국 부패기득권을 감싸는 것 이외에 다른 이유가 무엇이 있는가?

(3) 헌정제도와 관련하여

지금 헌법은 1987년 군사정권의 양보로 개정된 것이므로 불완전하거나 미흡한 점이 있다. 그렇다고 여기서 당장 헌법개정 논의를 하기에는 고려할 여건이 복잡하게 중첩되어 있다. 우선 여기서는 현행제도의 운영을 통해 보완할 것은 보완하자는 쪽부터 논의한다.

헌법개정대상이 되는 사항에 대한 문제 제기는 이미 공법학회와 시민단체에서 거론하고 있다. 한국공법학회는 2005년도 정기총회 학술대회에서 (2005.7.1-7.2) 〈헌법개정, 어떻게 볼 것인가〉라는 논제를 다루었다.

그리고 창비와 시민행동 공동 심포지엄도 〈87년 체제의 극복을 위하여〉를 들고 나왔다. 자연스럽게 시민이나 학자들의 진지한 검토와 문제 제기를 거치는 것은 상관없다. 이 문제를 일부 정치인의 일방적 주도에 맡길 순 없다. 우리의 시민정치의식도 성숙한 모습을 보여야 한다.

먼저 현행헌법은

(1) 대통령제이면서 부통령이 없는 권위주의적 중남미형 대통령제이다. 이 점은 장래 적당한 시기에 시정되어야 할 것이다.

(2) 지금 당장에는 그러한 기존제도를 보완하기 위해서 대통령권한 대행자가 되는 총리는 반드시 선거된 의원 중에 지명토록 해야 한다는 점을 지적한다.

(3) 국가원수로서 대통령이 행사하는 사면권은 법률에 따라 규정을 두어 제한하여야 한다. 만일 이 사면권이 남용 또는 오용되어서 정치인이나 전직 대통령에 대해 부적절한 사면을 하는 남용의 관례가 되풀이 되어선 안 된다. 미국의 예를 봐도 닉슨 후임으로 대통령직을 승계한 포드가 닉슨의 범죄에 대해 전면적으로 사면함으로써 일대 실책을 범했다. 김대중 대통령도 취임 초에 전두환에 대한 내란죄 유죄선고확정에 대하여 국민적 요구 등 여론을 감안하지 않은 채 사면해주는 실책을 범했다. 전두환에 대한 사면조치가 얼마나 국민의사를 모욕하고 전두환 자신의 오만불손과 국민배신행위를 초래했는가 하는 것은 우리가 두 눈으로 똑똑히 보고 있다.

(4) 대선과 총선, 지방의원 선거와 자치단체장 선거 등을 동시에 하나의 투표용지로 치루는 제도를 강구하는 보완이 필요하다. 왜냐하면 일년 건너서 선거를 하다보면 선거운동비용 때문에 경제의 낭비와 기생, 파행구조로 손

상이 가고, 돈줄을 쥐고 있는 재벌이 정치인과 정당을 조정하게 되는 폐단이 더욱 만연되게 되기 때문이다.

박정희 정권 이후 재벌 등 돈줄을 쥔 부류는 자기 돈도 아닌 국고와 국민 세금을 쓰면서 정치인을 호령하게 된 것이다. 정치역학의 구조가 거꾸로 돌아갔다. 그래서 재벌부류는 자기 비위에 안 들면 정당 정파에게 압력을 가하면서 공직을 사유물화 해가는 브로커정치 풍토를 조성해 갔다.

재벌이 특정정당에게 돈을 트럭으로 실어다가 트럭 통째로 주고 그것을 받아먹은 정당은 집권을 하면 무슨 일로 보답을 하겠다는 것인가? 이런 돈이 판치는 도둑놀이 판 선거로는 나라가 제대로 된다고 할 수 없다.

| 지방자치제도의 보완문제

지방자치제도는 군사정권하에서 30여년 동면상태를 지속하다가 부활되었다. 그런데 그동안 지방은 군정 하에서 군정수혜로 육성된 토호와 기득권 부류가 비대해졌다. 그리고 그동안의 부동산업계와 건설업의 투기 붐이 작용해서 지방행정에 부과된 막중한 과업(이권의 막대함도 간과 못함)이 작용하여 지방행정의 과업과 기능이 예산, 재정과 지방사업 면에서 천문학적 숫자로 비대해지고 있다. 당연히 여기는 이권이 있고 부패가 생겨나게 된다.

이에 제도적으로 대응하기 위해서 지방자치단체장과 지방의원에 대한 주민소환제가 부활, 실시되어야 한다. 지금 그러한 장치를 주민이 나서서 마련하지 못하고선 막가는 격류를 막을 도리가 없다. 계속해서 잡혀 들어가는 지방자치단체의 임직원과 의원장 등을 현행의 형벌제도만으로는 막기 어렵다는 것을 우리는 똑똑히 보고 있다(2006.1.10).

일제잔재의 '철옹성' 사법계
[2006년 과거청산과 개혁과제 4] 사법 – 일제법령 답습, 친일관료 판쳐

| 사법계의 실상과 개혁의 과제

(1) 일제잔재(식민잔재)의 뿌리가 가장 깊이 박힌 법조계의 문제

일제잔재가 가장 많이 그리고 뿌리깊이 남아 있는 부문이 법조계이며 사법제도이다. 왜 그렇게 되었는가 하면 일제법령과 법제 전반을 미군정을 거쳐서 1948년 제헌당시의 헌법 제100조에 의해서 그대로 수용 계수하였고, 동시에 미군정 당시의 친일파 관료가 제헌헌법 제103조에 의하여 그대로 대한민국 정부의 공무원이 되었기 때문이다.

| 일제법령과 미군정법령을 그대로 답습한 제헌헌법

물론 당시의 구법령에 대한 규정은 "현행법령(일제법령과 미군정법령 : 인용자)은 이 헌법에 저촉되지 아니하는 한 효력을 가진다."고 해서 당시에 시행되고 있던 구법령인 일제법령과 미국군정법령의 효력을 조건부로 인정했다.

그렇지만 그 후에 구법령이 대한민국 헌법에 저촉되느냐 여부를 별도로

심사하여 법률로 선별한 것은 없다. 따라서 이 헌법 제정 이전에 시행되던 일제법령과 군정법령은 별단의 입법조치가 없는 한 모두 수용된 것이다. 그리고 동시에 헌법 제103조는 마찬가지로 "이 헌법시행 당시에 재직하고 있는 공무원은 이 헌법에 의하여 선거 또는 임명된 자가 그 직무를 계승할 때까지 계속하여 직무를 행한다."고 정하여 미군정하에서 임용된 친일파인 일제관리의 신분을 그대로 보장했다. 제도 면이나 인적 면에서 일제잔재가 고스란히 계승된 것이다.

특히 경찰, 검찰, 법원의 관리는 해방 후에 주로 일제하의 관리가 주류를 이루었음은 말할 것도 없다. 검찰관과 법관은 일제하의 판검사 출신 이외에 일제하에 법원과 검찰청의 서기와 통역 및 임시직원 등이 군정하에서 검찰관과 법관으로 임용되었다.

또한 일제 고등문관시험 행정과 합격자까지도 판검사 및 변호사 자격을 부여하였고, 그 후에도 판검사 특임시험 등으로 변칙적으로 양산했다. 여기서 일제하에서 치안유지법과 전향제도 및 보호관찰제도의 운영에 보조한 직원이 해방된 상황에서 아무런 사죄나 심사절차 없이 기용되었다.

그러한 관리에게는 민주주의보다는 일제하의 권위주의와 관료주의 및 군국주의와 파시즘의 이데올로기가 그대로 머리 속에 간직된 채 있게 된 것은 따로 말할 것이 없다. 그렇다고 별도의 민주교육을 특별히 실시한 적도 없다. 하기는 민주의 교육을 이들에게 실시할 준비도 되어 있지 못했다. 그들에게 헌법의 '자유'나 '민주주의' 원리는 실감이 거의 나지 않았을 것이다. 오히려 그들에게는 일본 제국시대의 기풍이 몸에 배어 있었다.

그들은 일제의 군국주의와 파시즘이 극성을 떨치던 1930년대 이후에 일제 고등교육과 고등문관시험 관문을 통과한 부류이다. 민주주의 사상이란 것을 해방 때문에 갑자기 정통 이데올로기로 되어서 어쩔 수 없이 받아드린 것이다.

무엇보다 법조인의 일제하 식민지지배에 대한 인식과 반응을 보면 그러한 제국시대 잔재를 그들의 행적과 자세에서 살펴볼 수 있다. 1975년에 법원행정처가 엮어 펴낸 《한국법관사(韓國法官史)》(育法社, 1981年)를 예로 본다. 육법사가 펴낸 책의 발간 연도는 1981년으로 되어 있지만, 원래 초판을 보면 서문을 1975년 12월 15일자로 당시 법원행정처장이던 김병화(金炳華)가 쓰고 있다.

이 책 서문에서 1894년을 한국의 근대법제 도입 시행의 원년으로 삼고 있는 것은 이의의 여지가 없지만, 1905년 일제 보호국으로 전락하여 식민지로 된 시기를 포함하여 1910년 강점 병합된 이후부터 1945년 일제 패전 시기나 그리고 1945년부터 1948년까지의 미군정 통치기간을 포함하여 한국법관의 역사를 서술하고 있다. 그래서 일제법령은 물론 일본인 판사명단도 정중하게 한국의 법관으로 수록되고 있다.

이러한 식민지잔재에 대한 불감증은 서울대학교가 일제식민정책 일환으로 설립되었던 경성제국대학(게이죠 데이고쿠다이가쿠)의 '후신'이라는 인식과 같은 역사에 대한 불감증에 따른 해석이 당당하게 통용되어 온 것과 맥을 함께 하고 있다. 결국 식민지적 잔재를 그대로 지닌 사고방식을 극복하지 못하고 있다.

일본에서 패전 후 민주개혁에 있어서 사법부가 얼마나 수구적 시대역행적이었는가 하는 것은 그들 법조의 반개혁적 반발과 그 개혁 회피가 성공한 나쁜 사례에서 볼 수 있다(야마모토 유지(山本祐司), 한역(김용찬) 《日本最高裁이야기》(일본말 원제목:最高裁物語, 講談社版 1997年) 한국법률문화원, 2005년, 제2장 45쪽 이하).

일본의 검찰관과 법원판사 및 변호사 등 일부가 신헌법 제정과 최고재판소 창설에 따른 사법개혁에서 반발하는 것을 본다. 그들은 수구 관료파를 중심으로 개혁인사의 배제와 최고재판소 요직 독식을 비롯해 개혁조치의 시행을 원천 차단하여 구시대의 치안유지법 시행의 주역이나 그 방조 세력을 온존시키고, 법률시행(해석 적용)에서 그 후 시종 보수적 헌법 회피적 해석 적용으로 일관해 왔다.

그 예로서 '사법소극주의'를 악용해서 위헌심사를 사문화시키며 헌법문제를 회피하고, 기득권에 손상이 가거나 해를 끼치는 판결을 억제해 왔다. '통치행위론'이 그것이고 까다로운 정치판단을 회피하며 재판 자체를 지체시키거나 하는 사법행정의 실태가 그것이다. 특히 하급법원 판사연수에서 구관료주의를 옹호하기 위한 각종 술책을 써서 인사에 혁신성향 법조를 원천 제거해 온 것이다.

한국은 일제하의 사법관료가 주도하면서 헌법의 민주성이 사법에 침투되지 못한 채 겉돌고 있어서 헌법은 '간판법'으로 전락한 채 '실정법'이라고 하는 하위법의 해석 적용은 일제시 판례법리가 무비판적으로 수용되는 실정이었다.

| 한국의 주류를 형성한 일제하 친일 사법관료

그래서 한국의 정치 기류에는 일제식민지배하의 법령제도와 그 종사자의 친일 반민족적 죄과에 대한 아무런 죄책감이나 의분심도 없었다. 따라서 일제에 복무한 친일 법조관료가 일제 법령을 운영하며 그러한 식민지적 법률의식과 법률관으로 고스란히 이어왔다. 그들의 의식구조에는 제국주의적 권위주의와 관료주의가 자리 잡고 있다. 그렇게 오염된 식민잔재 = 일제잔재의 건재함은 민주헌법의 운영에서 어떻게 반작용을 했을까? 이 점이 따로 연구 검토 비판되어 야 할 과제이다.

일본의 학설 및 판례 법리 등이 한국의 법률해석에 얼마나 영향을 주어 왔는가? 특히 그 공과 중에서 우리가 얼마나 잘못된 유산을 받아 이어오고 있는가를 검토해 보는 학술대회를 한국법학교수회가 일찍이 1988년 충남대학교에서 개최한 적이 있다.

당시 나는 동회의 사무총장으로서 학술대회를 책임기획하면서 한국판례를 모든 법률부문에서 일본법리의 수용과 그 문제를 검토해 보도록 했다. 그 역사적 배경으로 〈한국판례형성과 그 종합적 조명〉이란 글도 써서 발표했다. 그것이 법률신문에 일부 연재하다가 이유도 모르게 중단되었다. 아마도 기존법조에 대한 비판이 못마땅해서 중단시킨 것 같았다. 당시 학술대회의 성과를 모은 자료집도 발간했다(한국법학교수회 편, 《한국판례형성의 제문제》 1989년, 동국대학교 출판부).

이 자료집이 얼마나 주목을 받았는지 모르지만, 실무법조계로서는 묵살에 가까운 무반응이었다. 우리의 상황은 수구 기득권과 전통적 일제잔재의 벽이 철벽처럼 단단하게 쳐 있다. 물론 1990년대 점차 시류가 다른 분위기로 바뀌면서 조금씩 달라지고 있지만, 아직도 멀었다.

그렇다고 하면 그러한 법조인에 의하여 일제잔재를 청산한 민주헌정의 시대가 화려하게 전개될 것을 기대할 수 있을까? 우리가 1948년 헌법을 제정한 이후에도 민주공화국이란 것이 무색하게 된 일제시대의 변조판이 전개된 이유를 알 수 있을 것이다. 그러한 변태적 상황에 대해 우리는 반백년 이상을 아무렇지 않게 지내오면서 일제잔재가 판을 치는 법률과 정치를 방치하여 왔다. 그 도의적 책임은 일제관료와 그 추종자들에게만 있는 것이 아니다. 그러한 사태를 몰랐던 무지나 방관했던 무책임한 태만의 주체가 되었던 사회의 지배층과 지식인에게 엄중한 책임이 있다.

일제하에서 관료로 출세해 부귀영화를 누리고자 독립운동가를 때려잡는 행위를 한 자가 독립된 민주공화국에서 행세하는 파렴치가 통할 수 있었던 배경과 연유를 바로보고, 반성 자책함이 없이는 민주화에의 길은 아직도 먼 것이다. 친일행적을 치욕으로 알지 아니하는 이상한 나라의 풍조는 스스로의 얼굴에 침을 뱉고 재를 뿌리는 바보짓이 아니고 무엇인가? 그래서 매국노 이완용과 송병준의 후예가 떵떵거리고 살고 있다. 이제까지의 걸어 온 자취를 보면 '친일관료'의 매국적 반민족 행위가 대한민국에서 출세관문의 입장권이 되어 온 것이다.

여기서 그들의 일부 고위 법조인의 일제하 전력일부를 살펴본다.

〈해방후 법조계 요인의 일제하 관리전력 상황〉

역대 대법원장은 초대 김병로 원장 이외에는 2대로부터 3대 4대 5대 6대 7대까지 전부가 일제시대 판사경력자이다.

법무부장관은 3대로부터 27대까지 대개 일제하 판검사출신이고 그 중에는 법원 서기 통역으로부터 올라간 이도 있다(3대 장관 이우익).

참고로 한 사례를 본다. 일제시대에 판사로서 친일관료 경력자로서 3대에 걸쳐 법무부장관을 역임하고(16대 17대 18대), 2대에 걸쳐 대법원장(5대 6대)을 역임한 민복기를 보자. 그는 박정희 정권 당시 법무부장관 재임시절에 국회에서 똥물세례를 받기도 한 유명한 친일가문의 법조인이다. 이 사례에서 보듯이 일제 관리출신은 출세주의와 기회주의가 체질적인 특성인지 모르겠다.

대법원 대법관 또는 판사도 일제하 관리출신을 꼽으면 14명 이상이다. 그 이후 세월이 흘러서 일제하 관리출신의 자연수명이 다하여 신군부 집권시기에는 친일파관리보다 그 후손이나 아류, 추종자가 대를 이어 등장한다. 일제 잔재의 제도와 일제식 법조전통과 관례는 그대로 승계되었고, 일본판례는 일제 패전 후에도 우리 판결의 모델이 되는 것이므로 판검사는 일본 법리의 습득이 필수적이 되었다.

이 점은 법학에서도 예외가 아니다. 헌법기초를 하고 대학총장과 교수를 한 유진오를 비롯한 많은 중견 법학자는 일제 제국대학 출신으로 1930년대 파시즘 분위기와 학계의 파시즘화 풍조 속에서 자기 자신도 모르게 오염된 채 일본에서 패전 이후 민주주의 법이론이 모색될 당시에도 전쟁 전이나 전쟁 중에 자기가 배운 파시즘법학이 법학정신의 고향이 되었다.

한 예로서 오다카 도모오(尾高朝雄) '게이죠다이가쿠'(京城帝國大學) 교수의 제자를 자처하며 그의 법철학을 계승했다는 황산덕의 법철학은 오다카 법철학의 복제 축소판이었고, 그의 법철학에는 민주주의 정신이 거의 결여되어 있었다. 오다카 도모오의 《실정법구조론(實定法構造論)》과 《법철학개론》이란 책 일부를 모작하고, 오다카가 사사한 오스트리아의 법학자 한스 켈젠의 《순수법학》의 이론을 받아드렸다. 그런데 그는 켈젠의 민주주의 법철학과 이론의 정신은 빼먹은 채 그의 법실증주의의 한 쪽 면으로 경사된 것이었다. 켈젠의 민주주의 법정치 이론을 정력적으로 소개한 이는 오히려 이두산(李斗山)이란 필명으로 〈사상계〉잡지에 민주이론을 소개하여 볼세비키즘을 비판한 혁신계의 정치학자 이동화(李東華 - 성균관대 정치학 교수)였다.

황산덕이 소개한 켈젠과 칼 슈미트의 헌법의 수호자 논쟁에서도 왜 슈미트가 나치편이 되었고 켈젠의 민주주의 이론이 높이 평가되어야 하는지, 뚜렷한 지적이나 강조가 부족했다. 켈젠의 책 중에는 그의 《공산주의 법이론 비판》(장경학 역)이 소개되고 있고 신양사에선 장경학이 《켈젠의 법이론》이란 책자까지 1950년대 말에 나왔다.

켈젠의 《순수법학》의 독일어 원서의 복사판과 영문판 《법과 국가의 일반이론》의 복사판을 가지고 1950년대의 법학도는 원서강독의 교재로 사용했었다. 그런데 그의 민주주의 법철학이 켈젠시대에 지니는 역사적 배경과 정치적 의미를 뚜렷하게 부각시켜 가르친 교수는 별로 뚜렷이 기억에 떠오르지 않는 것이 유감이다.

우리 법학계의 민주주의 법철학의 빈곤과 황무지 상태는 결국 출세주의 고시파(高試派)만을 길러내어서 그들이 수험경쟁에서 남을 앞질러 출세하고 결국 이들 수험수재들 중에 상당수는 군사독재의 법기술자이고 독재의 하수인으로 전락하게 되었다. 우리는 이 점까지 검증 비판해 반성을 해야만 법학교육의 문제로 연결되는 올바른 사법개혁의 방향을 잡을 수 있는 것이다 (2006.1.11).

사법 관료주의와 권위주의 극복해야
[2006년 과거청산과 개혁과제 5] 사법 – 인사제도와 재판관행 개혁

I 사법개혁의 시도와 진정한 과거청산을 위한 근본과제

김영삼 정부 이래 사법개혁의 시도의 실적이 빈곤한 이유는 무엇인가?

김영삼 정부와 김대중 정부에 이어 참여정부도 사법개혁을 시도하고 있다. 그 두드러진 최근 동향은 '로스쿨'제도의 도입과 그에 대한변호사회와 법대교수 단체의 반발 그리고 형사소송법 개정에 대한 검찰 일부의 반발, 그밖에 경찰과 검찰 양측의 수사권 문제를 둘러싼 갈등으로 나타난 현상이다.

여기서 우리는 개혁의 대상이 개혁의 주체로 행세하면서 여전히 기득권에 안주한 '밥통 지키기'의 갈등의 범위를 넘어서지 못하고 있음을 본다. 시민과 시민단체가 참여한 국민적 개혁의 추진이라고 한승헌 위원장은 국정 텔레비전(KTV)에 까지 나와서 자기 홍보를 열심히 하는 것을 보며(05.6.22), 나는 솔직히 말해 아직도 멀었구나 하는 아쉬움과 실망감을 느끼지 않을 수 없었다. 사개위원장이 홍보차원이 아니라 서민대중 편에서 문제파악과 서민의 애로를 들어 보려는 자세를 기대했기 때문이다.

한승헌 변호사야말로 군정 당시에 독재 하에 잘못된 법률운영으로 말미암

은 피해자이다. 그렇기 때문에 자신이 개혁의 주체가 누구이냐 하는 문제가 얼마나 중대한 변수인가를 생각할 수 있는 법률가로 기대하고 있다.

김영삼과 김대중, 두 정권의 개혁실적은 평가할 만 한 것이 못된다. 참여정부의 개혁시도 역시 관료주도의 테두리를 벗어나지 못하고 있다. 그래서 나는 그 실적으로 봐서 자찬하기는 이르다고 본다. 아직도 할 일이 많고 근본자세의 일대전환과 반발과 갈등을 각오한 결단이 있어야 한다.

여기서 이 문제를 제기해 본다.

(1) 법조계와 법조인의 철학과 기풍이 민주화의 전기가 마련될 여건을 조성해야

법조계나 법조인은 기존질서를 준수하는 입장을 체질화되어 있기 때문에 개혁시대나 변동기에는 특히 보수적이고 수구적으로 되어 때로는 시류를 거역하기 쉽다. 특히 우리의 경우는 일제잔재에 오염된 독재시대의 세월이 너무 길었다. 그 과정에서도 '사법 관료주의'의 폐풍이 더욱 철벽처럼 외풍에서 비켜 서 있었다.

여기서 먼저 법조인의 민주적 관점에서 법인식을 하는 품성을 갖추어야 한다는 아주 추상적 문제를 먼저 제기하겠다. 민주주의의 체질화와 문제의식의 철저화가 있어야 한다. 그것은 법학교육과 법조양성 과정의 문제로 초점이 모아지며 한편 넓게 보면 우리의 시민교육의 문제이기도 할 것이다. 간단치 않은 아주 어려운 과제다. 여기서 나는 우선 두 가지 숙제를 제기해 본다.

먼저 프랑스 인권선언 제6조의 민주주의 법률관(法律觀)을 강조하고자 한다. 아직도 권위주의 의식구조 속에 갇혀있는 사람은 법률 또는 법을 권력자

(또는 지배자)의 명령이나 의사로 받아드린다.

그러나 민주주의 법률관에 선 프랑스 인권선언 제6조가 명시하듯이 법률은 국민총의(국민의 일반의사)의 표현이다. 동시에 그것은 국민의 이름으로 제정되어도 천부인권을 내용으로 하는 자연법, 정의(正義)의 법질서를 어기는 악법이면 법이 아니라는 근대시민사상을 전제로 한다.

그래서 법률 = 인권의 질서(정의 이념구현) = 국회제정 법률형식의 표현이란 3가지 내용을 갖추어야 한다. 이 점을 인식하는 법철학을 가진 법조인을 양성하는 교육과 연수가 되어야 한다. 로스쿨제도로서 법률기술자만 만들면 되는 것은 아니다.

다음으로 법학교육에서 법률학 입문자에게 루돌프 예링의 《권리를 위한 투쟁》이란 책을 소개해 주고 있다. 그 이유는 근대법은 공법이고 사법이고 권리주체 본위의 관계이기 때문이다. 법률관계라는 사회관계는 권리 의무란 거래 = 계약관계이고 약속이고 이해관계의 대결인 사회관계속에서 효력이 있다. 그래서 "권리 위에 잠자는 자는 보호받지 못한다."는 것이다.

우리는 '법 없이도 사는 사람'을 착한 사람(善人)으로 보지만, 법 없이는 살 수 없는 세상이다. 법 없이도 사는 사람은 악인과 권력찬탈자만을 이롭게 하는 법의 파괴를 방조하는 자가 될 수도 있다는 것을 알아야 한다. 한국사회의 현재 법률생활의 혼탁성의 요인은 권리 의무관계를 인정과 의리나 선의에만 의존하려는 '착한 바보'와 '똑똑한 악인' 사이의 형평성의 붕괴 때문에 생겨나는 것을 이해해야 한다. 이 점을 알고 근대법이 요구하는 근대적 사회관계의 해법이 통하여 정의가 서도록 해야 한다.

법조양성예비기관과 시험제도 및 시민의 정치 법률교육제도는 철저하게 민주주의 사상과 철학을 일상생활의 사고방식과 법률관 속에서 살아있도록 체득하도록 되어야 한다. 그래서 제도와 그 제도를 이끄는 사상과 철학인 민주주의가 자기 자리를 잡고서 운영되어야 한다.

여기서 우리가 자칫 잘못하면 로스쿨제도의 도입은 법조예비인 양성의 관문을 유산자층으로 한정시켜버리는 법률전문직의 유산층의 독점화로 전락되게 해선 안 된다. 의학과 법학이 지금 우리사회에선 가장 상위권 엘리트의 전문직으로서 높은 수입이 보장되는 직종으로 꼽혀오고 있다.

그래서 그 부문의 일류대학교 입학은 수험교육을 충분히 여유 있게 일찍부터 받을 수 있는 유산층의 자제가 수험수재로서 어려운 관문을 통과한 '시험수재'가 독점하게 된다. 사회봉사 의식이나 봉사실적이나 전문 직업에 합당한 품성과 자질의 검증은 문제시 할 겨를이 없이 수험 성적만을 기준으로 선발된다. 그래서 일본이나 우리의 전문 직종에 종사하는 이들의 직업윤리의 타락이 사회문제로까지 되고 있는 점을 지적해 둔다.

(2) 사법권위주의와 사법관료주의의 인사제도부터 타파하라

2001년 판사 33명이 사법개혁을 요구하고 나섰을 때에 그 직접 발단은 "판사들이 승진에서 자유롭지 못한 기존사법제도가 불신을 초래하고 있다"고 해서 개혁을 요구했다(대한매일(현-서울신문), 2001년 10월 16일, 22면). 그때로부터 상당한 세월이 흘렀다. 김영삼 정부에서 사법제도개선위원회를 만들어서 대책을 강구한 이래 김대중 정부에서 그랬고 현 참여정부도 그 과정을 되풀이 하고 있다.

여기서 이미 강조한 바를 다시 되풀이 해 말한다. 나는 현재의 사법개혁의 시도가 개혁의 대상이 스스로 주체와 주역이 된다고 하는 점에서 우선 회의적이고 의심스럽다. 국민이 개혁의 주체이고 주역이 되어야 한다. 개혁의 대상은 먼저 무엇이 잘못되었는지 반성과 과거 잔재의 실태에 대한 백서부터 내서 국민심판을 받아야 한다.

지금 고쳐야 할 것은 뻔하다. 인사제도의 대륙식 일제식 서열위주의 승진 전보의 제도와 문호폐쇄주의는 안된다. 과감하게 '관료사법'의 타성을 깨고 인사에 문호개방과 국민 또는 국민과 시민단체대표에게 참여 통로가 개방되어야 한다.

그리고 법관은 재야법조의 경험자를 영입하는 제도로 바뀌어야 미국식 로스쿨제 도입의 효력이 있고 관료주의와 문호폐쇄주의와 특권의식의 시대착오성을 극복할 수 있다. 특히 대법관과 헌법재판관은 재야법조를 영입하는 것이 우선해야 한다.

여기에 덧붙여서 배심(陪審)제이든 참심(參審)제이든 일본식 '재판원(裁判員)'제이든 국민의 사법과정에의 참여는 거슬릴 수 없는 추세이다. 검찰관료의 경직성은 우선 일본식 '검찰심사위원회'제도 정도의 국민참여의 검찰견제장치가 필요하다.

그리고 대법관이나 법원장급 및 헌법재판관 등 중요고위직 법관은 퇴직 후에 변호사 영업을 해야만 먹고살거나 하는 궁색을 덜어주는 제도장치의 보완이 필요하다. 그래야만 고위직 검·판사 경력자가 돈벌이 입장권이 되는 일이 없게 된다. 돈에 눈먼 법조인세상을 막아야 한다. 이에 대해 직업선택의 제한이나 평등권 침해라는 말로 트집을 잡을 수 있다. 문제는 그러한 점에 있지 않다. 좀 더 긴 눈으로 외국의 좋은 예와 전통도 배우고 받아드리자.

헌법재판관이 비상임직으로 활용되던 시절에 그 직에 있는 변호사가 변호사 업무에 바삐 돌아가는 모습을 보았다. 지금도 고위직 판검사의 경력은 변호사로서나 재벌 등 독과점 기업이나 큰 '로펌'에 이름을 빌려주고 돈벌이를 하는 징검다리 역을 하는 것을 본다. 이래선 법조제도를 국민이 의혹의 눈초리로 보는 것을 섭섭해 할 일이 하나도 없다.

(3) 헌법재판은 헌법을 아는 재판관이 해야 한다

헌법이란 나라의 최고법인 기본법을 수호하는 헌법재판소의 재판관은 헌법을 아는 사람이 재판관이 되어야 한다. 물론 헌법을 잘 이해할 뿐만 아니라, 헌법수호의 의지와 자세가 그의 행적으로 실증된 사람을 임명하여야 한다. 지금 형편을 보면 연구관이 헌법재판을 하는지, 재판관이 헌법을 알고 재판하는지 혼란스럽다. 헌법재판관은 국민이 믿을 수 있는 소양과 경륜을 갖춘 사람이어야 한다. 헌법재판은 가치판단이나 정책판단의 문제이다. 이 점을 전제로 외국의 헌법재판관의 적격자 선임요건을 보라고 말하고 싶다.

헌법재판소의 그간의 실적을 두고 높이 평가할 점도 있다고 하지만, 그 흐름이나 주요사건에서 불쑥 불쑥 나오는 의견을 보면서 나로선 솔직히 말해서 마땅치 않고 불안하다. 전문실무법조가 헌법문제를 판단하는 미국의 사법심사제도가 아니고 독일식 헌법재판소라는 기관이라면 왜 그것을 깊이 연구하고 참고하지 않았는가 반문하고 싶다.

일본은 미국식 사법심사제도를 채택하면서도 전문법조의 완고성과 폐쇄성 및 경직성을 막고 새로운 바람을 넣고, 헌법판단이 가치판단이고 정책판단과의 관련성이 있다는 점을 감안해서 법학교수나 비법률가의 참여까지도 명문으로 보장했다. 그래서 1990년대 호소가와 내각총리 시절에는 법률전문가 아닌 노동복지 전문가인 노동성 부녀국장인 여성을 최고재판소 재판관으로 임명했다.

물론 교수로서 최고재판소 소장을 한 사람은 다나카 고오타로(田中耕太郎

― 상법)와 요코다 기사부로(橫田喜三郎 ― 국제법) 등을 꼽을 수 있다. 유명한 행정법 교수인 다나카 지로(田中二郎)도 교수를 퇴임하고 최고재판소 재판관으로 봉사했다. 그 뿐만이 아니다. 일본국 헌법은 최고재판소 재판관에 대한 국민심사제를 채택하여 국민의 신임을 받지 못하는 재판관의 퇴출도 제도화했다. 물론 이 제도는 상징적이지만, 그 상징성 자체도 가치가 있는 것이 아닌가?

(4) 일제잔재의 악습인 고문과 가혹행위, 재판의 지체와 비용과다 등 문제

세상에 돌아다니는 속담으로 법조제도를 풍자한 것으로 가장 유명한 것은 '무전유죄 유전무죄(無錢有罪 有錢無罪)'라는 것 못지않게 신랄하게 세태를 풍자한 것으로 다음의 말을 들 수 있다. "감옥소 문(門)과 재판소 문턱은 안 넘는 게 상팔자". 사실 서민으로선 일생에서 재판소(법원)의 신세를 지는 일은 아직도 한국 사정에서는 일대 재난이다. "송사 십년에 집안 망한다."는 말이 있다. 소송에 얽혀들면 서민의 처지에선 개인으로서나 집안으로 봐선 이미 신세망친 것이 된다.

독재시절처럼 고문이 공공연히 자행되진 않을 것이지만, 지금도 검찰에서 조사받던 피의자가 죽는 사고가 있다. 경찰이나 정보기관에는 끌려갈 때부터 반죽음은 당한 것이 되고, 집안은 망조가 든 것이 된다. 우선 자기 방어의 겨를이 없고 대개 주변 친지도 형사피의자로 찍힌 사람은 기피인물이 되어 뱀처럼 꺼려해서 멀리한다.

관청에서 불러놓고 무작정 기다리게 하고, 불친절과 각종 골탕 먹이기가 흔히 서민이 당하는 일이다. 앉혀놓고 물 안주고 생리처리 못하게 부자유하게 하기는 미국 중앙정보국 고문교과서에서도 가장 무서운 위협을 지닌 고문방법으로 꼽힌다(William Blum, 《ROGUE STATE》, 2000, p.49).

   지금 우리는 피의자나 피고인이 변호인 입회하에 심문을 받을 수 있는 보장이 법률적으로 잘 되어 있지 못하다. 헌법이 보장하는 묵비권도 심문하는 기관으로부터 고지 받으면 잘 대접받는 것이다. 흔히 변호인 접견권을 비롯한 변호사의 조력을 받은 권리를 말한다. 서민에게는 변호인 의뢰는 우선 돈 문제이다. 국선변호인제도나 기타 법률구조제도나 각종 법률구조기관이 있지만, 실제로 현장에서 당하는 서민 피의자의 처지는 '돈이 있고, 없고'에 따라 큰 차이가 있다. 아마도 그것은 어느 정도의 차이가 아니라, 하늘과 땅 차이 일 것이다.

   이 문제가 사법개혁에서 진지하게 모색되고 법률을 생활화한다면 바로 이 점이 사법개혁의 첫 과제라고 본다(2006.1.15).

냉전체제 유물 타파하고 인적 잔재 청산해야
[2006년 과거청산과 개혁과제 최종회]

정계 - 법조계 개혁 요강시안

1. 일제와 독재권력의 잔재인 권위주의와 관료주의, 군국주의와 파시즘에 오염된 제도와 법령, 악습과 폐습, 관행과 이데올로기를 극복 타파해야 하고, 그 인적 잔재를 청산해야 한다.

2. 악법으로 입증된 제(諸) 법령을 개폐하고, 고문·가혹행위를 기정사실로 묵인한 엉터리 판결들을 시정하라. 관존민비의 독선과 폐쇄주의적 관료특권 독선이 타파되고 정보공개를 통한 알 권리가 보장되어야 한다. 이를 관철하기 위한 입법조치와 행정조치 및 사법처분을 즉시 강구하라.

3. 과거에 독재권력에 연루되었고 그에 기생, 편승하여 과오를 범한 정치인과 관료는 자숙하고 사죄하라. 그들은 국민에게 행한 가해행위로 범법을 자행하였으며, 특히 법집행과 재판에서 독재권력의 하수인 역할을 해 온 사실은 만천하가 다 아는 지울 수 없는 역사에 남는 죄악이다. 그 책임자는 스스로 사죄하고 근신하라.

4. 정치자금의 모금과 선거운동규제 및 기타 선거제도에서 일제(식민주의) 잔재나 시대착오적인 자유를 제약하는 규정은 문제된 것부터 개폐하라. 주권자의 정치적 권리의 행사인 '낙천 낙선운동'을 억압하는 악법은 구시대 박물관으로 퇴장시켜라. 낡은 구시대정치의 기득권을 법률의 미명하에 악법으로 유지하려는 시도는 용납될 수 없다. 정경유착의 온상이 되어 온 정치인의 '이권 브로커'화를 원천 차단하는 개혁조치를 강구하라.

5. 지방자치단체장과 지방의회 의원에 대한 주민소환(파면 발안)제도를 실시하라. 원래 지방자치의 특성상 주민소환제는 자치 출범당시에 일부 제정되었던 것인데 그 후 군정에서 자치를 정지 중단시키고 하는 과정에서 실종, 주민의 기억에서 망각되었다.

그러나 지금 자치단체의 역할과 기능 및 비중이 막중해진데다가 군정독재 30여 년간 지방 토호 유지로 등장한 일부 부류의 타락과 일탈은 주민소환제를 통한 자치제 방어를 필요로 하게 되었다. 소환제의 부활강화는 자치의 건실한 회생 발전을 위한 응급책이 되고 있다.

6. 사법과정에 국민 참여를 보장하는 각종 제도를 수립하라. 배심제도이건 참심제도이건 국민을 참여시켜야 한다. 관료주의 사법시대는 이미 시대착오적인 유물이다. 아직도 일제식 관행과 관례에 매달리는 일부 수구부류는 시대의 도도한 흐름을 직시하라.

7. 사법 개혁의 주체는 국민이어야 한다. 국민대중은 아직도 사법으로 인한 피해자이고 소외자로서의 처지에 있다. 국민대중의 목소리가 반영되지 아니한 사법개혁의 관료주의적인 형식적 행사에서 탈피하라. 국민은 시민사회단체를 통해 보다 솔직하고 과감하게 제 목소리를 내라. 특히 법조인 양성제도가 법조관료 양성제나 법조인 양성관문을 유산층 독점으로 변질 전락시키

는 것을 엄중 경계한다.

8. 서민대중에게는 실속이 없는 들러리가 되고 법률로 인한 피해자로 되는 고질적 관료주의적 사법제도의 한계의 벽을 허물기 위한 시민운동은 지금부터 시작이다. 관료의 자리마련의 기구로 전락하고 있는 각종 법률구조관련 관청을 과감하게 개혁하지 않고선 우리 스스로의 세금만 퍼먹는 파행적 사법관료주의를 극복할 수 없다.

| 과거청산에 대해 필자가 쓴 책과 논설 등 안내

〈저서(최근 저서부터 순서로)〉

- 《화있을진저 나희들 법률가여!》〈패스앤패스, 2004년〉
- 《사상을 벌주는 나라》〈패스앤패스, 2004년〉
- 《일제잔재청산의 법이론》〈푸른세상, 2000년〉
- 《우리사회의 일제잔재를 본다》〈푸른세상, 2001년〉
- 《일제잔재 무엇이 문제인가?》〈법률행정연구원, 1996년〉
- 《한국의 법문화와 일본제국주의의 잔재》〈교육과학사, 1994년〉

과거청산에 대한 필자의 논문 - 논설(최근에 발표한 것부터) :

- 과거청산의 문제와 과제 - 일제잔재가 해방 후 독재권력에 이어저 온 한국사회의 모순구조(민주화운동기념사업회, 대학언론인 민주주의배움터, 2005년 5월 3일. 자료집)
- 한국근현대사에서 혁명과 개혁의 시련과 4월혁명의 정신 (4월혁명회, 자주

통일의 길 논문집, 2005년)

- 친일 반민족 반민주적 부류의 물적 기반이 되는 친일파재산의 처리 (민주사회를 위한 변론, 2004년 9월-10월호 수록)
- 왜 일본제국주의의 잔재가 문제되는가? (씨알의 소리, 2004년 9월 10월호 통권 180호.)

〈강연〉

한국의 법학과 개혁의 과제(성신여자대학 법학연구소 주최, 2004년 10월 13일. 자료집 수록)

〈토론과 논쟁〉

- 과거청산 어떻게 해야 하나? (한겨레신문, 2004년 8월 18일, 18-19면 수록)
- 개혁과 단축된 제헉명 (민주사회를 위한 변론, 2004년 3월 – 4월호 57호)
- 사법개혁과 '로스쿨' 설치문제 (《亞·太 公法硏究》 제12집, 2004년)
- 화있을 진저, 너희들 법률가여! – 구시대잔재청산을 위한 사법개혁의 제언 〈인물과 사상, 제28호 2003년 10월 6일〉
- 구시대 잔재청산을 위한 과제 〈민주사회를 위한 변론, 2003년 1월-2월호〉
- 21세기 민족문제와 일제잔재 〈철학과 현실, 2002년 여름호〉
- 민족반역의 대물림 〈한겨레신문, 2002년 2월 9일 8쪽〉

PART 5

박정희는
누구인가?

'유교적 권위주의' 통치 방식의 대중조작
[박정희는 누구인가 1] 기득권 부류의 우상화 최면에 중독

▲ 박정희의 종말과 잔재를 깨야 되겠다는 메시지를 담은 깨진 그림과 장례장면.
도서출판 시대의 창 글 백무현, 그림 박순찬– 만화 박정희. ©만화 박정희

'국가정보원 과거사건 진실규명을 통한 발전위원회(진실위)'는 지난(2005년 12월) 7일 박정희 정권시절 대표적 공안사건으로 조작논란이 끝이지 않았던 인민혁명당(인혁당) 사건과 전국민주청년학생연맹(민청학련) 사건이 '학생시위로 인한 정권의 위기상황 속에서 대통령과 중앙정보부장이 사건의 실체를 매우 과장되게 발표한 사건'이라며 정권에 의한 조작임을 발표했다. <참말로>는 그동안 친일청산과 역사 바로 잡기에 헌신적 노력을 해온 한상범(대통령 소속 전 의문사진상규명위원장)교수의 <박정희는 누구인가?>를 1979년 유신을 마감한 10.26에 이은 또 다른 군사독재정권의 시작인 12.12사태에 즈음해 6회에 걸쳐 연재한다.(편집자)

왜 또 박정희인가?

최초로 성공한 쿠데타 주범이고, 최장기 18년간 집권한 찬권자, 친일 구기득권의 상징 인물인 박정희.

이 글은 박정희 문제를 그의 행적, 그것도 공인이나 공적 관심대상으로서 민족사에서 문제되는 박정희의 발자취를 쫓아 보려는 것이다. 따라서 당연히 그리고 불가피하게 그에 대한 비판과 실체를 추적하여 논의하게 된다.

물론 나는 이미 다들 알고 있듯이 박정희에 대해서 그의 공인으로서 행적이 반민족이고 반민주인 것으로서 평가하고 있다. 특히 친일파로서 박정희의 행적은 실세로 행세해 온 친일파의 행태와 같은 틀을 아주 벗어나진 못한다.

친일매국 기득권부류는 항일 운동과 민족자주와 민주화를 지향하는 인사와 당파를 박멸 말살시키는 공작으로서 자기의 기득권을 유지해 왔다.

나는 그러한 친일파의 헤게모니가 잘못되었다고 보는 시각에서 1950년대부터 평생을 두고 친일파문제를 연구해왔다. 물론 나와 정반대의 처지에서 박정희를 미화시키는 사람도 있다. 그래서 먼저 내 입장을 분명히 해두려는 것이다.

박정희를 찬양하는 이론과 주장은 박정희가 살아있을 때부터 어린 초등학생을 대상으로 한 것으로 시작해 각종 방식으로 각 계층의 사람을 대상으로 대중조작이 추진되어 왔다. 이 작업은 그가 죽을 때까지 공식으로 지속되었다. 뿐만이 아니라 그가 죽은 후에도 그 여파와 여진은 각종 형태로 아직도 작용해 오고 있다.

일부 박정희 추종자라고 할 부류는 박정희 피살 후에도 꾸준히 자기 기득권 보존과 자기 명망의 존재를 유지시키기 위해 박정희를 미화시키는 일을 해 온다. 지금은 일본의 극우 국수주의 부류가 노골적으로 여기에 가세하고 있다.

일본 극우로선 박정희가 자기들이 만들어 낸 작품이기 때문만이 아니라, 현재의 일본 황국사관(皇國史觀)을 맹신하는 추종세력의 정신적 정당성을 먹혀들게 하는 유력한 발판이 되기 때문에 박정희를 기특하게 보고 아끼고 있는 것은 다들 알고 있다.

박정희 찬양의 소리는 아직도 그 목소리가 크다. 그 이유는 우리가 그만큼 그에 대한 우상화와 대중조작의 우민정책에 오염되어 있다고 하는 징상으로 나는 본다.

박정희가 피살된 1979년 직후 일본의 월간지 《세카이(世界)》에 '한국에서 온 통신'이라고 해서 연재된 글이 있다. 이 연재는 당시에 크게 주목되던 안개 속에 묻힌 한국의 소식을 알려주고 있던 소식통이었다.

여기서 그 일부 인용함으로써 이 글을 시작한다(TK생이란 가명으로 연재된

이 글은 한국 중원문화사에서 《제5공화국》이란 시리즈로서 황인이 번역 소개했으며 그 책을 인용했다).

"1979년 10월 26일 저녁 드디어 독재자 박정희는 쓰러졌다. 그것은 27일 새벽 서울을 강타한 충격적인 뉴스였다. 그러나 많은 사람들은 올 것이 오고야 말았다고 생각했다. 만주 등지에서 일본군 장교계급장을 달고 천황의 이름으로 중국과 한국 독립군을 토벌하는데 앞장섰다는 박정희! 뿐만 아니라 남조선 노동당의 군사부장이라는 어마 어마한 자리에 있다가 동료 노동당원을 고발하고 살아나서 자기 형의 친구 황태성을 빨갱이라고 하여 죽여 버린 잔인할 정도로 무서운 인물 박정희! 진짜 빨갱이는 박정희 자신이었으면서도 수

▲ 10.26 박정희 암살을 소재로 한 영화 〈그때 그 사람들〉.ⓒ엠케이 픽쳐스

많은 민주 인사들을 빨갱이로 만들어 내기 위해 잔인할 정도로 고문을 자행했고 정권연장을 위해 자기를 가장 도왔던 김종필 조카사위마저도 권좌에서 밀어냈던 사람이 박정희다."(위에 든《제5공화국》(1) 1993년, 9쪽에서 인용함).

| 결국 박정희의 문제는 우리 현대사에서 정리되어야 할 문제다.

(1) 우선 그의 신격화된 우상이 있는 그대로 실체가 드러나야 한다. 그래서 먼저 인물 박정희를 정확하게 공인으로 조명해야 한다.

(2) 박정희의 신화에 오염된 우리의 풍토를 바로 세워야 한다. 결국 해방 후 친일파가 60년을 자행해 온 우민정책과 수구언론의 대중조작의 극복문제이다. 일제하 40년과 합해 100년을 우리 민족정서와 의식을 오염시켜 온 누적된 찌꺼기 청소가 쉬운 일은 아니지만, 우리 스스로의 손으로 반드시 해내야 한다.

(3) 친일 구 잔재 청산은 결국 한국의 외세의존인 친일 반민족 – 반민주세력과 대결일 뿐만 아니라, 친일부류가 외세인 일본 극우–수구와 손잡은 현실에선 결국은 파시스트 침략세력과 싸움이 된다. 이것은 국제 민주, 인권, 평화 세력과 연대로 나가야 함을 뜻한다.

박정희 옹호세력은 그 내외의 실세를 총동원해서 지금은 민주개혁을 친북–좌경–용공–빨갱이로 까지 몰고 간다. 그들의 최고의 무기인 매카시즘의 수법과 그들의 힘을 총동원했다. 따라서 그들이 이전 못지않게 개혁에 대해 트집 잡고, 헐뜯고, 사실을 자기 멋대로 과장하고 변조 왜곡하여 반격하는 중상모략은 이미 진행 중이다.

박정희 우상화가 성공한 이유와 배경

피살에 대한 동정과 '경제성장'에 기여했다는 허위과장이 먹혀들은 풍토

(1) 좌절된 혁명의 '원죄'가 낳은 바보놀이 공화국의 구도

이제까지 가장 오래도록 집권한 한국의 권력자는 이승만과 박정희다. 두 사람 모두가 권좌에서 임기를 채우지 못한 채 쫓겨나거나 총맞아 죽었다. 이승만은 민중봉기로 타율로 퇴진해 미국으로 도망쳤다. 박정희는 장기집권으로 부패와 타락, 주변측근의 난맥 혼선으로 통치기능이 마비된 혼돈 속에서 그의 가장 충실한 측근자에 의해 사살되었다.

박정희의 말로는 31년간을 집권한 도미니카 공화국의 도르이요 대통령과 유사하다. 그도 정보부장에게 암살되었다. 그런데 도미니카의 정보부장은 암살 후에 카나다로 망명해 목숨을 부지했으나, 김재규는 그렇지 못했다. 그러나 여기에 차이가 있는 것이 아니다.

박정희의 사망 후 신격화의 실마리는 혁명으로 퇴진하거나 망명한 것이 아닌 피살이지만, 피살당한 후 박정희가 키워놓은 박정희 2세격인 추종자가 이어받는 신군부 독재의 계속에 있다.

그것은 무엇을 말하느냐 하면 박정희 그늘에서 해먹은 박정희 권력의 수혜자들이 고스란히 그 기득권을 보존 유지하게 된데 이유가 있다. 박정희를 우상화시켜 내세울 절체절명의 필요성은 그들 남겨진 부류의 생존조건의 유지란 절박한 그들의 이해관계 때문인 것이다.

더구나 박정희 사후처리를 그 박정희 추종자인 신군부가 했기 때문에 독재

자를 잔뜩 추켜세우고 온갖 찬사를 남발하는 국장(國葬)을 통해서 국립묘지에 안장을 한 점에 있다. 박정희가 살아 있는 채로 권좌에서 쫓겨났으면 정치심판은 물론이고 쿠데타에 대한 법적 심판을 반드시 거쳐야 했을 것이다.

이승만이 도망가는 것을 방치한 것은 관용이 아닌 역사 감각 마비와 정치의식 빈곤이며, 결국 이승만의 유산과 그 독재권력이 잔재를 청산할 수 없게 했다. 그래서 우리의 정치인식을 백치상태의 수준으로 머물게 한 것이다. 박정희의 경우도 마찬가지다.

또한 박정희에 대해서는 그가 총에 맞아죽었다는데 대한 일말의 동정이 그에 대한 엄정한 객관적 비판과 역사 심판을 위한 의식을 마비시켰다. 이 점을 파고들어서 박정희 신격화를 위해 최대한 이용하고 지금도 이용해 오고 있는 무리가 구기득권부류이다.

친일파 아류들로서는 박정희의 실체에 대한 객관적 폭로로 국민대중이 눈을 뜨고 그 정체를 알게 될 때에 자기들의 처지가 어떻게 되리라고 하는 것을 누구보다 잘 알고 있다.

그래서 그들은 목숨 걸고 온갖 궤변과 왜곡 허위와 날조를 서슴지 않고 박정희 우상화에 발 벗고 나서고 있다. 그것이 우리 민중정서에 먹혀들었다.

박정희가 집권기간 내내 새마을과 유신정신을 나팔 불어대고 국민교육헌장으로 귀를 따갑게 하며 박정희가 내세운 유비무환(有備無患)이란 구호와 국가안보라는 주문에 혼을 빼앗긴 세대들은 박정희가 이승만에 이은 '국부'(國父)이고 '나라님'이라는 생각이 머리속에 자기도 모르게 박혀버린 것이다.

그래서 박정희를 비판하면 공자를 숭배하는 유생이 공자 욕하는 사람에게 달려들 듯 광증발작을 하는 증세가 생기도록 최면을 걸어 놓는데 성공한 것이다.

(2) 박정희 장기 집권기간 그의 공범이 된 기득권부류

박정희가 20년이 가깝도록 지배하는 사이에 말단 교원이나 공무원이나 소시민은 '박정희 세상'을 운명으로 알고 받아들여 왔다.

한편 박정희 세상에서 돈줄을 잡아 벼락부자가 된 탈세꾼과 투기꾼은 어느덧 재계의 유지가 되고 고분고분 적당히 순응하던 인텔리는 분에 넘치는 출세도 했다.

박정희 권력의 수혜자들은 알게 모르게 엄청나게 불어나고 그들은 직접, 간접으로 독재권력에 자기도 수동적 소극적으로라도 협조, 합세함으로써 자기도 모르는 사이에 박정희 독재의 공범이 되었다. 이들은 대개 별 볼일 없고 따지고 보면 큰 잘못도 없지만, 그들의 마음속에는 박정희가 가득 들어앉아 있는 것이다. 살기 위해서 소심한 소시민의 비겁하고 치사한 삶을 이어온 것이 전부인데도 말이다.

그런데 막상 박정희가 꺼꾸러지고 보니 마음이 허전해지고, 자기의 설 땅이 없어진 것 같게 앞길이 캄캄한 듯 했었다. 그리고 모든 것이 혼란스럽고 새로운 변화에 겁부터 나고 껄끄럽게만 느껴지고 불안이 앞섰다.

안보가 흔들리는 것 같은 불안으로 잠이 안 올 지경이 되었다. 여기에 그들의 마음을 알기라도 한 듯이 박정희 찬양의 나팔소리는 구세주의 복음처럼 들려 온 것이다. 이것이 일부 박정희 팬의 심리구조다.

별 볼일 없는 서민에게 박정희의 은덕이라고 해봐야 무엇인가? 그런데도 겁 많고 소견 좁은 생각으로는 박정희를 비판하고 부정하는 것은 무엇인가 잘못되었다고 보이는 것이다. 박정희 편을 드는 왕년의 유지와 아직도 돈줄과 명망가 행세를 하는 도둑들의 힘은 여전하니, 결국 그들의 눈치를 보게 되면서 적당히 박정희 편의 줄에 서는 것이다.

한편 평생 박정희를 섬겨왔는데, 그 별이 떨어지니 허탈해서 어쩔 줄 모르는 이도 있었다. 그런데 다시 박정희를 추켜세우는 붐이 일어나니, 참으로 살판 난 듯 겨우 정신을 차리고 박정희 편의 줄을 서는 사람도 상당수 있다. 박정희나 전두환 등을 추종해 온 사람들은 박정희의 '유교적 권위주의'의 통치 방식의 대중조작에 중독이 되어왔다. 특히 충효라는 봉건 시대의 최고 가치관이 봉건잔재가 그대로 남아있는 한국풍토에선 민주시민의 정치의식을 지닌 것이 간단한 문제가 아니었다.

이효재의 《분단시대의 사회학》(한길사)에선 그러한 유형의 통치 질서를 '가부장적 권위주의'라고 했다. '관료적 권위주의'란 표현과 함께 적절한 면이 있다.

박정희의 신격화가 먹혀들 토양에 기생하며 구기득권부류는 그들의 힘 있는 연줄을 대고 허약한 개혁정권의 약점을 들쑤시는데 성공하고 있다. '지역 편가르기'의 박정희 전략전술은 아주 만능의 도깨비 방망이로 매카시즘 다음으로 먹히는 무기가 된다는 것을 알고선 구기득권 친일파 부류나 그와 한통속이 되는 부패세력은 전열을 가다듬고 있다.

박정희의 신격화 거품의 정체는 바로 이러한 한국 독특한 배경을 가지고 구시대의 잔재란 토양에서 기생하고 있다. 그래서 박정희에 대한 평가는 처음부터 감정적이고 논쟁적이 된다.

그리고 결국은 개혁과 반개혁의 편싸움으로 번질 수밖에 없는 것이다. 문제는 가치선택이고, 민족-민주에 대한 찬반의 갈림길이 될 수밖에 없다 (2005.12.13).

만주군관학교 출신들, 정권의 중추로

[박정희는 누구인가 2] 민족을 배반하고 황국신민, 황군장교의 길 택해

▲ 5.16 군사쿠데타 44해를 맞은 2005년 5월 16일 민주화운동기념사업회에서 열린 출판기념회에 걸린 박정희의 모습. ⓒ이철우 기자

출세지향과 민족배반 – 시대 불운과 황국신민, 황군장교의 길

(1) 박정희가 사회인이 되는 일제시절

박정희가 일제하에서 사범학교를 힘들게 나와서 초등학교 교원을 천직으로 알고 살았다고 하면 그의 살아 온 길은 달랐을지 모른다. 그러나 역사에서 가정은 부질없다.

빈농에 가까운 가정인 박정희 집안의 형제는 그의 둘째형 박상희처럼 신간회의 독립운동노선에 찬성하고 나름대로 살려고 하고, 결국 해방정국에서 남로당원이 되어 미군정에 대항하다가 총살당한 사람도 있다. 박정희가 그 형의 영향을 많이 받았다고 보지만, 그는 일제하에서 결국 교원생활을 때려치고 '긴 칼을 찬' 출세를 위해 만주지역(중국동북)으로 간다.

만주에는 1905년 러·일전쟁 이후 일본제국주의가 일찍이 만주철도의 이권을 장악해 군대를 주둔시켰고, 1931년 만주사변이라 하여 만주침략에 본격으로 나섰다.

1932년에는 '만주국'이란 일본관동군이 관리, 통제하는 괴뢰정권을 수립하였다. 이 괴뢰정권의 장교양성기관인 신경군관학교는 일본육사의 식민지 분교 격으로 박정희는 용케 이 신경군관학교 입학에 성공, 일본육사로 편입하여 일본제국하의 장교가 된다.

신경군관학교 입학에도 그의 나이가 지원적령기를 초과했기 때문에 여러 사람의 추천과 이면 배려가 있었다. 특히 그는 혈서지원으로 일본 왕에게 '진충보국(盡忠報國)'을 맹서하여 소원을 이루었다고 한다. 이 말은 박정희 전기의 일종인 최상천의 《알몸 박정희》에도 나온다. 그 진위 여부와 상관없이 그 이후 박정희의 행각을 보면 일본제국에 충성을 다하는 친일파가 된 것만은 확실하다.

여기서 이원섭이 쓴 글인 '황군장교 박정희의 꿈'에서 일부 인용해 참조한다.
"…… 다른 문제는 제쳐놓고 한 가지만 짚고 넘어가자. 일제시대 '황군'장교로 복무한 것만으로도 그는 국고로 기념관 건립을 지원할 만한 인물이 못된다. 대구사범을 나와 문경보통학교 교사로 있다가 일본제국의 중국침략기지인 만주군관학교에 들어가는 과정 자체가 반민족적이다. '진충보국 멸사봉공(충성을 다하여 나라(일본)에 보답하고, 나를 죽여서 국가를 받들겠다)'이란 혈서를 써 보내는 남다른 충성심을 과시한 끝에 '만주일보'에 크게 나고 입학에 성공했다. 사관생도 자질을 인정받아 일본육사에 편입하고 임관 후 독립군 토벌에 앞장선 그의 이력은 몹시 부끄러운 것이다. 조국 독립에 목숨을 바친 선열을 생각하면 더욱 할 말이 없다"(한겨레, 2001년 5월 11일 이원섭 칼럼에서 인용).

1931년은 일본제국주의가 1945년 패전하기까지 15년 전쟁의 시작이 된 때이다. 이때에 박정희는 일본군국주의 침략정책에 편승한 것이다. 1937년에는 중일전쟁에 이어 1941년에는 진주만 기습으로 영·미에게 선전포고한다.
이 1930년대 중반기부터 조선내외 친일파가 극성을 떨고 조선안의 이른바 인텔리와 유지 그리고 기업가들이 자발이든 타율이든 친일매국의 길로 들어선 저주받은 시절이다.
특히 박정희가 택한 중국 동북지방인 만주는 연변(간도)으로 불리며 조선인이 일찍부터 정착해 사는 지역으로 조선인의 활동이 활발하던 지역이다.

일본 제국군대 출신들, 정권의 중추가 되다

박정희가 나온 만주군관학교는 이한림·강문봉·정일권·백선엽 등이 나왔다. 일본 제국군대 출신 인맥이 박정희 정권의 중추가 되었다. 그밖에도 '만주대동학원'이란 만주고등관리 양성기관은 박정희 밑에서 외무장관과 총리까지 올라가 박정희 피살 당시 총리로서 대통령 대행을 한 최규하가 나왔다. 만주건국대학에서 최남선은 교수가 되었고 그 학교를 나온 사람으로서 강영훈은 국무총리를 역임했으며, 그는 지금도 최남선을 민족지도자로 변명한다.

강영훈은 인터뷰에서 "최남선은 조선민족의 장래를 위해 조선청년의 일본군대 지원을 권장했다"고 말했다(2005년 9월 18일 추석날 방영한 만주친일파 등을 다룬 밤 9시 국정 텔레비전).

이선근과 같은 친일파는 만주에서 '만몽농장'을 하면서 오족협화회(五族協和會) 대의원과 사무국장으로서 관동군에 군량미 비용으로 거금을 바쳤다. 이 기사는 사진과 함께 당시의 만선일보(滿鮮日報)에 게재될 정도로 유명했다. 그는 열성친일파로 박정희 집권 후에 그의 측근을 맴돌며 온갖 행각을 벌리고 전두환 집권 후에도 계속 전두환 찬양의 추태를 보인다. 당시 분위기가 너도 나도 변절 투항을 해서 안일을 택하는 친일파가 번성하던 때이고 한편으로는 항일노선을 지켜내기 어려워서 결국 정절을 굽히고 민족노선을 배반하는 변절의 길을 택하는 이탈자도 나오고 있었다.

물론 박정희는 변절 전향이 아니고 출세를 위해 친일노선을 걸어간 자발적 친일로 간 매국노였다.

(1) **박정희의 해방 전 행적**

박정희는 신경군관학교에서 일본제국에 대한 열성과 충성이 인정되어 일본육사에 편입해서 졸업한 것으로 되어 있다.

여기서 박정희의 연보를 정리해 보면 다음과 같다.

〈박정희 연보〉

- 1917년 경북 선산출생
- 1925년 구미보통학교 입학
- 1932년 대구사범입학. 이 해에 일본제국의 괴뢰정권 만주국수립.
- 1935년 5월 만주수학여행. 일본제국 지배 때 만주견문. 같은 해 김호남과 결혼. 특히 당시 박정희는 성적불량으로 낙제를 겨우 면함.
- 1937년 대구사범 졸업 후 문경공립보통학교 교사부임. 같은 해 큰 딸인 박재옥 출생
- 1939년 교직을 떠남
- 1940년 만주신경군관학교 입학(혈서지원으로 특혜 입학 허용).
- 1942년 만주군관학교에 일제에 대한 충성을 인정받고 일본육사 3년 편입
- 1944년 일본육사 졸업 후 만주군 보병 제8단 배속, 중국항일군토벌종사.
- 1945년 일제패망, 만군이탈, 북경에서 조선인 광복군에 편승, 이 당시부터 친일행적 은폐
- 1946년 귀국 조선국방경비대 입대, 소위 임관

(2) 해방 전과 해방 후 박정희의 처신과 행적

재미 원로기자인 문명자가 쓴 《박정희와 김대중》(월간 말지 발간)을 보면, 박정희는 항일군 토벌을 나가게 되면 신이 나서 일본도를 움켜쥐고 "요오시 ~ 요오시~"하고 별렀다고 한다.

일본말로 "요오시"란 말 뜻 자체는 "옳지"하는 정도이나, 쓰는 분위기에 따라 마음먹은 일을 벼르는 의지를 나타낼 때도 있다. 그가 울적한 채 말이 없다가도 항일군 토벌에는 의욕과 열기를 내보였다고 하는데 자세한 것은 더 알기 어렵다.

물론 박정희의 친일행각에 대해선 그나 그가 집권한 후에 그를 보좌하는 기관에서 의도적으로 말소해서 남아있는 자료가 찾기 힘들다. 김형욱 회고록에는 박정희가 집권한 후에 내무부 치안국 정보과가 관리하는 파일에 박정희의 남조선 노동당 전력에 대한 자료를 말소하려고 정보부까지 동원했으나, 결국 기록 말소에는 실패했다고 한다. 지금은 어떻게 되어 있는지 알아보고 싶다.

1941년 박정희는 스스로 일본 이름인 '다카키 마사오(高木正雄)'로 창씨개명하여 명실상부한 일본제국군대의 장교로서 면모를 갖추고 일본의 대륙침략전쟁에 가담한다. 자발적 친일매국행각임에 틀림이 없다.

그런데 나는 이것 못지않게 중요한 것은 박정희의 정신구조가 골수까지 친일 황국사관에 물들고 일본정신을 숭배 추종하고 일본의 군관학교 선생이나 만주국주둔 관동군 참모 '세지마 류조(瀨島龍三)'나 만주국 고위간부로 나중에 전범이 된 '기시 노부스게(岸信介)'들을 철저하게 숭배 추종하는 점에 문제가 있다고 본다. 그는 평생 일본 제국군인의 정신으로 살았다.

"박정희는 인권과 민주주의는 꿈에도 믿지 않은 사람이다. 그는 대통령 재임 때도 일본 군가를 열창하고 일본의 극우 수구 인사와 접촉해 그들의 지도 자문을 받았다. 뿐만 아니라 그는 청와대 뒤뜰을 일본 관동군 기마승마복을 입고 거닐 정도로 일제관동군 장교(소위 나중에 중위?)시절을 그리워 한 사람이다(중앙일보사,《청와대 비서실》참조)".

그러한 박정희의 행적은 공인으로서 우리에게 무엇을 의미하는 것이었는지 문제가 되는 것이다(2005.12.14).

풀리지 않은 수수께끼, 남로당과 박정희
[박정희는 누구인가 3] 출세가도 달린 남로당 출신 주변인물들

| 남로당과 박정희 : 역사에 남은 수수께끼, 이제는 밝혀라

⑴ 여순병란(반란) 사건수사에서 박정희의 남로당 군사책 들통 나다

 박정희가 1961년 반공을 국시 제1호로해서 쿠데타를 한다고 정권탈취에 성공한 후에 그가 민정이양 약속을 무시하고 대통령을 하겠다고 소장에서 한꺼번에 대장으로 별을 덕지덕지 달고 난후에 "나처럼 불행한 군인이 없기를 바랍니다."하고 떠벌렸을 적에는 참으로 어처구니가 없었다.
 그런 불행한 군인이 싫으면 대통령이 되겠다고 악을 쓰고 나서지 말았을 것이다. 국민 누구도 그를 잘 알지도 못했고 대통령하라고 한 적도 없다. 그런데 별은 그렇게 따기가 어렵다는데 한꺼번에 공로도 없이 감옥에 갈 군사반란의 주범이 스스로 달고 그것에도 모자라서 대통령하겠다고 나선 것이다.
 그러니 쿠데타의 목적이 박정희의 출세였고, 그는 부귀영화와 헛된 명성에 사로잡혀 살아온 것이 분명한 것이다. 정치가나 지사의 첫 번째 조건이 출세와 돈과 인연을 끊는 것이라고 함은 초등학교 선생을 하였으니 그가 잘 알만한데도 말이다.

그런데 이 당시에 느닷없이 외국 시사주간지에 박정희의 공산당 전력이 터져 나왔다. 당시에 박정희 졸개들은 그 기사가 게재된 잡지를 몽땅 걷어서 씨를 말려 못 보게 했다.

그러나 당시 외국 공보원에 가면 그 잡지가 그대로 있어서 보려고 한 사람은 다들 보았을 것이다. 특히 대통령선거 유세에서 라이벌 후보인 전 대통령 윤보선 씨가 박정희 공산당 전력을 폭로한 것이다. 그런데 최고회의란 군정기관은 오히려 그러한 문제제기에 대해 매카시즘이라고 호령하고 위협했다.

1990년대 문화방송에서 이영신 각본으로 제3공화국이 방영되었었다. 실록으로 꾸민 것이어서 사건의 이면을 보는 것으로 인기 프로였다. 그 각본이 책으로 되어 나온 것이 이영신《대하정치실록 격동 30년》으로서, 그 제2부 - 제3공화국(전편)2(고려원 1993년)의 문제부분을 49쪽 이하에서 인용해 본다.

1963년 대선당시 윤보선은 2월 24일 전주유세에서 박정희를 다음과 같이 비판하며 그의 남로당(공산당) 전력을 문제 삼았다.

"······박의장(박정희)은 라디오 방송을 통해서 구정치인과 자기와 대결을 민족 이념을 망각한 가식의 자유민주주의 사상과 강력한 민족이념을 바탕으로 한 자유민주주의사상의 대결이라고 했는데, 누가 민족주의자며 누가 비민족주의자라는 것과 누가 민주주의신봉자이며 누가 민주주의신봉자가 아니냐는 것, 그리고 누가 공산당이며 누가 공산당이 아닌가 하는 것은 각자의 경력을 캐어보면 알 수 있을 것이외다!"

결국 윤후보의 폭로에 대하여 최고회의라는 군정권력기구의 공보실장 이후락(후에 정보부장)은 '국가안보'를 해치는 발언으로 몰아세웠고, 최고위원이란 군장교인 홍성철 위원은 '매카시즘의 악랄한 수법'이라고 성명을 발표하며 법 조치를 취하겠다고 협박했다.

한편 박정희의 집 안방에서는 박정희의 아내가 남편의 침묵으로 고민하며 절간을 찾아가 기원하며 마음을 달랬다고 이 실록은 기록하고 있다(위에 이영신의 책, 51쪽 참조).

박정희는 자신을 빨갱이 몰이인 매카시즘의 피해자인 양 논쟁을 다른 방향으로 유도하여 민심을 자기에게 유리한 쪽으로 돌리는데 성공했다. 박정희가 오히려 동정표를 모으는 결과가 되었다고 한다.

박정희가 남조선노동당 군사책인 것이 여순사건 수사에서 들통이 난 것은 사실이다. 여기서 만일 들통이 안 나고 그대로 은폐된 채 지나쳤으면 박정희는 어떤 일을 했을까? 그가 스스로 자진해서 사실을 밝히진 아니했었으니, 그 귀추가 어떻게 되었을까 하는 추측해 볼만한 것이기도 하다는 말에도 일리가 있다.

박정희는 자기가 남에게 전향을 강요하면서도 자신의 전력에 대한 해명과 사상문제에 대해선 한 번도 명쾌한 해명을 해 본 적이 없다.

이런 사람이 대통령도 되고 그를 영웅으로 찬양하는 자유는 있으면서 멀쩡한 사람이 친일기득권 실세의 비위를 상하게 했다면 빨갱이로 만들어 내는 세상이다. 무엇이 잘못되었을까?

| 박정희의 남조선노동당 입당경위에 대한 은폐

박정희가 남로당 당원으로서 군사부장(군사총책)이란 것은 여순사건 수사과정에서 드러나서 그가 남로당 프락치를 밀고 또는 제보하여 준 대가로 자신은 사형을 간신히 면하고 무기로 선고된 후에 형 집행을 면하고 불명예 제대하였다.

사형을 코앞에 두고 살아난 것이다! 뿐만 아니라 불명예제대 후에 육군정보기관에 무급 문관(군무원)으로 근무하다가 1950년 6.25전쟁이 시작된 후에 소령계급을 가지고 복귀된 것으로 돼 있다.

그런데 박정희의 노동당입당에 누가 입당보증을 섰는지, 언제 무슨 동기로 친일파인 박정희가 공산당으로 목숨을 걸고 싸우기로 작정해서 육사생도대장의 요직으로까지 진출해 조직을 확장했는지, 포섭당한 인물이 누구이고 그것이 군에 준 영향이 어떠한 것이었는지 등 규명할 일이 많다.

여순사건에서 남로당 계열임이 폭로되어 처형된 군인장교들은 누구누구이고, 그에 따른 군대조직을 어떻게 개편하게 되었는지 소상하게 밝히는 일 자체도 중요하다고 생각한다.

여기서 그가 쿠데타 후 활동할 당시에 전 남로당계 인물이 주변에 계속 인연을 두고 그의 파트너가 되어 온 것을 정리하는데 그친다.

| 박정희 주변 남로당 출신 인물들

박정희의 형인 박상희는 남로당원으로 1946년 대구사태 당시에 미군정 경찰에게 사살 당했다. 바로 그 박상희는 김종필의 장인이다. 김종필이 박정희의 조카사위라고 함은 바로 이 점이다.

박상희의 단짝친구인 남로당원인 황태성은 박정희가 남로당 입당을 할 당시 입당 보증인이라고 한다. 남로당은 입당과 정식당원이 되는 절차와 수련

과정이 복잡하고 어렵다.

입당보증인이 확실해서 심사를 통과해야만 후보당원이 된다. 일정기간 후보당원으로서 투쟁경력을 쌓아야 만이 정식당원이 된다. 그러한 심사관문도 문턱이 높고 고개가 많다. 그런데 박정희가 어떻게 그러한 고위직에 발탁될 정도로 인정받게 되었는지 아직 밝혀진 기록을 찾지 못하고 있다.

작년(2004년)에 나온 정운현 기자의 《실록 군인 박정희》에도 아주 조심스럽게 여순 사건에서 문제된 좌익(공산당) 경력문제를 당시에 보도된 대로 자료를 꿰어 맞추고 있다.

황태성은 1961년 5.16쿠데타로 박정희가 집권에 성공한 후에 북에서 밀파되었다. 그 이유는 박정희·김종필과 접선에 있다고 하는데, 여기서 서울신문에 황태성의 조카사위인 권상능의 말을 인용해 해설한 기사를 보자.

2001년 6월 1일자 대한매일(현-서울신문) 15면 기사를 보면, 황태성의 조카사위로서 당시 황태성 사건에 연루돼 2년간 감옥살이를 한 권상능은 당시 발간된 월간 '민족21'과 인터뷰에서 황태성이 남파된 것은 박정희와 접촉이 목적이었으며 1961년 8월경 황태성은 박정희와 김종필 등과 접촉을 시도, 공식적인 만남은 불발인 채 1963년 처형됐다고 한다.

김형욱 등은 당시 미국정보기관이 황태성 사건에 대해 정보를 입수해 한국측 정보관계자나 박정희 입장이 난처하게 되었다고 한다. 또 일설은 황태성이 사전 비밀조직 준비 중이던 민주공화당 조직 훈련을 지원했다고도 한다. 진실은 아직도 안개 속에 가려진 사실로 남아있다.

가장 문제가 된 인물은 박정희와 대구사범 동창이고 하숙 친구인 일본규

슈제대 출신인 엄민영과 관계다. 엄민영은 일제고문 합격자로 군수를 한 친일파인데 해방 후 남로당 당원이 되었다.

1950년 6.25 전쟁 직후엔 당시 북에서 남파된 역사학자 전석담 밑에서 서울지역 대학책의 중요 요직을 담당 활동하다가, 미군이 진격해 들어오자, 먼저 처자를 평양에 보내고 그 후에 월북하다가 동두천 근처에서 미군포로가 되어 거제도에 수용되었다가 그 후 석방된 자이다.

엄민영이 왜 포로가 되었는가 하면 노동당원은 전시에 '무장 빨치산'으로 활동하기 때문에 무장한 부대원으로 월북하다가 미군에게 포로가 되었다. 그는 박정희가 집권할 때에 내무장관과 주일 한국대사를 했고, 박정희의 정치고문이었다. 그의 규슈제대 출신과 인연이 되어 박정희 주변에서 활약한 이는 공화당 의장 백남억이다.

백남억은 대구대학 교수로서 공화당에 가담하는 것으로 돼 있으나, 원래 그는 일제 때 조선총독부 철도국 직원이었다가 해방 후에 부산 철도국 운수과장으로서 총파업을 지도 선동한 주모자로 활약했다. 그로 말미암아 미군정의 수배인물로 돼 도망쳐서 잠적했다가 후에 대구대학 교수가 된 인물이다(정영진, 《폭풍의 세월-대구10·1사건을 일으킨 사람들과 그 이데올로기》(한길사, 1990년, 297쪽 참조). 그가 박정희의 공화당 간부가 되었다.

김형욱의 '회고록'을 보면 김성곤 공화당 재무위원은 남조선 노동당 경북도당 재무책이었다고 한다. 그는 박정희처럼 내무부 치안국 정보파일에 기록된 그의 남로당 참여기록을 말소하려고 갖은 노력을 했으나 실패했다고 한다.

이런 박정희 주변인물 중에서 박정희 재임 중 사고가 난 것은 엄민영이다. 그는 주일 대사시절에 조총련을 통해 재북 처자와 접선을 하려다 미국정보기관이 포착해 자살을 하려했고 일본 게이요대학 병원에서 사망했다. 문명자 기자는 박정희가 엄민영을 어떻게든 살려내라는 간곡한 부탁도 허사로 독극물 중독으로 사망했다고 밝히고 있다.

김성곤이 박정희가 의도한 삼선개헌에 반대, 배신했다고 해서 정보부에 끌려가 수염이 뜯기는 소동이 벌어진 것은 널리 알려진 소문으로 세상이 다 아는 사실이다.

그러나 엄민영의 자살사연은 당시에 아무도 몰랐다고 한다. 거제도 포로수용소 출신은 교수를 비롯한 각계의 명사 중에도 있다. 그래도 그들이 박정희 밑에서 활약하며 전력 때문에 문제된 적은 없다. 그렇지 않고 박정희 반대편에 서는 사람은 생트집이 잡혀 좌경 용공으로 신세를 망쳤지만.

| 여기서 박정희의 쿠데타 이전(1961년)까지의 연보를 정리한다.

1947년 소위에서 대위로 승진 사관학교 중대장 근무

1948년 소령진급. 10월 여순반란사건 발발, 11월 남로당간부사실이 발각되었으나 수사협조(밀고)로 처형모면하고 석방.

그 후 6.25전쟁 전까지 육군정보국에 근무하면서 보도연맹원 처리안 기획.

이 사실은 미국정보공개에 의한 문서조사에서 드러났다. 월간〈말〉 2001년 5월호에 실린 이도영의 '제주도민 예비검속은 이승만 피신을 위한 정지작업'이란 글을 보면, 박정희와 김종필은 전쟁 후에 벌어진 민간인 집단학살의 주역으로 그 육군본부정보국 작전 과장이었다(위 잡지 187쪽 참조). 이 사실은 피살자 유족이기도 한 제주도 교사인 이도영의 미국에서 공개된 문서조사를 통해 밝혀졌다.

- 1950년 박정희 소령지위 회복. 중령진급. 김호남과 이혼하고 육영수와 결혼.
- 1953년 정전협정 체결 후 준장으로 진급.
- 1957년 제7사단장
- 1958년 소장진급
- 1960년 부산군수기지사령관. 2군 부사령관.
- 1960년 4·19혁명으로 전쟁전후의 민간인학살과 친일파죄과에 대한 조사 성토로 불안을 느낀 박정희 등 친일파의 반혁명 음모가 싹틈.
- 1961년 군사반란인 5·16 쿠데타를 일으킴
- (이후의 연보는 대개 공지된 것이므로 생략함) (2005.12.20).

정적제거, 음모의 명수 박정희
[박정희는 누구인가 4] 쿠데타 이후 친일 측근 기용과 정적 제거

│ 박정희의 쿠데타와 그 이후 행적

(1) 5.16쿠데타와 미국 중앙정보부

한국군대의 통수 작전권이 1950년 전쟁발발 후 대전협정으로 미군에게 이양된 이후 그것이 근본적으로 틀을 바꾸진 않았다. 물론 지금 한미연합사령부란 지휘체계가 수립되어 있다. 그렇지만 군대가 미국 통제 또는 주재 하에 있는 것은 변함이 없다. 그래서 한국군은 미국고문관이 각 요소에서 배치돼 있고 군부대의 이동을 함부로 한국군지휘관 재량으로 할 수 없다. 이것은 상식이 아닌 엄연한 사실이다.

그런데 어떻게 박정희가 3000여명으로 수도 서울로 진격 쿠데타를 해 정권을 장악할 수 있었고, 그것이 미국군부나 미국정부에서 인용하는 일이 되었을까? 누구나 가질 수 있는 의문이다. 박정희와 김종필이 아무리 천재적인 모사꾼이고 쿠데타 전술의 달인이라고 해도 한국의 1961년의 군사실정에서 박정희의 쿠데타 성공은 의문투성이다.

여기에 한 가지 참고자료가 있다. 일본의 군사법령과 군대문제에 전문가

인 역사학자 오오에 시노부(大江志乃夫)가 지은 《戒嚴令》(岩波新書, 초판 1978년-1992년)을 보면, 미국초대 중앙정보부장 알렌 덜레스가 영국 비비시(BBC) 방송에 출연해 재임 중에 가장 성공한 공작으로서 한국의 1961년 5·16쿠데타를 들고 있음을 소개한 것이 있다(위에 든 책, 28쪽).

위의 사실은 더 깊이 자료를 찾아보기 어렵지만, 우리에겐 심각한 의문을 던져주는 문제임에는 틀림없다.

(2) 박정희의 일본인맥

박정희는 집권전후에 그의 정권 장악과 유지에 있어서 철저하게 만주시절의 일본군인으로 돌아가서 만주시절의 인맥에 의존했다. 우선 한국인으로서 만주중심으로 활동한 친일파를 모아서 정권 핵심부에 들여앉힌 것을 비롯해서 만주국괴뢰정부와 인연이 있으면 더욱 신뢰하고 친근감을 느꼈던 것 같다.

그리고 친일파이면 다른 사람보다 신뢰했다. 1963년 대통령선거 운동에서 밀가루 등 양곡을 뿌려서 유권자를 자기편으로 하였다. 그런데 그 외국양곡의 변칙도입에서도 장기영이라고 하는 일제시대 은행출신을 이용했다. 일제 친일과 인연이 있는 백두진도 뒤에 고위층으로 국회의장까지 시켜가며 써먹었다. 이 점은 이승만의 친일파 신뢰에 뒤지지 않은 행적이다.

박정희가 쿠데타로 부상할 당시에 일본에 생존한 만주시절 최고의 인물은 기시 노브스게 수상과 세지마 류조 관동군 참모중령이었다. 기시에게는 일찍이 1961년 미국 방문길에 인사차 방문 밀담하면서 믿을 만한 일본인 추천을 의뢰해 일본의 흑막이 되는 인물의 추천을 받았다. 기시는 세지마와 함께 박정희가 가장 숭배한 인물이다.

다음에 세지마 류조는 관동군 참모 중령으로 일본군의 박정희 소위의 상관이었다. 그는 일본 육사와 육대의 수재로 알려진 신화적 인물로서 야마사키 도요코의 《불모지대》란 소설의 주인공이고, 나카소네의 최고 자문역이고 박정희와 거래할 당시엔 이토추상사 간부로서 강화조약을 체결한 인도네시아 등 동남아 나라와의 뒷거래를 하는 브로커로서 한일관계에서도 그가 큰 역할을 했다. 그는 박정희에 이어 전두환과 노태우로 이어지는 3대 군정대통령의 고문이고 스승으로서 한국의 국정지도에 임했다.

그리고 빼놓을 수 없는 것은 일본 극우 우익의 흑막이고 깡패 두목인 고다마 요시오(兒玉譽士夫)와의 관계이다. 그는 2등 수교훈장까지 대한민국정부로부터 받았으니 할 말이 없다. 여기에 정건영(鄭建永)(일본 이름 아리모리 다카시(有森隆))을 빼놓을 수 없다. 그는 재일동포로서 1천 5백 명을 거느리는 깡패두목이고 그러한 인연으로 고다마의 그늘에서 활약했다. 그가 한국외환은행의 보증으로 수십억엔(圓)대의 토지매입과 그것이 박정희 재산이라고 한일 두 나라 국회에서 소동이 일어났다.

박정희는 죽을 때까지 친일파이고, 그리고 나아가서 일본사람이었다. 그 일본사람도 제국시대의 군국주의자로서 일본 왕의 신하였다고 하는데 한국의 치부가 되고 있다.

(3) 박정희의 정적(政敵)처리 - 라이벌을 제거해 온 음모의 명수

박정희의 정적 제거의 기술은 당장에는 눈에 안 띠지만, 어느 시기가 지나면 깜짝 놀랄 정도의 결과로 나타나기도 했다. 특히 그는 주변측근의 한시적 이용과 사후 제거의 기술에 능수능란했다. 함께 쿠데타를 일으키고 쿠데타의 들러리를 섰던 장도영, 송요찬, 박창암으로부터 하급 부하격인 원충연까지도 반혁명음모로 제거해 감옥에 보내고 폐인을 만들었다.

쿠데타로 쫓겨난 장면 총리도 쫓겨난 것으로 부족해서 법정에 세워서 망신을 주고 웃음꺼리를 만들어서 속이 터져 죽게 했다. 윤보선 처리는 운 좋게도 박정희 남로당 전력을 들치는 것을 트집 잡아서 오히려 윤보선이 매카시즘으로 모함한다고 해서 동정표를 받았고 그 후에 윤보선을 필요하면 적당히 재판정으로 끌어낼 듯이 법률의 올가미로 당겼다, 늦췄다 하다가 자연사하는 것을 기다렸다. 이 공작은 성공작이라고 할 수 있다.

박정희의 집권 후에 가장 골칫거리는 함석헌과 장준하 그리고 김영삼과 김대중이었다. 여기서 함석헌에 대해선 그가 내던 《씨알의 소리》잡지를 폐간도 시키고 잡아넣기도 했으나, 꼿꼿해서 부러지는 체질이 아니고 밟히면 곧 일어나곤 했다. 별별 모략중상을 하고 섹스 스캔들로까지 정보기관을 동원해 몰아갔으나 성공하진 못했다.

그런데 장준하에 대해선 참지 못했던 것 같다. 장준하가 일본군대 탈출과 임정(상해임시정부)에 참여한 광복군출신이란 민족사에 빛나는 '금배지'는 박정희의 일본제국 군대 하급장교인 민족반역자란 레벨과 대조가 되어서 그의 화통을 터지게 했을 것이다. 결국 장준하는 의문의 죽음을 했다. 아마도 앞으로 정보기관의 비밀문서가 공개되는 날에는 그 비밀도 밝혀질 것이다.

김영삼은 결국 초산세례란 테러도 당하고 1979년 국회에서 제명까지 시켜서 매장하려고 했으나, 결국 박정희 자신이 '부마사태(부마항쟁)'로 목숨을 내놓았다. 김영삼은 섹스 스캔들로 간단하게 추락시킬 수도 있다고 예측했었으나, 워낙 그가 '바람둥이'로 알려져서 그의 섹스스캔들 문제는 국민대중이 듣고는 웃어넘기는 정도가 되어서 먹혀들지 않았다.

박정희가 일생일대 가장 미워하고 두려워한 적수는 김대중이다. 빨갱이로 만들려고 온갖 공작이 진행되었으나 실패했다. 결국 납치 살해하는 공작도 재일한국 중앙정보부 간부인 김동운의 지문이 범죄 현장에서 발각됨으로써 수포로 돌아갔다.

김대중 제거의 특명은 전두환에게 이어졌으나, 광주를 피바다로 만들고 내란죄로 법정에 세웠다. 그런데 성공직전에 전두환은 김대중의 미국망명을 허용했다. 릴리대사의 회상록에 의하면 레이건 대통령이 전두환의 방미조건으로 김대중의 미국망명을 조건으로 내세워서 전두환에게 갈고리를 걸었다고 한다. 전두환이 충견노릇을 하기에는 두툼하고 강한 목걸이 이외에 갈고리로서 김대중을 미국에 두는 미국정책에 양보한 것이다.

이처럼 전두환에게 신뢰를 두지 않은 것은 전두환이 박정희의 충복이긴 했으나, 1979년 12.12 반란을 준비하면서 일본대사에게는 사전에 보고했으나, 미국에겐 거리를 둔데 대한 불신에서 연유하기도 했을 것이다.

박정희의 라이벌에 대한 제거책술은 결국 자기 코앞에 있는 두 사나이를 충복으로 착각함으로써 '남잡이가 제잡이'식으로 스스로가 치명타의 자살 꼴을 불러들였다. 정보부장인 김형욱을 망명토록 놓쳐버린 것이고, 김재규를 궁정동에서 여인환락의 술자리 파트너로 너무나 오래도록 혹사시켜 모멸하고 그의 매국적 치부를 보여주어 더 이상 참을 수 없게 만든 실수라고 할까?

결국 독재자는 그의 측근 심복의 칼을 받는다는 것을 현대사에선 도미니카 도루이요 대통령이 정보부장 총에 맞아죽은 사례가 있고, 고대 로마제국의 시저는 그의 사생아인 브르터스에게 칼을 맞아죽는 운명에서 보여주고 있다(2005.12.25).

박정희의 꿈, '병영-감옥국가'
[박정희는 누구인가 5] 쿠데타의 동기와 목표

| 박정희가 쿠데타로 만들려고 한 나라는 어떤 나라인가?

　박정희는 해방 전 일제하에선 조국을 배반하고 일제 왕에게 혈서로 충성을 맹서했다. 해방 후에는 남로당에 비밀 입당하여 공산당원이 됨으로써 또다시 배반의 길을 걸었다. 그것이 들통이 나자 다시 남로당에 자기가 권장 가입시킨 동료를 배신해 그들을 총살대로 몰아세우고 자신만은 살아남았다.
　그러다가 4.19혁명으로 이승만 정권하에서 매카시스트가 발상 기획 시행한 보도연맹원에 대한 불법적인 집단학살이 유족의 청원으로 문제되어서 국회에서 조사가 진행되자 당황했다. 결국 학살의 진상이 규명되면 이승만 정권하의 매카시즘 하수인의 설 땅이 없어지게 될 상황에 처하게 되었다.
　그들 학살에 관련된 범인들은 불안과 초조 속에서 결국 최악의 사태를 뒤집는 비상수단으로 쿠데타를 자행하기에 이르렀다고 할 수 있다. 물론 그가 혼자의 힘과 구상으로 순수하게 친일파만의 이해관계를 동기로 쿠데타를 착수 실행한 것으로는 단정 할 수 없다. 다만 일부 친일파의 입지를 찾는 반혁명의 반동 쿠데타의 주역이 된 것만은 사실이다.
　한국의 군사정권의 우두머리들은 박정희, 전두환, 노태우 등 모두가 정보장교출신이다. 그들의 정치, 행정, 경제, 사회 등에 대한 제반 국책처리는 정보공안기관을 통해서 수행해 왔다. 여기서 군사정권의 성격과 실상을 드러낸 자료로 참고가 될 사항으로서 한 사례를 들어 보자.

1979년 박정희 최후의 잔치가 된 궁정동 안가 만찬에 참석한 당사자는 여인을 제외하고선 박정희, 김재규, 김계원, 차지철 등 모두가 정보장교 출신들이다(한겨레21, 2005년 2월 15일자, 19쪽 참조).

1961년 5.16 쿠데타를 정당화하는 이른바 '군사혁명위원회'의 '혁명공약'은 반공을 국시 1호로 한다고 했다. 그리고 실제로 쿠데타 당일부터 일제검거 대상을 보면 혁신운동과 민족통일운동, 노동운동과 사회운동, 민주적 학생운동과 진보성향의 인텔리 등이었다.

물론 쿠데타의 직격탄은 헌법기관인 국회와 지방의회를 해체하고, 정당 사회단체를 강제해산시키고, 각 공공기관에 군인을 파견해 감시 통제하고, 심지어는 군인이 교통정리까지 해서 시민에게 위압을 가하였다.

가장 중요한 조치는 나치가 유대인과 공산당 사민당 등 진보정당계와 함께 집시와 소수 이탈자집단을 싹쓸이 했듯이, 5.16쿠데타를 한 주역은 (1) 이른바 불온분자로 자유당 이래 리스트에 오른 자를 검거, 숙청하고 (2) '언론기관 정화조치'라고 이름 붙여서 각급 기관과 기업체에 까지 손을 뻗쳐서 군정에 걸림돌이 될 요소나 트집잡힐 문제가 있는 자(병역미필과 기타 전과자)는 숙청하였다. (3) 정치인도 '구정치인'은 때 묻은 자로서 '세대교체'해야 한다고 정치활동 금지하는 법률을 만들어 공직후보로 진출할 기회를 사전에 제거했다. 이런 조치는 전두환에게도 그대로 계승된다. (4) 무엇보다 전체 국민을 지역단위와 직장단위로 조직, 통제하고 정보기관의 감시 하에 두었다. 이러한 작업은 중앙정보부라고 하는 공식 정보기관 이외에 군정보기관과 각종 공안기관이 담당했다.

그렇다면 그들이 만들고자 한 나라는 무엇인가? 나치의 수권법을 모방해 표절한 국가비상조치법은 국가권력의 전권을 군인집단인 '국가재건최고회의'에 백지위임한 헌법파괴의 법령이다. 이 법령으로서 이미 대한민국은 민주공화국의 제도가 파괴되고, 군부 파시스트 독재체제가 된 것이다.

이른바 1963년 제5차 개정헌법을 국민투표란 정치연극의 절차를 거쳐서 새 단장을 했지만, 그 헌법의 골격은 1인의 최고권력자인 대통령을 중심으로 한 권위주의적 권력지배를 헌법이란 간판으로 위장, 분식한 것이다. 박정희의 군정은 결코 민주공화제가 아니라, 만주 괴뢰국의 관동군 관리체제와 일제의 전시 총동원체제의 전쟁국가를 합친 특이한 병영-감옥국가를 만들어 내려고 한 것이다. 이 점이 아주 중대하고 심각한 문제이다.

구태여 외국 사례를 들면 1930년대의 스페인 프랑코의 독재나, 장개석 국민정부의 총통제나, 그리스 군사정부의 대령들의 독재체제를 본 뜬 것이다. 박정희는 유신헌법독재를 분식 위장하기 위하여 프랑스 1957년의 드골헌법을 들먹이지만, 근본적으로 그것과는 성질이 다르다. 껍데기가 비슷하고 드골 1인 쇼가 돋보여서 그런 식의 권위주의적 체제인 것으로 보이지만, 그 헌법에 따라 드골이 쫓겨나지 않았는가? 지금 프랑스에서 드골 행세하는 자가 나오는가?

결국 박정희가 남긴 유산이며 그가 만들려고 한 작품은 '신군부 독재'의 사나운 폭정과 부정부패 속에서 그 추종 아부 편승한 무리가 지배하는 파쇼체제라고 할까? 그는 관동군이 관리하던 만주괴뢰국의 국가 모습을 머리속에 하나의 모델로 하면서 당면한 새 정세에 대응해 자기의 만년왕국을 꾸며내려고 망상한 야심가이다.

| 정보원이 관리하는 병영-감옥 국가의 현실 : 긴급권과 정보공작으로 통치

처음부터 박정희의 권력지배는 민주주의와 인권과는 상관이 없었다. 혁명공약 1호의 반공국시도 민주질서나 자유민주주의를 방어하는 반공이 아니라, 자기의 권력 유지를 위한 반공국시였기 때문에 매카시즘의 칼바람은 더욱 살인적인 것으로 나타났다.

박정희는 쿠데타 직후부터 주로 계엄령이나 긴급권 발동을 내세운 지배와 그것을 지탱하는 조직으로 정보공작을 통해서 전체 국민을 감시 통제하였다. 시민생활을 감옥의 질서로 규격화 통제하고 개인을 이등병으로 지배해 복종시키는 국가의 병영화였다.

그의 지배구조는 모든 국민을 이등병으로 몰아세워 가면서 규율을 잡고 통제하려고 했다. 그것을 보완 추진하는 캄풀주사기 사건날조와 사법살인과 정치재판이었다. 처음부터 군사재판으로 제압해 가는 계엄령지배였고, 그것을 좀 더 강하게 먹혀들게 하는 간첩사건의 날조와 그 재판극을 통한 겁주기의 공포정치였다. 조용수 민족일보 사장과 피살자 유족회 대표 및 최백근 사회당 간부가 빨갱이로 몰려서 사형판결을 받았다.

거기다가 깡패라고 해서 이정재와 임화수 등 자유당 정치깡패가 국민의 원한을 사고 있는 것을 알고 거리에서 조리돌리고 덕수궁 뒤뜰로 끌고 가 개머리판과 군화로 짓이겼다. 그렇게 버릇을 가르쳐주는 것으로 국민대중이 심정적인 만족감을 가지도록 부추겼다. 그래서 결국 무법과 불법, 탈법과 비법이 법을 말살하고 우위에 오르는 세상이 되었다. 법치주의의 조종이 울렸다.

'국토건설단'이라 하여 강제노동 캠프를 만들었다. 전두환의 '삼청교육대'

의 선례이다. 무법이 법으로 통하는 철권지배의 시대가 열린 것이다. 이렇게 민주주의와 인권을 말살한 기반위에서 노동쟁의는 빨갱이로 몰리고, 노총은 어용조합으로 개조되고 근로감독관은 노조감시관이 되는 이상한 시대가 되었다.

그러한 철권의 탄압으로 덕을 톡톡히 본 것은 재벌임은 말할 것도 없다. 재벌은 군정독재의 파트너이고 시종꾼이 되어 독점과 특혜에 기생하는 반사회적 기업이 되었다.

'새마을 운동'과 '유신체제'의 실체

만주에서 일제시대 오족협화회 간부로 민족반역의 매국노 짓을 한 이선근은 박정희 밑에서 어느 사립대학교 총장 취임사에 새마을 정신과 유신정신을 주제로 한 열변을 토해서 세상 사람을 웃기고 또 한탄하게 했다.

박정희는 일제시절의 관제 하향식 대중동원방식으로 모든 국민을 하나로 묶어세워 나가려고 했다. 그가 보기엔 국민의 자치와 자율에 의한 밑으로부터의 생활개선이라는 시민적 발상은 상상조차 할 수 없었다. 그의 생각으론 국민은 우민(바보)이고, 기껏해야 지배나 통치의 대상이나 객체였다. 장군이 이등병을 보는 관점에서 지배했다.

아울러 이 국민은 놔두면 언제 잘못을 저지를지 모르는 괴물로 보았다. 그래서 박정희의 '새마을운동'이라고 하는 것은 관료가 주도한 일제하 국민총동원운동의 복사판이다. 그 타율적 강제적 대중동원으로 개발과 풍요의 신화를 조작하려고 했다.

1961년 쿠데타 직후에 정보부 못지않게 신경을 기울여 만든 것이 '재건국민운동'이었고 여기에 친일파 인텔리로서 기회주의자이면서도 명망가로서 대학총장을 하는 유진오를 본부장으로 앉혔었다. 유진오는 고분고분 박정희의 연극에 들러리를 섰다. 박정희로선 유진오가 일제하의 국민정신총동원운동에 줄을 선 전력이 있는 만큼 한통속이 되어줄 것을 알았다. 후에 유진오가 박정희를 반대하면서도 박정희의 일제방식에 대해선 하나도 비판하지 않은 것을 봐도 이 점은 박정희의 예상이 들어맞은 것이다.

지금까지 박정희 찬양의 유일한 단골 메뉴는 그가 경제발전의 공로자라는 것이다. 히틀러나 스탈린 류의 경제발전을 찬양하는 논법과 논리라면 할 말이 없다. 박정희의 행적을 정리해 본 〈한겨레 21〉의 특집에 실린 글을 인용해 참고해 보자(한겨레21, 2005년 2월 15일자, 18쪽 이하 인용).

"…… 이런 주장(박정희가 경제발전에 기여한 공로자란 주장 : 인용자)은 박정희 같은 독재를 하고도 경제성장을 시키지 못한 우간다의 이디아민이나 중앙아프리카의 보카사, 버마의 네윈 같은 독재자와 비교할 때에 쓸 수 있는 이야기일 뿐이다. …… 한국경제가 1997년 말에 외환위기를 당한 것도 박정희식 경제모델의 파탄이 아니었을까?"

정경유착 재벌위주의 특혜와 독과점기업체제의 시장주도와 대외 종속의 파행구조로 인한 퇴폐와 분배구조의 부자위주와 경제전반의 수출주도위주와 내수시장 개발 소홀로 인한 허약체질을 봐야 한다.
특히 한국의 재벌과 졸부의 돈벌이는 생산면보다 토지투기와 증권조작, 탈세와 특혜융자, 시장독과점과 관청 후견의 온실육성의 비호의 병리가 문제되고 있는 것이 아닌가? 여기서 중소기업의 문제나 농업경제파산과 저임

금구조와 노동운동 탄압에 대해선 일일이 말하지 않아도 말이다.

무엇보다 박정희의 헌정파괴 행위는 제2의 쿠데타인 1972년 유신정변이다. 이 소동은 친위 쿠데타이다. 자기가 만든 법제조차 필요하면 파괴하여서 법의 권위와 안정성을 스스로 뒤집어엎은 것이다. 이를 그는 '한국적 민주주의'라고 불렀다. 그래도 민주주의 간판을 이용할 필요가 있다고 본 것이다.

그러나 그가 1969년 3선 개헌으로 중임제한 규정조차 짓뭉개버렸을 때에 그는 이미 영구집권이란 민주주의에 대한 반역의 길을 다시 한발 들어섰다. 이후의 그가 간 길은 긴급조치의 남발과 사법살인사건의 날조로 인혁당 피고인 8명에 대한 재심기회도 주지 않는 전격적 형집행이었다. 그는 엉터리 재판극조차도 제대로 할 수 없는 지경에 달했다. 이미 그는 독재자이기 보다는 '폭군'이고 '무법자'가 되었다.

이 지경에 이르면 국민대중의 저항권의 발동이나 민주혁명을 위한 봉기를 악법과 폭정에 대한 저항의 이름으로 할 수 있는 상황이었다. 이를 행한 것이 학생이고 일부 지식인이었고 노동자였다. 그들의 민주투쟁은 우리 역사에서 우리 민족의 명예와 긍지를 회복 유지시켜 주는 암흑속의 한줄기 빛이었다.

| 박정희 공인으로의 청렴도와 성윤리 문제

박정희 찬양으로 자기의 부정축재 재산과 가짜의 명망을 보존하려고 하는 부류는 그가 청렴한 정치인이었다고 한다. 이 말처럼 새빨간 거짓말은 없다. 2004년 민족문제연구소 회원이 미국의 중앙정보부 기록을 통해 박정희가 1965년 한일협정 체결 이전에 이미 일본 기업가들이 주는 명목으로 6천6백만 달러를 받아먹었다는 보고서가 있다(민족문제연구소 발간, 민족사랑, 2004

년 8월호에 실린 해설(〈친일과 매국, 필연적 귀결 - 미국국립문서보관소 소장 '한일협정' 관련문서 발췌-〉 참조). 그 뿐인가 각종 명목으로 업계로부터 받아들여 챙긴 리베이트는 얼마인가? 이 점을 문명자 기자는 그가 쓴 《박정희와 김대중》에서 솔직 대담하게 말하고 있다.

박정희의 6천6백만 불 사전 수령에 대해 신용하는 다음과 같이 분통을 터트리고 있다.

"……그런데 일본 뇌물 6천6백만 달러를 받고 국익을 팔아 '매국외교'를 한 무리들이 '굴욕외교' 파기를 주장했다고 애국적 학생들과 국민들을 탄압하고 체포 투옥하여 징역을 살리고 불구자로 만든 것이다."(신용하, 〈한일협정과 6600만달러의 뇌물〉 한겨레, 2004년 8월 18일자 기고문에서 인용).

문제는 그 정도가 아니다. 박정희는 일제의 전범이고 일본정계의 흑막 브로커인 고다마 요시오와 세지마 류조를 끌어 들여 거래를 해 왔다. 전범인 기시 노부스케 수상은 만주시절에 박정희 상사격의 인물로서 패전 후에도 그의 노선은 군국주의였다. 그런데 박정희는 그에게 1등 수교훈장까지 주었다. 고다마 요시오란 깡패에게도 2등 수교훈장을 주었다. 만주관동군시절의 상관인 세지마 류조 중령에게는 스승으로 대접을 해서 그의 지도와 자문을 받아 국정처리에 임했다. 이것이 그의 대일외교 실체이고 그의 가짜 '민족적 민주주의'의 기만극의 일부이다.

박정희와 선이 닿고 있으면서 고다마 요시오와 중개역을 한 재일교포 깡패이고 토지투기꾼인 정건영(鄭建永-일본이름 : 마치이(町井久之)로 행세)에 대해선 이미 드러난 것이므로 일부 그에 관한 기록을 인용해본다.

"마치이(町井久之)는 광역 폭력단 '도오세이가이(東聲會)'의 전(前) 회장. 한국이름은 정건영이다. 박정희가 편하게 고다마요시오와 박정희 사이를 중개한 인물. 東亞相互企業은 마치이(정건영)의 회사로서 고다마요시오조차 한 때에는 임원으로 이름을 올렸었다." 한다.

마치이(정건영)가 어째서 이만한 토지를 가지고 있었는가 하면 한국의 외환은행으로부터 日本不動産銀行(후에 日本債權信用銀行. 현 아오조라銀行)을 거쳐서 54억엔(圓)의 특별융자를 받았었기 때문이다. 뒷날 이 특별융자는 한-일 양국 국회에서 박정희가 재산을 해외로 도피시키려 한 것이 아니냐고 추궁당했었다(아리모리타카시(有森隆),《戰後60年史 9개의 黑幕》, 講談社, 2005年, 72쪽에서 인용).

박정희가 남긴 자산으로 지금 드러난 것이 얼마인가? 나는 다른 말은 안한다. 그의 자녀가 지닌 재산은 그들 자녀가 벌어들인 것보다 아버지로부터 물려받은 유산인 것이 많을 것이다. 이 점 하나만 살펴봐도 이야기는 끝난다.
박정희의 여인관계 하면 우선 정인숙여인의 변사 사건이 떠오른다. 그런데 그의 권력은 그를 반대 비판하는 정적을 여인 스캔들로 낙마시키길 즐겨왔다. 그 대표적인 희생자가 대한변호사협회 회장을 하며 민주운동을 해서 박정희를 반대했던 이병린의 간통죄사건이다. 이병린은 간통죄로 망신당하고 변호사 자격도 박탈당한다. 그 이외에도 여인문제로 정보기관의 협박을 받은 정재계의 유력인은 얼마나 있는지? 언젠가는 그에 관한 파일도 드러날 것이다.
박정희가 궁정동 비밀아지트에서 술과 여인잔치를 하다가 김재규에게 사살당한 사건을 두고는 말도 많다. 일본 월간지 《세카이》에 실린 'TK生으로부터 편지'에는 당시의 장면을 다음과 같이 묘사하고 있다.

"……김재규가 박정희를 저격했던 것은 그가 외설(음란)영화를 보며 옆에 있던 여자에게 웃음을 보내고 있을 때였다. 거기에서 김재규는 '더러운 놈'이라는 말과 함께 방아쇠를 당겼다. 박정희는 '네가 말하는 것은 모두 들어 줄 테니……'라며 살려달라고 빌었다"고 한다(먼저 든 책 49쪽에서 인용).

요즘도 박정희의 여인행각에 대해선 주간지에 단골메뉴로 실리기도 한다. 아니 그보다 박정희 사살관계 공판에서 그 피고인들의 입을 통해서 나온 말만으로도 엄청난 이야기 꺼리가 될 것이다. 박정희와 정인숙여인 피살사건의 소문은 그가 생존당시에도 널리 퍼졌다. 그의 피살 후 여인 편력에 대해선 주간지 기사를 모으면 한권의 책을 엮을 수 있다. 〈한겨레 21〉에 난 기사는 아주 예의를 갖춘 기사라고 볼 수 있다(한겨레21, 2005년 2월15일 22쪽 및 27쪽 기사 등). 여기선 이 정도로 그친다.

왜 이 부분을 말하게 되는가 하면, 그의 청렴과 모범적 생활이란 우화를 그의 신격화에 이용하려는 것에 문제가 있기 때문에 있는 그대로의 현실을 일부라도 알리는 뜻이다.

| 탈권과 몰락의 숙명

쿠데타는 내란죄이고 군사반란죄로서 실정법 질서 하에서 어떠한 명분으로서도 정당화 내지 합법화될 수 없는 것이다. 박정희는 억지로 합법을 가장하기 위해서 개헌과 국민투표를 했고, '근대화'란 과업을 내세워서 지도자로서 정통성을 조작하려고도 했고, 결국은 '국가의 안전보장'이라는 최후의 주문을 끌어내 국민에게 밀어붙였다. 그러나 그것으로 가능한 사정범위는 정보원을 풀어 논 감시와 강권발동 정도였다.

박정희와 그 쿠데타 가담자들은 쿠데타 초기부터 민정이양을 약속했으나, 그것은 물론 거짓말이다. 그렇게 하고자 해도 감옥가거나 교수대-총살대 앞에 설 운명을 알고 있기 때문에 하고 싶어도 못한다. 그러려면 쿠데타는 하지도 않았을 것이다. 그리고 역사상 권력을 스스로 내 놓은 권력자는 없다.

박정희는 민정이양 압력을 우선 군정연장으로 끌고 가려고 현역군인을 사주해서 군정연장데모를 하게 했다. 그리고 별을 스스로의 어깨가 무겁도록 달아매어서 소장에서 대장이 되었다. 그리고 전역사(轉役辭)에선 "나처럼 불행한 군인이 없길 바란다."고 했다. 그러면 군인만 그만두지 말고 권좌에서 물러나면 그만인데 그렇게 하지 않았다.

1961년 박정희는 최고회의 의장 자격으로 미국 가는 길에서 그의 만주시절 상관인 기시 노브스케 수상을 만나서 장관급 대우를 할 터이니 믿을 만한 일본사람을 추천해 달라고 했다. 그에 대해 기시는 후에 말하길 "한국에서는 당시에 정권을 떠나면 망명하는 것이 상식이기 때문에 망명 후를 위하여 돈을 비축할 방도를 상담하길래 이것도 야치(矢次)군이 처리하도록 했다."고 말하고 있다(다하라 소오이치로(田原總一郞)《日本의 戰後》上(講談社, 2003년, 301쪽 이하에서 인용). 이처럼 정권에서 물러나면 교수대를 안 가려면 망명을 하게 된다는 스스로의 길을 잘 알고 있던 박정희가 스스로 물러나는 절차를 밟는다는 것은 불가능에 가까웠다.

이미 1963년 개헌에 의한 헌법(5차 개헌)은 라틴 아메리카의 권위주의적 대통령제로서 부통령이 없는 권력집중형 제왕적 대통령제였다. 물론 중임제한 규정이 있었으나, 처음부터 밀고나가기에는 무리수가 따르는 것은 당연히 알고 대처했다.

그래서 1969년의 3선 개헌은 불가피한 과정인데, 일부 박정희의 추종자가 착각하고 후계자 운운 하다가 김성곤처럼 정보부에 끌려가 수염이 뜯기고 모욕당해서 울화병으로 죽고 마는 해프닝도 발생했다.

특히 3선 개헌을 통해 1970년대 대선에서 간신히 당선이란 고비를 만들어낸 박정희는 1972년대 닉슨과 다나카 총리가 중국 모택동과 악수하고 수교하는 급변정세 앞에서 당황, 북의 김일성 주석에게 이후락 정보부장을 밀사로 특파해서 공존의 여유를 얻어내 결국 친위 쿠데타인 유신정변(10월유신이란 쿠데타)을 실행했다. 스스로가 만든 법제조차 뒤엎는 무법의 파쇼군사독재체제의 수립이었다.

그 이후 그의 운명은 민중봉기로 퇴장당하거나 죽거나 하여야만 실마리를 풀 수 있는 배수진을 스스로가 만들어서 그 올가미를 스스로 목에 걸어버린 것이다.

일부에선 박정희의 권력집중과 영구집권을 주변정세에 의한 여건으로 말미암은 것으로 본다. 그것은 쿠데타의 생리와 병리를 전혀 무시하거나 지나쳐버린 논의로서 설득력이 없다. 집권절차 자체가 사형에 해당하는 범죄로 권력의 전당으로 무단 침입한 무법자가 스스로 권력의 전당에서 물러난다는 것은 소가 웃을 일로서 그러한 역사는 아직 없었다. 장래도 그런 무법자는 등장할 수 없다.

결국 박정희는 이 민족에게 무엇을 주고 간 권력탈취자인가? 그는 영웅도 아니고, 애국자도 아니며, 유능한 정치인도 아니며, 모범적 군인도 아니다. 더더구나 민족주의자나 민주주의자도 아니다. 그러면 무엇인가? 이 말에는 독자가 대답하라!(2005.12.29).

식민과 수구를 넘어 자주와 개혁의 시대로
[박정희는 누구인가 (마지막 회)] 과거청산과 우리의 과제

| 박정희의 정치 이데올로기의 본적지와 박정희에 대한 평가

(1) 출세주의자의 황국신민화

원래 박정희는 따분한 말단 교원노릇을 하는 것에 대한 지겨움에서 벗어나서 '긴 칼' 찬 잘난 사람 되는 출세의 길로 '일제 장교로의 길'에서 찾았다.

사실 박정희의 사고방식과 정신구조는 일본제국주의 장교로서 손색이 없다. 그는 일본제국 군인이지 배달겨레는 아니다.

원래는 출세하려고 강한 세력에 빌붙는다고 해서 일제에 투항, 편승하였는데, 그 일제의 명치유신 등 국가주의와 국수주의 및 황국사관에 입각한 대동아공영권의 사상, 특히 군사적 위세와 강압에 의한 사회 정치적 개조와 경제적 발전 전략에 크게 공감, 공명하며 감화되어 그에 추종하기에 이른 것이라고 하겠다.

미라잡이가 미라가 되어버린 격이 되었다고 본다. 왜냐하면 깊은 지식이나 명상과 사색을 통한 통찰 및 정신적 고뇌를 통한 깊은 성찰을 할 만한 견식을 갖추지 못한, 일제사범학교 교육수준에서 굳어버린 그의 소견으로선

그러한 결과가 되고만 것이 이상할 것도 없다.

일제 사범학교 교육의 해독성은 일본패전 후 요시다시게루가 총리 당시에 도쿄대학(東京大學) 상법(商法)교수이고 후에 일본 최고재판소 소장을 역임한 카톨릭 자연법학자인 다나카고오타로오(田中耕太郎)에게 문부대신(교육부장관)을 하도록 교섭을 했을 때에 첫 번째 조건이 일제시절의 사범학교제도를 폐지하는 것이었다.

다나카교수에 의하면 "일본교육의 결함의 하나의 근원은 앞에서 굽신대고 뒤에서 배신하는 사람(面從腹背的 人物)을 양성하는 경향이 있는 사범교육에 있습니다. 사범학교를 전면 폐지하고 사범 학벌을 해소해야 합니다."라고 그의 교육개혁구상을 제시했다고 한다(大下英治,《吉田茂 – 戰後復興에 운명을 건 원맨 宰相》, 講談社, 1995년, 96쪽에서 인용).

최규하가 일본 고등사범출신으로 친일파에의 길을 간 것은 우연이 아니다. 박정희가 사범학교 교육에서 잔뼈가 굳으면서 출세를 위한 배신과 변절을 겪으면서 결국 일본제국의 신민(臣民)이 되어서 정신적 귀의처를 일본제국의 황국신민(皇國臣民)의 길에서 찾은 것은 그 시대를 산 시골의 가난한 청년으로서 성급하고 무모한 출세의 집념이 초래한 비극이라고 할까?

박정희는 민족주의자도 아니고 민주주의자는 더욱 아니다. 그가 한민족에 대한 경멸감은 일본제국의 조선인 편견과 바로 찍어 논듯이 닮았다. 그는 민주주의에 대해 체질적으로 반발하며 경멸해 온 것을 그의 태도와 행적에서 숨기지 못했다. 그는 조선민족 비하의식을 그가 감화를 받은 이광수의《이순신》이란 소설에서 받은 것을 그의 조선역사에 대한 부정적 인식에서 그대로 들어내고 있고, 그의 정치인식과 역사관은 명치유신의 지사라는 사무라이 숭배에서 나타난다. 그는 기시노브스게(岸信介)에게 명치유신 지사(志士)인 하급

사무라이들의 정신과 행적을 숭배한다는 것을 숨기지 않았다.

이효재가 박정희의 통치 방식을 '유교적 – 가부장적 권위주의'라고 한 표현도 일면을 표시한 적절한 지적이다(이효재, 《분단시대의 사회학》, 한길사).

결국 그는 일본제국의 황국신민이고 일본 황군으로서 일군장교 '다카키 마사오'로서 살아오며 행동했다. 그가 일제군국주의로부터 모방한 정신과 제도의 흔적을 간략하게 정리해 본다.

- 일본 문부성의 '정신문화연구소' – 박정희의 정신문화연구원
- 일본 왕의 '교육칙어(敎育勅語)' – 국민교육헌장
- 도쿄제국대학과 일본 육사 – 국립대학과 육사
- '국민정신총동원운동' – 재건국민운동과 새마을운동
- 明治維新 – 10월 유신
- 愛國班 도나리구미(隣組) – 반상회
- 헌병과 고등경찰 – 특무대(보안사령부) 및 중앙정보부
- 쿠데타에 의한 국가접수 관리기법인 일제 관동군의 만주괴뢰국 조정 – 쿠데타에 의한 국가재건최고회의와 현역장교 사병 파견 감시 조종 통제
- 전시총동원체제의 총력전 경제 – 개발독재에 의한 경제발전 전략

박정희 행적에 대한 평가

박정희 행적에 대한 총체적인 평가를 정리해 볼 단계이다. 이에 대해선 내가 일찍이 2001년 《박정희 역사법정에 세우다》(푸른세상, 2001년, 73–124쪽까지 참고). 또한 한상범, 《현대법의 역사와 사상》(나남, 2001년, 273–340쪽까지 참

조)와 그 밖에 한상범,《일제잔재 청산의 법이론》(푸른세상, 2000년, 173-276쪽까지 참조)을 낸 바 있다.

그와 동시에 같은 해 박정희 흉상 제거가 기물손괴의 형사범이라고 기소되어 재판을 받는 박정희기념관 반대 단체의 곽태영 등 피고인을 변호하는 공술인으로서 12월 12일 서울 남부지원에서 공술한 자료가 있다. 그것은 《亞·太 公法研究》제10집 2002년에 '박정희 평가서'란 이름으로 그대로 수록했다. 이 자료를 대개 그대로 요약 정리키로 한다.

(1) 친일파로서 박정희의 대한민국 건국정신에 대한 위배와 반민법 해당사항 - 박정희의 만주 등지 행각은 친일파 민족반역의 행실로 반민법 제3조 제6호에 해당한 "군-경찰의 관리로서 악질적인 행위로 민족에 해를 가한 자"이다. 2005년 8월 친일인명사전편찬위원회의 친일명단에도 박정희는 수록되어 있다.

(2) 해방 후 1948년 여순 반란 사건 당시 폭로된 남로당 군사책과 그에 따른 제반 행적 및 육군정보부대에서 무급문관근무시의 보도연맹원 처리행각 등 - 이 문제도 상술해서 생략하거니와, 이 사실은 특히 이도영의 조사폭로가 참조가 됨을 다시 지적해 둔다(월간《말》2001년 5월호 참조).

그 밖에 박정희의 측근 부하였던 김형욱 정보부장《회고록》(朴思越 공저, (1)(2)(3) 전예원, 1991년)이 폭로한 박정희의 남로당 전력 은폐시도 등 사실에 대한 기술도 참고가 된다.

(3) 박정희의 군사반란죄 - 박정희는 쿠데타란 내란죄를 실행, 군사파쇼체

제로 개변함으로써 민주공화제를 전면 파괴했다. 특히 만주지역 활동의 전력이 있던 친일인맥으로 헤게모니를 장악하여서 친일파 지배시대를 일층 강화했다. 만주의 친일인맥 일부를 예로 들면 다음과 같다.

- 강영훈(국회의원 및 국무총리 등 역임) – 만주건국대 2기
- 고재필(국회법사위원장 및 보사부장관) – 만주대동학원 졸, 만주안동공서관리
- 민기식(군 장성, 최고위원 및 국회의원) – 만주건국대 1943년 졸업
- 박림항(최고위원 및 건설부장관) – 만주군관학교
- 백선엽(육군총참모장) – 만주군관학교
- 박상길(청와대 대변인) – 만주 펑뎬학원 법정과 졸업
- 유원식(최고위원) – 만주군관학교 졸업
- 유진오(재건국민운동본부장) – 만주괴뢰국 10주년기념에 당해 〈반도사회와 樂土 만주〉친일 논설집필로 만주통치 찬양
- 이주일(최고위원 및 감사원장) – 만주군관학교 졸업 및 일제하 조선인 친일 특수부대 군관
- 정일권(참모총장 및 국무총리와 국회의장) – 만주군관학교 일제헌병 소좌(소령)
- 최규하(국무총리, 외무부장관, 대통령) – 만주대동학원졸업, 만주국관리시보
- 황종률(재무장관) – 만주대동학원 졸업 만주국 관리

(4) 집권수단으로 정보기관 설치운영과 긴급권 남용 – 박정희의 주된 지배수법과 방식은 감시와 탄압 및 긴급권 남용이었다. 이는 헌정질서 파괴의 행위를 일상화 항속화시킨 졸렬한 수법으로서 전국을 감옥과 병영으로 전락시키고 국민을 죄수나 이등병으로 취급하는 처사였다.

(5) 영구집권을 위한 삼선개헌과 유신쿠데타 - 자기가 만든 제도하에서도 집권연장에의 길이 저지되자, 1969년 삼선개헌을 자행해 헌법제도를 파괴하고, 1972년에는 친위 쿠데타를 자행해 무법통치로 들어섰다. 이는 어떠한 이유로도 변명이 될 수 없는 법질서의 근본을 두 번 세 번, 파괴한 난동이다.

(6) 근대화란 정치구호와 정경유착과 재벌위주의 특혜독과점 경제구조로 - 박정희의 경제발전 신화의 핵심은 히틀러식 개발 발전의 찬양과 동일선상에서 분석 비판되어야 한다. 여기선 자세한 논의를 할 여지가 없으므로 생략한다.

(7) 정치적 반대파와 비판 세력 등 말살의 탄압과 사법살인 등 - 박정희의 지배는 법치주의의 전면 거부와 총체적 붕괴로 특징지을 수 있다. 집권기간 중에 각종 간첩사건의 날조와 엉터리재판, 사법살인 등의 예는 민청학련사건과 인혁당 사건, 장준하피살사건과 최종길교수 고문치사사건, 계엄령으로 국법을 유린 말살하며 고문탄압을 일상화시킨 죄, 특히 섹스 스캔들을 이용한 반대 비판자에 대한 사회적 매장 수법 등 온갖 추악한 일을 일일이 열거할 수 없다.

(8) 집권을 정당화하기 위한 대중조작의 우민화로 정신 오염시킨 죄과 - 박정희는 히틀러 집권 12년이나 만주괴뢰국 13년을 무색하게 할 군정 30여 년 친일지배 60년의 레일을 깔아 놓았다. 그럼으로써 민중을 우민화시키고 사회적 부패와 퇴폐풍조를 만연시켰다. 자기는 나라 도적질을 한 자이면서도 뻔뻔하게 윤리 선생을 자처하고 나서서 교육이니 미풍이니 하면서 젊은이

의 긴 머리 깎아 모욕주기와 소녀의 짧은 치마를 호통 치며 정숙을 설교하였다. 이 얼마나 위선이고 '도둑이 매를 드는 격(賊反荷杖格)'의 일인가? 여기서 사회윤리와 정의감 및 민족정기는 깡그리 우롱당하고 가치 기준은 시궁창속에 묻혀버린 것이다.

| 맺음말 – 박정희 폭정의 청산은 연면히 이어오는 민족 민주 투쟁의 역사적 의미의 확인

박정희의 탈권과 영구집권은 이 민족의 크나 큰 치욕이고 비극이고 민족정기에 대한 모독이었음을 역사가 기록되고 있다. 그러나 그것은 한편 국가권력의 강권장치를 총동원한 반역집단의 탄압에 맞서 맨주먹으로 투쟁하여 반민족 반민주 부류를 퇴장시킨 우리 겨레의 빛나는 전진을 말하는 것이기도 하다.

우리는 이승만의 전제폭정을 민중의 이름으로 쫓아냈듯이, 박정희 군사파쇼나 그 후속 추종자의 집권을 맨주먹 투쟁으로 권좌에서 물러나게 했다. 비록 미완과 부분적인 승리였지만, 민주의 발판을 마련해 오늘을 이루어 냈다.

우리는 자연인으로 박정희보다는 공인으로서 반민족적이고 반민주적인 친일파로서 박정희를 청산하고 앞으로 나아가야 만이 우리가 민족으로서나 시민으로서 올바른 길을 갈 수 있다. 우리의 선각자와 우리들이 흘려온 피 눈물의 대가로 아직도 한 시대를 긋는 갈림길을 넘지 못하고 있다. 이 고비를 넘는 것이 우리 시대의 우리가 갚아야 할 빚이다(2005.12.30).

한상범 연보 및 활동

- 1936년 9월 경기도 개성 출생
- 1953년 송도고 졸업
- 1956년 Norman Cosiu의 "民主主義의 價値" 번역 (『東國法政』1, 287-291면 수록)
- 1957년 Henry David Thoreau의 "市民의 不服從權" 번역(『東國法政』 2, 26-53면 수록)
- 1958년 동국대학교 법학과 졸업
- 1960년 동국대학교 대학원 졸업
- 1960년 조선대학교 법학과 전임강사

  9월 "학문의 자유" 조선대학 학보(신문)에 발표. 그러나 필화(筆禍) 사건으로 제작신문 전량 폐기됨

  대학신문에 '학문의 자유' 논설 발표 후, 대학 이사장의 '대학을 떠나라'는 협박성 발언을 들음

- 1961년 5.16쿠데타 발발, 서울로 피신
- 1962년 《法思想史槪說》출간(日光出版社)
- 1964년 동국대학교 법정대학 법학과 교수
- 1965년 한일협정 체결 비준 반대 교수단 서명에 참여(경향신문 1965.7.12, 7면)
- 1965년 《韓國憲法》 출간(普文閣)
- 1967년 《法律入門》 출간(藝文館)

  《新法制大意》 출간(研修社)

《케네디》(Arther M Schlesinger저) 역서 출간(東西文化院)
- 1968년 《憲法》 출간(日新社)
- 1969년 박정희 3선개헌 반대운동 참여(반대 논설: 〈3선개헌 조항의 해석〉「新東亞」(1969년 11월호)

  "永久執權의 亡靈들, 永久執權工作과 民主政治의 終焉", 思想界(1969.1) 기고

  "영구집권의 기술, 후진도미니카 트루이요의 경우", 思想界(1969.10) 기고
- 1972년 유신 쿠데타 헌법 홍보 거부
- 1972년 4월 《政治權力과 市民의 自由》 출간(青龍社)

  동국대학교 학생처장
- 1973년 《社會科學槪論》 출간(공저)(藝文館)
- 1974년 《韓國憲法》출간(藝文館)
- 1975년 법학박사학위 취득(1975년 2월 25일)

  《人間의 權利》 출간(법지사)
- 1976년 3월 《性의 社會學》 출간(언어문화사)
- 1976년 10월 《人間의 權利》 편역 출간(정음사)

  《法學槪論》 출간(法文社)

  《自由의 論理》 출간(언어문화사)

  《禁書를 통해 본 近代 思想史》 출간(정음사)
- 1977년 《女性의 人間 回復》 출간(언어문화사)

  《꿈의 精神分析》(Erich Fromm) 譯書 출간(正音社)

  "소설을 통해 본 인권의 현장"〈창작과 비평〉 44(1977.6) 발표

- 1978년 동국대학교 법정대학장

    《세미나 考試憲法》출간(考試院)

    "양성평등의 사상과 입센의「인형의 집」", 문예중앙(1978, 겨울호) 발표

- 1979년 11월《市民思想과 民衆의 復權》출간(瑞來軒), 이 달의 좋은 책으로 선정(1980)

- 1980년 개헌공청회에서 '저항권 및 18세 유권자 연령' 제안, 보수세력 반발 비방 받음

    4월 한국신문연구소 주최「언론과 법률」토론회에서 "미국에 있어서 언론자유의 법구조" 발표(경향신문, 1980.4.8, 5면 참조)

- 1980년 조계종 〈불교사회문화연구소〉 소장

    1월 정부 법제처 개헌연구반 연구위원 위촉(헌법학자 8명 : 계희열, 구병삭, 권영성, 문홍주, 박일경, 허경, 안용교, 한상범)(동아일보, 1980.1.19, 1면 참조)

- 1980년 7월 전두환 신군부 계엄하 합수부 피검

- 1981년《종이로 만든 마을》(에세이집) 출간(瑞來軒)

- 1981년《現代佛敎와 社會科學》출간(동국대 불전간행회)

    《憲法學세미나》출간(考試院)

- 1982년《이것이 헌법이다》출간(弘盛社)

- 1983년《人權과 權力》출간(弘盛社)

- 1985년 3월 "分斷·政治狀況·法" 발표(한국사회연구3, 한길사)

- 1985년《기본적 인권》출간(正音社)

- 1986년 1월 국민직선 개헌운동 참여(「新東亞」1986년 1월호 권두논설 : '헌법논의, 활성화되어야 한다')

3월 「문학세계를 통해 본 해방40년의 법과 정치」발표(동아일보, 1986.3.19, 6면)

5월 〈동국대 개교80주년 기념 학술세미나〉에서 「한국 법제 40년」 발표(1986.5.10)

- 1986년 6월 동아일보 「개헌의 방향」공개토론회에서 「개헌의 쟁점」이란 주제 논문을 통해 그 동안 정계 학계 법조계 등에서 논의되어 온 개헌에 관한 주요 쟁점들을 약 20분간 설명했다(동아일보, 1986.6.12, 1면; 同신문, 1986.6.13, 3면 참조).

9월 대한YMCA연합회 주최 「고문근절을 위한 세미나」(1986.9.16)에서 "고문 합법적인가" 강연

10월 제23회 전국여성대회(한국여성단체협의회 주최)에서 「한국여성 해방과 민주화」(1986.10.2) 주제강연(매일경제, 1986.9.20, 9면)

- 1987년 2월 「대한민국 임시정부 법통에 관한 학술대회」(광복회·한국독립유공자협회 등 주최, 1987.2.26-27, 세종문화회관 대회의장) "대한민국 임시정부의 법통과 건국정신" 발표

5월 대한변협주최 법의 날 「사법권의 독립」심포지엄(1987.5.1, 세종문화회관 대회의장)에서 "재판과 법관의 양심" 주제발표(동아일보, 1987.4.29, 5면 참조).

7월 개헌 새 쟁점 '대통령 후보 국내 거주 요건'에 대해, "대통령 피선거권자의 자격은 금치산, 한정치산자를 제외하는 규정정도만 두고 나머지는 국민의 심판에 맡겨야 한다. 과거 1950년대 국적법에서 귀화국민은 대통령 혹은 군 주요지휘관을 못하도록 규정했다가 평등원칙에 위배된다 해서 이를

　　　　　삭제한 일도 있는 만큼 오늘날처럼 해외교류가 빈번해지는
　　　　　추세에서 「거주기간」을 규정하는 것은 불합리한 것"이라고
　　　　　주장했다(동아일보, 1987.7.21, 3면 참조)
　　　　7월　직선개헌 지상공청〈2〉인권 규정-하위법 규제 막아야 실효
　　　　　　(동아일보 1987.7.6, 3면)
- 1988년 동국대학교 법과대학장(1988.3-1990.2)
　　　　2월　가정법률상담소 주최 시민공개강좌(1988.2.4, 덕성여대) "국회
　　　　　　의원 선거와 시민의 정치의식" 주제 강연
　　　　3월　《註釋 헌법입문》 출간(法之社)
　　　　　　《法學槪論》 출간(法文社)
　　　　　　《현대 인권론(上)(下)》 출간(동국대출판부)
　　　　9월　한국불교사회연구소 주최 심포지움(1988.9.10, 동국대학교 소
　　　　　　강당)에서 "민족통일과 한국불교" 기조발제
- 1989년 5월　「민중불교를 어떻게 볼 것인가」주제의 학술학술심포지엄
　　　　　　(1989.5.8, 프레스센터국제회의장)에서 "민중불교:사회과학적 측
　　　　　　면" 발표(한겨레신문, 1989.5.7, 7면; 경향신문 1989.5.9, 15면 참조)
- 1990년 헌법재판소 자문위원(1990-1994)
- 1990년 한국교수불자연합회 회장(1990-1996)
　　　　'종교와 국가권력' 발표(불교신문사, 한국교수불자연합회 공동 심포지움)
- 1990년 2월　불교인권위원회 창립, 공동대표 취임
- 1991년 《人權-민중의 자유와 권리》 출간(敎育科學社)
- 1991년 "한국 법학계를 지배한 일본법학의 유산"(역사비평 1991년 겨울호)을
　　　　발표, 법조·법학계에 충격을 던져 큰 반향을 일으키고 친일 법학

　　　　　의 문제를 공개적으로 거론
- 1991년 3월　공명선거추진불교도시민운동연합 공명선거추진법회와 강연회에서「지방자치, 무엇이 문제인가」강연
- 1991년 아세아·태평양공법회장 회장
  - 5월 14일　한국교수불자연합회 심포지움「현대불교와 사회윤리」기조강연
  - 11월　　　아시아 사회과학연구원 제2회 법·언론 학술워크숍에서 '한국 민주화를 위한 법의 역할' 발표(한겨레신문, 1991.11.10,12면 참조)
- 1992년《官僚主義와 基本的 人權》출간(敎育科學社)
  「官療主義와 基本的 人權」출판기념회(11.26(목) 오후 7시 리버사이트 호텔 2층 연회장)
- 1993년　　　"文民政府와 法治主義" 논문발표(한국법학원〈저스티스〉제26권 제1호 수록)
  　　　　　교육바로세우기운동협의회 서울시 공동대표
  　7월　「이완용재산 국고환수 의원모임 공청회」(1993.7.1, 국회의원회관 대회의실)에서 "친일파들은 제국주의 관료법학과 기술로써 자신들의 기득권을 스스로 보호해 왔다. 이제 와서 일사부재리니, 소급입법불가니 하고 떠드는 법적 정의를 그들의 법적 궤변의 농간에 맡겨놓는 것이나 다름없다. 이미 독일 프랑스 이스라엘 등이 소급입법을 통해 민족반역자를 처벌했다. 심지어 독일연방의회는 1979년 민족반역자나 비인도적 범죄자에 대해서는 공소시효의 적용까지도 없앤 입법을 의결했다.

특별법 제정은 일제 잔재청산 차원에서 반드시 이뤄져야 한다." 주제 발표(동아일보, 1993.7.2, 4면 참조).

- 1994년　대한불교 조계종 중앙신도회 회장

　　7월　한국재가불자연합(재불련) 공동회장으로 추대됨
- 1994년 4월　《한국의 법문화와 일본제국주의의 잔재》 출간(교육과학사)

　　7월　아시아·태평양 평화재단(이사장 金大中) '아시아의 전통문화 속에 민주주의의 뿌리가 있는가?' 제4회 학술세미나에서 '불교사상과 민주주의' 논문발표

　　10월　한글운동 공로상 수상(재단법인 한글학회) : 한글쓰기를 반대하는 일제 잔재세력에 대한 분석 비판과 한글 보급운동에 기여한 공로

　　5월　〈현암법학저작상〉 수상(사단법인 한국법학교수회)

　　8월　대한변협 「개혁, 이대로 좋은가」(1994.8.11, 인터콘티넨탈호텔) 심포지움에서 "법적 측면에서 본 개혁"주제발표. "공직윤리의 확립이 없는 개혁은 공염불에 지나지 않으므로 공직자윤리법을 지금보다 강화해야 하며 시민의 행정에 대한 감시 견제를 활성화하기 위해 정보공개법을 마련해야 한다고 제안…중략… 사법부의 개혁을 위해서는 무엇보다 검찰의 개혁이 시급함에도 불구하고 검찰은 여전히 정권호위부대 역할 및 공안한파 연출의 주역노릇을 하는 등 개혁과 동떨어져 있다"고 지적했다(동아일보, 1994.8.12, 8면 참조).
- 1995년 한국법학교수회 회장(1995-1999)

　　참여연대 고문(1995-2003)

헌재 전두환 12·12군사반란 헌법소원 사건에 대한 대통령재임기간 중 군형법상 반란혐의에 대한 공소시효정지여부에 대해 '공소시효 정지된다는 의견서' 제출; "헌재는 12.12사건에 대한 최종 결정을 내리기까지 5차례에 걸쳐 재판관 회의(평의)를 여는 등 의견조정에 난항을 겪었으며 공소시효 쟁점에 대해서는 전문가들의 의견을 요청, 헌재는 당초 구병삭(고려대), 김철수(서울대), 권영성(서울대), 한상범(동국대) 등 헌법학자 4명에게 의견을 구했으나 구교수와 한교수만 정지된다고 의견서를 제출"(동아일보 1995.1.21, 5면; 경향신문, 1995.1.21, 3면 참조).

3월 1일 "한·일협정체결 30주년 심포지엄"(반민족문제연구소(소장 金奉雨) 개최)에서 〈협정문서의 분석결과 드러난 문제점〉 발표

5월 《인권문제 입문》출판기념회(1995.5.12, 조계종 총무원 강당)

- 1996년 《바보놀이 공화국-한국사회의 노예구조》출간(법률행정연구원) 한국기독교인권센터 실행이사(학계-불교계 대표)

11월 「국보1호는 훈민정음」학술강연회에서 "우리 겨레가 민족으로서의 정체성과 참모습을 확인할 수 있는 것은 바로 훈민정음」이라며 「70번째의 국보로 자리매김된 것은 안타까운 현실」이라고 강연하다"(경향신문, 1996.11.10, 19면).

- 1997년 1월 〈21세기 움직일 한국의 진보인사〉로 선정(월간 말)

1월 법과대학교수 명의로 1996년 12월 26일 노동법 날치기 국회 통과 무효 성명 발표(한겨레신문 1997년 1월 9일 참조)

8월 제2회 인권영화제 공동조직위원장(이돈명 변호사, 한상범 교수,

정지영 영화감독) 역임(한겨레신문, 1987.8.15, 15면).

  9월 《헌법이야기》출간(현암사)

    《12.12, 5.18 재판과 저항권》출간(법률행정연구원, 이철호 공편저)

  11월 한국공공정책학회「우리나라 권력구조 문제와 대안」학술대회(1997.11.19, 서울대 호암교수회관)에서 "법적 관점에서 본 권력구조의 문제"발표(개헌과 '制度신앙'의 함정, 경향신문 1997.11.21, 12면 참조)

- 1998년 4월 21세기를 여는 말·글 정책 대강연회에서 "민주화·과학화시대의 말·글 정책" 기념강연(한글문화단체모두모임)(1998.4.18/ 한글회관 강당)

  5월 한국법학교수회 학술발표대회(1998.5.23, 프레지던트호텔)에서 "군사정권의 법적 지배구조의 문제" 기조발제

  10월「헌정 50년 한국의 법치주의와 법학의 과제」를 주제로 제1회 법학자대회 개최 (1998.10.23-24, 서울 교육문화회관)

- 1999년 7월 국회에 '법률의 한글화를 요청하는 청원'-아세아·태평양공법회장 회장 참여

    인권정보센터 회장(1999-)

  9월 《한자숭배, 나라 망친다》출간(푸른세상)

  10월《인권수첩》출간(현암사)(4인공저)

- 2000년 "한상범-인권과 민주화를 위하여(대담: 이철호)", 시사인물사건(8)

    《사람은 꽃보다 아름다운가》, 인물과사상사(2000.8) 수록

- 2000년 8월 《일제 잔재 청산의 법이론》 출간 (푸른세상)

  10월 제22회 외솔상 수상(재단법인 한글학회; 2000.10.19, 한글회관 대

강당)
- 2001년 민족문제연구소 제2대 소장 취임(2001-2003)

    국제사면위원회 한국지회 법률가위원회 부위원장(2001-2003)

    '조선일보 거부 3차 지식인 선언'에 동참(2001.3.5)

    《박정희 역사법정에 세우다》 출간(푸른세상)

    《우리사회의 일제잔재를 본다》 출간(푸른세상)

    《이 사람을 보라. 한상범교수의 이상과 투쟁》 출간(푸른세상)

    《현대법의 역사와 사상》 출간(나남)

    한상범교수 강단 40년 기념 출판기념회(2001.11.30, 프레스센터 20층)
- 2002년 2월   동국대학교 법학과 정년퇴임/ 동국대학교 명예교수

    10월 1일   서울대학교 사회학과 '인권·NGO·세계시민사회' 수업에 초청받아 '의문사 진상규명과 과거 독재정권의 유산'이란 주제로 특강

    10월 12일   국제 앰네스티 한국지부가 주최한 워크숍에서 '국가보안법의 전면 개폐'촉구
- 2002년 4월   대통령소속 의문사진상규명위원회 위원장
- 2003년 《경찰과 인권》 출간(패스앤패스)(이철호 공저)
- 2003년 5월   〈문화일보 평화인물 100인〉 선정(문화일보, 2003년 5월 31일, 4-5면 참조)

    10월 계간지 〈인물과 사상〉 제28호(겨울호)에 기고한 '화 있을진저 너희들 법률가여'란 글에서 사법부 통렬히 비판
- 2004년 5월   《전두환체제의 나팔수들》 출간 (패스앤패스, 이철호 공편저)

    《사상을 벌주는 나라》 출간 (패스앤패스)

　　　　　《화 있을진저, 너희들 법률가여!》 출간 (패스앤패스)

　　　　　《금서—세상을 바꾼 책》 출간 (이끌리오)

- 2005년 3월 15일　日 極右 대변하는 '신판 친일파들' 「오마이뉴스」에 특별
　　　　　기고

　　　　　4월　7일　'4월혁명상' 수상(사월혁명회, 홍사단 강당)

- 2005년 11월　병마로 쓰러지다.
- 2006년 2월　《박정희와 친일파의 유령들》 출간 (삼인)
- 2012년 11월 《법은 어떻게 독재의 도구가 되었나》 출간 (삼인)(이철호 공저),
　　　　　'2012 올 해의 인권 책'으로 선정(한국인권재단)
- 2013년 5월　《한상범 교수의 소중한 인연, 행복한 동행》 출간 (보명Books)
- 2015년 5월　《박정희와 한일협정》 출간 (21세기사)(이철호 엮음)
- 2017년 10월 15일　연세강남세브란스병원에서 별세
- 2017년 10월 18일　경기도 성남시 분당 '메모리얼 추모공원'에 잠들다.
- 2018년 10월　유고집(遺稿集) 《역사를 위한 투쟁, 미래를 위한 투쟁》 발간

역사를 위한 투쟁, 미래를 위한 투쟁

1판 1쇄 인쇄 2018년 10월 05일
1판 1쇄 발행 2018년 10월 15일
저   자 한상범
엮 은 이 이철호
발 행 인 이범만
발 행 처 **21세기사** (제406-00015호)
　　　　 경기도 파주시 산남로 72-16 (10882)
　　　　 Tel. 031-942-7861　　Fax. 031-942-7864
　　　　 E-mail : 21cbook@naver.com
　　　　 Home-page : www.21cbook.co.kr
　　　　 ISBN 978-89-8468-814-8

정가 20,000원

이 책의 일부 혹은 전체 내용을 무단 복사, 복제, 전재하는 것은 저작권법에 저촉됩니다. 저작권법 제136조(권리의침해죄)1항에 따라 침해한 자는 5년 이하의 징역 또는 5천만 원 이하의 벌금에 처하거나 이를 병과(倂科)할 수 있습니다. 파본이나 잘못된 책은 교환해 드립니다.